JN111259

若者のアイデンティティ形成

学校から仕事へのトランジションを切り抜ける

ジェームズ・E・コテ&チャールズ・G・レヴィン 著

河井亨・溝上慎一 訳

東信堂

ジェームズ・コテ教授

Japanese language edition published by Toshindo Publishing Co.Ltd.
1-20-6, Mukogaoka, Bunkyo-ku, Tokyo, Japan.

序　文

　はるか昔より、アイデンティティ、すなわち自分の所属や差異や連続性の知覚は問われてきた。しかしながら、歴史的に見てこれらを問うことはいくらかぜいたくな機会であった。そのように問えるのは、住まいが確保されているか、次の狩りや収穫期まで維持するだけの十分な食料があるかといったような、関心を払い続けねばならない実質的な生存条件から解放されたときである。これまでの人類の歴史のほとんどは、基本的な生存の欲求を満たすための奮闘に費やされた。これらの基本的欲求が満たされてはじめて人は、自らの存在をめぐる、より抽象的で哲学的な問いに思慮をめぐらすぜいたくができたのである。権力があって裕福な人びとか、その保護か庇護のもとにある人びとが、このぜいたくを享受できたというのが、一般的に多く説明されてきたことであった。民衆に目を向けると、まず個人レベルにおいては一般的に、宗教がこれらの問いにできあいの答えを提供してきた。社会的レベルにおいては、社会が、人びとに「自分が何者か」をあいまいに考えさせないよう、厳格に構造化されてきた。近年、人類のかなりの部分が安全をもたらすに足る富を築き上げるようになり、これらのアイデンティティの問いが広く人びとの間でより一般的な関心事となってきた。それは、主として欧米社会、それも後期近代 (late modernity) と呼ばれる時代になってのことである。

　逆説的であるが、この「近代」のアイデンティティの問いに考えをめぐらせる自由は、例外なく肯定的に経験されるものではなかった。事実、多くの人びとには、まさに反対のことが生じていた。つい 1950 年代まで欧米の状況は、「アイデンティティ不安の時代」と呼ばれる歴史的時代に到達していた。それは、精神を破壊せんばかりの 2 度の世界大戦に続けて、未曾有の豊かさに至る歴史的転換期でもあった。

　そして、それまで大部分は宗教か階級社会に帰属することで確立していた大衆のアイデンティティの主要側面が、自ら形成していく個人的課題となっ

ていくのも、この時代である。続く数十年には、人種／民族性、ジェンダー、セクシュアリティのようなアイデンティティ属性の他の足かせとなっていた側面が、省察や反抗の対象となることが多くなっていった。

　そのような時代以降、アイデンティティはもっとも論議を呼ぶ概念の１つとなり、社会科学と人文学で、哲学領域から科学・政治領域までわたってもっとも研究される概念の１つとなったのである。科学領域の文献が示唆するのは、アイデンティティ形成とアイデンティティ維持がより難しいものとなっており、しかし同時に、それらが将来を約束するものともなっているということである。アイデンティティ形成は、一方では著しく変化しており、今日の若者が多くの点で自分自身の大人への道を作っていくものとなっている。他方で、人種差別・性差別・同性愛差別を見るとわかるように、伝統的に重要と見なされてきた社会的アイデンティティに異議が唱えられたり、他者とぶつかるものになったりして、アイデンティティ維持が成人を迎えた人びとの関心事となっている。その結果、新しく活力のある成人期のアイデンティティを作りあげる人もいれば、これらの困難に直面してのたうちまわる人もいる。言い換えれば、現代において私たちが目の当たりにしているのは、成人期のアイデンティティを作りあげて維持するという適応であり、他方で増え続けるアイデンティティに関する問題、ときに病理とさえなる問題である。

　私たちが本書を書いたのは、これらの問題の重大さ、そして思慮深い仕方で現在の社会構造の諸条件に適応していくことの重要性を伝えたかったからである。人びとが、人の発達における重要な構成要素としてのアイデンティティ形成の難しさと複雑さをより良く理解できるように手助けすること、とくに成人期へのトランジション（移行）を遂げようとする人びとを手助けすることができれば幸いである。本書の題材を選ぶ際には、とくに道徳的で個人的な責任感の問題に焦点を当てた。たとえば、家族や友人関係に向き合うにはどうすればよいか、教育や労働の要件に対処するにはどうすればよいか、十全にうまく機能して貢献する構成員として社会に居場所を見つけるにはどうすればよいかといったことである。本書では、アイデンティティに関する可能性と問題を理解するための理論を提示し、その理論がどのように適用で

きるかという方法を示す。アイデンティティ研究のイントロダクションでは、理論と実践の両方のレベルで、アイデンティティのさまざまな諸問題を理解しようとする人びとに向けて案内される。アイデンティティをテーマとする書物をはじめて読む人のために、本書を読みにくくするような専門用語は用いないようにした。専門家でない人にとっても、概念的に接近できる仕方で、この領域の最善の考えを選び出すことに成功していれば嬉しいことである。

　本書では、アイデンティティについてのさまざまな側面に関する広大な文献を整理するべく、これまで発展させてきたアイデンティティ形成論簡易版（Simplified Identity Formation Theory: SIFT）を提示する。アイデンティティ形成論簡易版の主たるねらいは、この分野へはじめてやってきた読者にイントロダクションをおこなうためである。バラエティ豊かなアプローチをとる専門家の読者にも、さまざまなアプローチが数多くの仕方でどのように関連しているかを示したい。専門家の読者向けに書かれた本書の前の版、Identity Formation, Agency and Culture: A Social Psychological Synthesis（2002 年, Erlbaum）で述べたことだが、さまざまな立場の専門家がお互いに話し合うことができるよう、またその洞察を共有できるよう、共通の言語としてのタキソノミーが必要である。そのタキソノミーは、「木」よりも「森」を見る簡易化した言語として示されるものである。アイデンティティ研究の領域で刊行されている今日の文献の多くは、最重要ポイントである個別の木についての調査をおこなっているが、それらの研究は、そのポイントがより広いレベル（森）でどのように適合するかについての全体像を示していない。そこで、本書は、簡易化された概念の用い方を提示する。その一方で、前書で専門家向けに示したような、科学的・哲学的・政治的アプローチの結節点を含んだアイデンティティ研究領域における多くの論争には立ち入らないこととする。本書が進む中で重要な論争が関わってくるときには、そのような論点を私たちがこれまでどのように扱ってきたかがわかる文献情報を示すに留める。論争に立ち入ってしまうと、専門家向けの学術論争に脱線してしまうからである。本書のこのようなスタンスは、明確さを求めるからだけでなく、この領域での数十年にわたる私たちの経験から導かれるものでもある。私たち 2 人は、1970

年代にアイデンティティ形成の研究を始め、これまで半世紀にわたってこの領域でとられてきたさまざまなアプローチに熟達していった。私たちは、単一の学問領域や派閥とは正反対に、複数の学問領域、とくに心理学と社会学を活用する幅広く順応したアプローチをとるようになったのである。

本書の構成

　本書の第一の価値は、さまざまな下位の専門領域へと分割されてしまっているアイデンティティ研究の広大な文献を、総合的にまとめたところにあるだろう。これらの下位の専門領域は断片化して互いに孤立していることが多く、アイデンティティ研究の領域に欠落を残してしまっている。欠落しているのは、統一する多元的なタキソノミー、基礎となる仮定の総意、そしてそれらの仮定を一貫したまとまりのある実証的な作業へと変換する仕方に関する協定といったものである。私たちは、この問題に取り組むために、多元的なレンズを通して、幅広い研究の伝統と方法を活用し、関連する題材をふるいにかけていくのである。

　この目標に到達するためのスタイルは、(a) 幅広い可能なアプローチと利用できる考えから「選び出すこと」、(b) 全体の目標に最適なものを「押し出すこと」、(c) その後で、選び出されたアプローチと考えを洗練し、他の選ばれたアプローチと考えとを統合するべく「拾い上げること」である。後で考えを拾い上げる際に「掃き集める」スタイルが有益であり必然でもあるのは、文献が複雑だからであり、さりとて、しっかりと理解されるためには考えが最低限のまとまりをもって示されなければならないからである。

　本書は、互いに関連する 3 つのパートに分かれている。

　第 1 部は 3 つの章からなり、「アイデンティティの問い」の哲学的・理論的ルーツを扱う。第 1 章では、今日用いられる主要概念を定義してきた理論的アプローチのルーツを検討する。第 2 章では、現代社会における問題の形態を含めて、異なる歴史的・文化的な文脈の中でアイデンティティ形成がどのように経験されるかについてのモデルを模索する。第 3 章では、アイデン

ティティ形成の多面性を研究していくための発達的・社会心理学的枠組みを
レビューする。

　第2部では、アイデンティティ形成がどのように人の発達の他のさまざま
な形態の重要な構成要素となっているかを検討し、第1部で「拾い上げ」た
アイデアを「掃き集め」ていく。第4章では、アイデンティティ形成が視点
取得と道徳的推論の発達にどのように関連しているか、そしてそれらが「倫
理的自覚」の発達とどのように関連しているかを検討する。第5章ではエー
ジェンシーの概念に移り、アイデンティティ形成のプロアクティブな形態が
現代の欧米社会でどのように機能しているか、そしてその理由を示す。プロ
アクティビティの考えが示唆するのは、人びとが自立的――自己中心的でさ
えある――な行為主体として行動することが常に重要だということかもしれ
ない。しかし第5章では、それまでの章との結びつきをふまえて、そのよう
な考え方がアイデンティティ形成についての誤った考え方であることを示す。
とくにアイデンティティが道徳的・倫理的な点でとらえられる場合には、そ
のような考え方は誤っているのである。これらの点を念頭において、第6章
ではアイデンティティ資本（identity capital）についての研究を紹介し、人びと
がどのようにして現代の後期近代社会にプロアクティブに倫理的に適応する
のかを理解するモデルを示す。

　第3部では、話を移して、今日の長期化している成人期へのトランジショ
ンに社会科学の基礎理論を適用していく。まず、一般的な発達プロセスに適
用し（第7章）、それからアイデンティティ形成に影響するさまざまな文脈に
適用し（第8章）、最後にアイデンティティ形成が個人の労力と介入、カウン
セリングを通じて最適化することができる仕方に適用する（第9章）。これら
の章では、アイデンティティ形成の最適なタイプについても立証する。すな
わち、自らの内的ポテンシャルが関係し合いながら生じ育まれる対人関係の
文脈と社会的な文脈を見出すことで、人びとがどのように自らの内的ポテン
シャルを最大化できるかを立証するのである。第9章ではまた、アイデンティ
ティ形成論簡易版から学んだ教訓をまとめて、いくつかの有望な手がかりと
なる道筋を検討する。それは、私たちが知るアイデンティティ形成に対する

今日的な難しさについての知識をより拡げるものとなろう。

　私たちは、本書を通して読者を知的な旅に招待する。その旅を通して、人のアイデンティティとその形成についての問題と見通しの知識を手に入れてもらいたい。アイデンティティ研究の領域を新たに学ぶ人びとがインスピレーションを受けて、本書で磨かれた諸原則を適用して自身の個人的な人生を考えるようになることを願っている。知的好奇心をさらに拡げるほどのインスピレーションであれば、なおいい。本書では、アイデンティティ形成の公式理論を発展させる課題にも着手している。専門家には、知的かつ実践的に重要な課題、アイデンティティとその形成という概念によって表わされる人間存在の基本条件に取り組まれることを勧めたい。

　最後に、本書での文献のフォーマットとアイデンティティ形成論簡易版における中心的な用語使用について、順にいくつかコメントしておく。本文をできる限り流れるように読んでもらうために、本文で参照した文献の著者と出版年を示すという社会科学の慣習的な方法は採用しないこととした。かわりに、文献情報を脚注で示し、その脚注を込み入ったものにしないために引用する情報源の数を限定した。本書の前の版は、より詳細にわたって検証することを望む人びとにとって、より多くの情報源となる文献を含んでいる。この新版における題材の多くは、前の版からの題材を総合したものであり、前の版から情報をアップデートするときにはとくに情報源の数を限定するようにした。他の多くの研究文献を参照しない場合は、新しく簡易化した理論を創り出すために前の版を活用していると想定していただきたい。さらに、私たちはいくつかの仕方で概念を浮き彫りにしている。アイデンティティ形成論簡易版にとって中心となる概念用語は太字で示している。アイデンティティ形成論簡易版にとって中心的な概念は、最初に用いるところで定義し、それから本書の最後の用語集のところでも簡潔に定義する。一般的に社会科学で用いられる概念の用語はイタリックで示す。これらの一般的な科学的概念の用語は、本文中で最初に用いられるところで定義し、すべて索引とし、他で用いているところを例として見出せるようにした。これらの用語は社会科学で一般的に用いられるものであるから、読者が説明不足と感じる

ようなら、用語の説明を Google で検索してもらいたい。また、Wikipedia を見れば、それらの概念の十分に導入的な定義とその活用事例がわかるだろう。最後に、語や句を引用することに関しては APA の規約に従っている。引用されている文章が、脚注でページ数を付した情報源と合致しないときには、本書における最初の使用が特別に、一時的に「造語した」のだと思ってほしい。より簡潔な、私たちのよく知る用語が見出されなかったからである。

目次／若者のアイデンティティ形成——学校から仕事へのトランジションを切り抜ける

若者のアイデンティティ形成
──学校から仕事へのトランジションを切り抜ける

第1部　アイデンティティの問いの
哲学的概念的ルーツ

第1章　永遠の問いから現在の理論へ

　　人間は完成されればおよそ動物のうちでも最善のものとしてあるけれ
ども、しかしそれだけにまた、法律や法的秩序から離れてしまうと、あ
らゆるもののうち最悪者となる。

アリストテレス (384-322 BC) [1]

　序文で述べたように、アイデンティティについての問いには長い歴史があ
る。その問いは少なくとも古代にまで遡る。本章の冒頭でアリストテレス
は、人が(今日の言葉でいうところの)「社会的動物」であることでどれほど有益
であったかを述べている。「社会的動物」であることは、本書で検討するさ
まざまなタイプのアイデンティティ形成(identity formation)に関わる特徴であ
る。人間性とアイデンティティの間の可能な結びつきをめぐっては、さまざ
まな熟慮が重ねられてきた。それは主として、哲学者、聖職者、学者によっ
て書き残された記録を通じて知ることができる。それらの人びとは、ぜいた
くにも、アイデンティティをめぐって省察し、何千年もの間保存されるよう
に記録してきた。思うに、身体的に生存することは、哲学的な関心を上回る
ほどの重大な関心事なのであった。人類の歴史を通してそうであった。しか
しながら、古代ギリシャ時代やヨーロッパ啓蒙時代のように幾時代にもわた
る豊かさの中で、基本的な身体的欲求にこだわらない人びとが新たな欲求、
すなわち心理的欲求を考えるようになった。ここ数世紀、欧米(やその他の多
くの豊かな文化)において、ますます多くの人びとが時間・エネルギー・注意
を身体的な生存に費やす必要性から解放されてきている。多くの人びともま

た、自らの心理的欲求について省察するようになってきている。

　今日、これら2つの欲求は相互に絡み合っている。すなわち、身体的(*physical*)ウェルビーイングは、人びとの能力にますます左右されるようになっている。心理的(*psychological*)ウェルビーイングは、現在の生活と起こりうる将来の両方において[2]、社会における自身の居場所についての情報処理に必要な、心理的あるいは精神的な許容量を発達させる能力である。身体的ウェルビーイングは、規範・法・自らの意識に従う「社会的動物」として演じる役割を確立するのに必要な、心的能力と対人関係スキルに依存するようになってきている。社会的役割を確立するためには、根本的なアイデンティティの問い(*identity question*)に答えなければならない。それは人びとに自分の人生における他者との関係の問いであり、より一般的には、社会における「自分は何者か」という根本的な問いであることが多い。それは「自分がどのようになりたいのか」、「自分がどのようにあるべきか」という問いへと導き、複雑な社会の中で、社会的動物としての自身の実存にどう向き合うかを考えさせる。この要点を理解するにあたって、近代以前の時代を考えるとよいだろう。近代以前には、仕事の役割は単純で具体的なものであり、人生の初期に両親を観察することで獲得されていた。あるいは、厳格に構造化された徒弟制を通じて成人期初期に獲得されるものであった。同時に、宗教が社会への義務を含んだ人間存在の基本的な問いの多くに答えていた。しかしながら近代に入ると、これらの存在論的な答えは、信仰に従う人びとの多くにとっても、不十分なものと映るようになった。ましてや、膨大に増えつつあった信仰を持たない人びとにとっては、そのような答えはとるに足りないものとなっていた。こうして、近代社会(**modern society**)の豊かな状態は、一方で身体的な生存の問題の多くを解決したものの、他方で心理的な生存ととらえられる新たな問題を生み出すことともなった。これらの問題は、しばしば、アイデンティティ形成と関わっている。現代におけるアイデンティティ形成の重要性は、このような歴史的・文化的な広い文脈の中に置くことで理解されるのである。

長年の問い

　アイデンティティの問いに考えを巡らせることで、次のような問いにも思慮深く答えることができる。「本当のところ、内なる心の底では、私は何者なのだろうか」、「公の場での私のふるまいはどの程度まで本当に私の私的な自己を反映しているのだろうか」、「より広い物事の枠組みにおいて、感覚をもった存在としての私たち人間とは何者なのだろうか」[3]。しかし、長年にわたって問われてきたであろうこのような問いについてのさまざまな答えを私たちはまったくといっていいほど知らない。大衆によってこれらの問いがどれほど問われてきたのかも定かにはわからないし、何千年もの間にわたって大衆がこれらの質問とどれほど格闘してきたかもはっきりとはわからない。古代ギリシャのアリストテレスの倫理哲学や啓蒙時代のさらなる哲学的思索といった記録はあっても、それらはかなり異なる歴史状況のもとで出された答えである。最近では、近代科学がこれらの古くからのいくつかの答えを実証的に調べようとしてきた。近代科学はまた、現代社会におけるアイデンティティの問いから生じる新しい考えもいくつか調べようとしている。本書は、主として現在および将来の欧米社会を念頭においている。その上で、本書はアイデンティティ形成についての現代の科学の特徴をふまえ、アイデンティティの問いについての長年の哲学的関心に立脚している。

　図1-1は、アイデンティティ研究（*identity studies*）における、3つの重なりあう過去と現在のアプローチを説明するものである。欧米社会が近代化の中で民主化されるにしたがい、長年の哲学的アプローチや近年の科学的アプローチだけでなく政治的アプローチもまたアイデンティティ概念を特権競争の領域へともち込んでいった。科学的アプローチは引き続き優勢であったけれども、アイデンティティ・ポリティクス（*identity politics*）[4]のような政治的アプローチは科学的アプローチと結びついて、どのようにアイデンティティの感覚が、近代社会の文脈によってより挑戦的なものへと形成・維持するのかを研究するようになる。3つのアプローチは数々の方法で互いに補いあうものの、時として異なる想定のもとで働き、結果アプローチ間で多くの「より広範に及

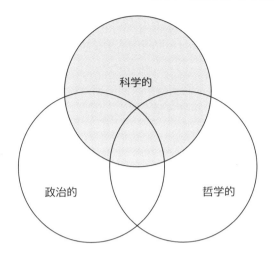

図1-1　アイデンティティ研究のアプローチ

ぶ論争」を生じさせてしまっている。本書では、アイデンティティ研究の領域での数多くの論争に立ち入ることはしない。本書は、科学的観点から見てもっとも強力に貢献していることに主たる焦点を当てる。また、哲学的アプローチと政治的アプローチを活用するが、それは、現代の欧米社会における成人期へのトランジション (移行) 過程のアイデンティティ形成を理解するのに有用と考えるからである。

　今日、人の文化的歴史に関する人の自己定義には、もっとも持続的な 3 つの側面があることが知られている。アイデンティティ形成論簡易版を構築するにあたって、時間と空間を越えて変わることのないアイデンティティの 3 つの原理的な側面を提起することからはじめよう。3 つの側面とは、統合（integration）と分化（differentiation）と連続性（continuity）である。「人の条件」が人間性に関係しているのと同じように、この 3 つの原理は「人の条件」に根ざしている。また 3 つの原理は、「社会的動物」が数千年にわたって、しばしば強い抵抗にあいながらも、種としてなんとか生き残ろうとしてきたことにも根ざしている。それらは、人のアイデンティティの限界と可能性を把握する超・歴史的原理である。若者たちは、現在という時代と特定の社会的・

歴史的文脈の中で、アイデンティティを形成するプロセスに身を置いている。
3 つの原理は、若者たちが自らの発達的欲求を理解するための基盤となるも
のである。

　アイデンティティの第 1 原理は、人間集団への統合（integration）である。
人は長い進化の歴史を通じて生き残るために団結し、生活手段と安全欲求に
気を配る協同的な集団を形成してきた。このような集団は通常小さく、遊
牧社会では 30 人ほど[5]、部族社会では 350 人ほどであった。規模がそれを超
えると、協同が葛藤を内に含む特別な政治構造を必要とするようになった[6]。
集団への統合は、社交性（sociability）や関係性（relationality）などとさまざまに呼ば
れてきた。関係性と言うとき、すなわちここではアイデンティティ関連（identity
relations）を指すのだが、重要なのは、「なんぴとも一島嶼にてはあらず」（Donne,
1572-1631）という長く受け継がれてきた知恵を認めることである。また、「私
たちは何者か」が複雑かつ生涯にわたって周りの人びとと結びついているこ
と、そのような結びつき無しには私たちは物理的にも心理的にも存在し得
ないことを認めることである。このことが 2500 年ほど遡る仏教の基本原理
でもあることは偶然ではない。他者から完全に分離される「自己」を有して
いると信じている人びとは思い違いをしており、ブッダ（circa 563-483 BC）は、
結果としてさまざまな苦難を経験することになろうと強調した（**Box 1.1** 参照）。

Box 1.1　自我と自己についての仏教の見方
　多くの仏教者の教えが、これまでに欧米社会に翻訳して伝えられてきた。
その教えでは、自我と自己を軽蔑することが強調され、人びとが幸福を望む
ならば心の中から自我と自己の観念を根絶しなければならないという。不幸
なことに、言語は複雑な考えを伝えるには極めて制約のあるものである。書
き手は、一般的な意味で「自己」「自我」「アイデンティティ」という語を用い
る傾向にあり、より科学的な方法に則っているわけではない。社会科学者は、
しばしば、これらの用語で人びとが自らの行動を導くのに用いる基礎的な心
的プロセスを指し示す。もっとも精通している仏教者でさえ、仏教という宗
教／哲学の中心にある瞑想やマインドフルネスや他の多くの思想に導かれる
エクササイズを実践するのにある種の心的プロセスを用いなければならない。

　本書で後に見るように、エリク・エリクソンは自己コントロールの心的プロセスを自我の強さ（*ego strength*）という概念で表わした。仏教者は、ある人や周りの人を苦しめる自分本位性や利己主義を念頭において警告する。事実、瞑想の仕方を学ぼうと試みた人なら誰でも知るように、瞑想のプロセスを通じて自らの意識を制限するために、そして自分から独立している現実を経験するために、瞑想はかなりの量の自己コントロール（*self control*）を要する。

　宗教の指導者が人びとの自己中心主義について幾千年もの間警告してきたとすれば、利己主義は高度に個人主義的な現代欧米文化だけに帰因させることはできないだろう。実際、ユダヤ教の十戒やキリスト教の7つの大罪のように、多くの宗教が自己中心主義をやめさせようとしている。仏教にも、カルマと結びついた戒律と非徳行為の形で把握された似たような「罪」がある。さらに、仏教の教えには、自分の思考・感情・所有物などへの「自己中心的な愛着」を過度に発達させてきた欧米人や他の人びとにとって益するところがある。たとえば仏教の教えは、欧米での7つの大罪と結びつくような「傲慢な自己」を拒絶することと解釈できる。また、自己中心的な愛着から自由となっている謙虚で慎み深く愛情も深い自己、すなわち心がコントロールでき、距離をとって再帰的に眺めることができる自己を育むことを好むことと解釈される[7]。

　アイデンティティの第2の原理は、個人と集団の両方のレベルで、人が相互に分化すること（differentiation）である。逆説的に聞こえるかもしれないが、分化原則は統合原則の後にくる。人が協同する集団を形成すると、他の集団から自分たちを防衛する必要がある。資源が不足しているため、資源のコントロールと消費をめぐる集団間の衝突は、きわめてありふれたものであった。あたかも、人の発達には、他者への不信が埋め込まれているかのようである。この不信から、内集団と外集団に分ける思考と行動のパターンを遺産として受け継いでいる。ひとたび、身体的な生存に対する脅威にさらされれば、これらのパターンは心理的な脆弱性と危険の知覚へと変形される。たとえば、豊かな条件で生きていながら、他の人が自分についてどのように感じているかに悩み、深刻な不安やトラウマに苦しんで自殺を考えたり行動に移したりする若者がいることは珍しいことではない。インターネット上でのい

じめや「ソーシャルメディア自殺」についての今日の不安は、身体的欲求や生存欲求がすべて満たされていてさえ、若者がどれほど脆さを抱えているかを裏づけている。以前の世代では、「他人に嫌なことを言われても傷つく必要はない」という格言を思い出すことで、そのような困難をやりすごしてきた。今日、中傷は過去に前例がないほど深刻さを増している。

　集団の中では、社交性が重要である。しかし、「人は、一人でこの世界に生まれてきて、一人で去る」ということわざがあるように、個人はそれぞれその人固有のまとまった経験と欲求をもっている。私たちは関係性によって他者と結びついているけれども、個人として物理的・心理的な痛みや喜びを経験するし、相互依存してはいても別個の役割を担っている。たとえば頭痛のある人の痛みの情報が他の人に共有され共感されていたとしても、その痛みは、その人が個別に現実に感じている痛みである。また、親が育ててくれたとしても、成熟するにつれて親と自身を分化していかなければならない。親は、子どものために、子どもに代わって、大人の役割を担えるわけではない。事実、子どもの人生を細部にわたって管理し、その過程で子ども扱いすることでアダルト・チルドレンの生活をコントロールする「ヘリコプター・ペアレント」のような新たな心理的問題が現れてきている。集団の中で人は同じように見えるかもしれないが、個人一人ひとりは異なった利害をもっており、この異なった利害が衝突を生み出している。したがって、鍵となる問題は統合（同じであること）と分化（区別されること）のあいだのバランスを確立すること、すなわち共有された利害と個々人の利害とのバランスを確立することである。Box1.2にあるように、バランスを検討するアプローチのために、人びとが探し求めているのは「個別性」の感覚である。彼らのアイデンティティ統合の欲求を考えれば、個別性の感覚こそが「最適」なのである。

Box1.2　統合と分化のバランス

　人びとのアイデンティティの感覚は、「相反する2つの普遍的な人間の動機の力に由来する。すなわち、一方では、包摂と同化への欲求と、他方では他者からの分化の欲求とである」とマリリン・ブリューワーは提起している。ブ

リューワーの最適な個別性の理論（*optimal distinctiveness theory*）は、人間の進化についての想定に基づいているところがあり、人のアイデンティティの統合の原則に関して、この章で示されていることと近い。彼女は、人は集団と有効な関係を持ちたいという生来の動機をもっており、「その集団が大きく包摂的であればあるほど、その動機がいっそう満たされる」[8]と論じている。しかし、包摂への欲求は満たされ、同化に圧倒される手前で分化の欲求が活性化することもある。その人にとって、集団への包摂の度合いが低くなると、同化欲求がより活発になるため、分化欲求はそれほど切迫したものとはならない。したがって、同化と分化のどちらかの欲求が奪われていると、同化と分化が適合的となるよう最適な個別性のバランスをとり戻すために努力するようになる。バランスは、「私たち」の感覚と「私」の感覚の間、他者との統合と他者からの分化の間にある[9]。

　これらの欲求についての実験室操作の研究と、1990 年代の中国返還後の香港のように競合しあう地政学的集団効果を経験した人びとの分析の研究から、最適な個別性の理論は実証的に支持されている。興味深いことに、自分が所属する内集団が脅かされていると受け取られるような文脈では、人は、個別性への欲求を減らそうとし、その集団のための支援を強調するために自分自身の自尊感情を脇に置くことさえするのである[10]。

　最後に、アイデンティティの第 3 の原理は、連続性（**continuity**）である。たとえ個人固有の特質を持ち（分化）、集団の構成員であったとしても（統合）、十分ではない。アイデンティティの感覚には、時間の流れの中でその特質を経験することが必要である。すなわち、現在を意味あるものとするような過去からの記憶と、意味ある現在が目的のある将来の基礎をもたらすような時間の流れの中でアイデンティティの感覚を経験することが必要なのである。人の歴史を通じ、機能する集団や社会の構成員は、この連続性の感覚をもっている。連続性の感覚は、自分の集団の中に連続的に存在しているという価値と集団においてお互いが貢献し帰属された役割に結びついた安全によってもたらされるのである。結果として、連続性の感覚は、たいていの人にとって、通常は問題となることはなく、個人的な省察を必要とするような問題、または個人的な省察を通じて取り組まれるような問題となることはまずない（通

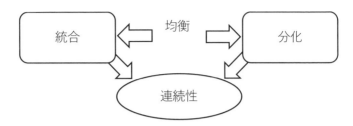

図 1-2　統合と分化の最適なバランスが連続性を支える

常は、役割の選択肢がほとんど無く、役割について熟考することが無意味か機能障害でさえある)。

　最適な個別性の理論(Box1.2)と提起されたアイデンティティの 3 つの原理によれば、統合と分化の最適なバランスがどのように連続性の感覚に影響するかを説明することができる (**図1-2**)。人にとって最適なバランスは、ミクロとマクロの両方のレベルで文脈に依存している。ある文化では、分化よりも統合がはるかに強調され、ほとんどの人はマクロな文化的パターンに従うことで連続性の感覚を得る。しかしながら、人びとの人生の局面はさまざまであり、ある環境の下ではより多くの分化が認められ、ミクロな状況の機会に従うことが、連続性の感覚につながることもある。したがって、人びとの人生のある局面では統合と分化を併せ持つことがもっとも適応的で、他の局面では頑強に抵抗することがもっとも適応的ということがある。たとえばある人が信仰の共同体では十全に統合され、連続性の感情にとって強力な支えを得ていたとしても、その同じ人が運動能力や芸術能力または職業上の地位やリーダーシップの地位といった特別な才能や役割の点では、その共同体から外に出ることで恩恵を受けることもある。

　しかしながら、これまでの欧米社会では、連続性の感覚への多くの集合的で統合的な資源がほとんど保証されてこなかった。社会科学の研究を繙けば、19 世紀後半には、人びとの連続性の感覚が欠落していると考えられていた。そして 20 世紀半ばまでに、欧米社会における「アイデンティティの問題」を説明しようとする研究が増えた。最初に大衆社会の理論が現れ、ポストモダン社会の理論、最近では後期近代社会の理論が続いている。これら

の理論の間には重要な差異があるけれども、共通して示される懸念は、現在の意味の感覚と将来の人生における目的 (*purpose in life*) の感覚が不十分であると悩んでいる人が増えていることである。その2つの感覚は、個人的な連続性の感覚に落とし込む重要な感覚である。重要なのは、これらの理論のすべてが連続性の問題を伝統の崩壊に結びつけていることである。伝統は、人を安全に共同体に包摂する (*included*)（統合）一方で、共同体の中での承認された役割を人びとにもたらし、その役割によって、人が共同体に個別に貢献すること (*distinctive contributions*) が可能になっていたのである（分化）。

　アイデンティティ形成論簡易版の基本的な前提から、アイデンティティの源は3つの基本原理に立ち戻ることができる。また、どの時代であっても、アイデンティティの感覚において経験される多くの問題も同様に、3つの基本原理に立ち戻ることができる。成人期へのトランジションの期間に問題を経験していることは、今日の欧米社会に広く見られるものである。その問題は、共同体への適合（統合）、その共同体の中で自分のための特有の適した居場所を見出すこと（分化）、そして現在の意味と将来の目的の感覚を発達させること（連続性）に伴う問題である。アイデンティティの3つの原理は、アイデンティティとその混乱をめぐって社会的・歴史的な源がある一方、文脈を超えた一般的な源があることを示している。3つの原理は、本書で探究するアイデンティティ形成の科学的理解のための出発点となる。しかし、アイデンティティ形成は、その性質上、発達的な個人レベルのプロセスに関わるものである。次節以降、これらの発達プロセスを詳しく述べていくことにしよう。

自己とその発達

　自己の性質について省察的に書かれたものとして、啓蒙運動の時代の哲学者、イマニュエル・カントにまで遡ることができる。カントは、経験としての自己と認知的活動の源としての自己とを区別した。経験的自己 (*experiencing self*) は「瞬間、瞬間にある」自己のことで、認知的自己 (*cognitive self*) はそのような時の流れから距離をとって、文脈的な省察に取り組んだ結果としての自己

のことである。これらの自己省察が対象とするのは、他者と私たちとの関係
や、他者が私たちをどのように見るかを考えること、そして社会の中で私た
ちはどこにいるのかといったことである。それ以前には、ルネ・デカルトが
人間存在の永遠の問題である「私たちはどのようにして自分たちが存在する
ことを知るのか」に対して、「我思う故に我在り」という有名な格言によって
答えを提起した。デカルトの格言を理解する1つの方法が認知的自己(我思う)
と経験的自己(我在り)の区別でもある。

　19世紀後半には、自己の性質についての哲学的思索が心理学という学問
分野の科学化に影響を及ぼした。たとえばウィリアム・ジェームズの先駆的
研究や、それに続くチャールズ・ホートン・クーリーとジョージ・ハーバー
ト・ミードの研究である[11]。ジェームズとミードは、自己の側面であるIと
meの区別を強調した(この区別は、経験的自己と認知的自己の考えに呼応しており、
経験の衝動的／創造的側面と制御的／規制的側面を区別する)。また、クーリーは
「鏡に映った自己」のたとえで知られており、自尊感情(*self-esteem*)や反映的評
価(*reflected appraisal*)やそれらと結びついたさまざまな自己呈示(*self presentation*)の
方略についての多くの研究課題を生み出した[12]。

　このような思索の流れが、時を経て象徴的相互作用論を生みだし、今日の
自己研究に依然として影響を及ぼしている。象徴的相互作用論は、人びとの
間の相互作用(*interaction*)が象徴(*symbol*)(言語やジェスチャー)によって媒介され
ること、そしてこれらの「象徴的相互作用」が自己をつくりだして形づくる
ことを提起した。象徴的相互作用論によれば、人は人生の中で生じているこ
とに意味を与えるために自分の行動と他者の行動をモニターしている。人は
他者が自分たちに向ける行為や反応を観察し、自己概念(**self concepts**)を形
成するプロセスの中で、その観察を「自分が何者か」についての心的(自己)
構造に統合する。たとえば、他者が自分たちを魅力的で賢いと見ていると思
う人びとは、実際にそのように自らを定義することになるだろう。このよう
な自己参照的な社会的活動を通じて、各人に特有の「自己のレパートリー」
が形成される。それらは全体のヒエラルキーの中で突出して他と区別される
自己概念として、実証的に研究されている。

　G・H・ミードの象徴的相互作用論の説明によれば、自己は 3 つの段階を通じて発達する。第 1 段階は「前・象徴的」であるが、ここでの関心の対象ではない。第 2 段階は、自分が見ている人や対象を名づけ始めるのに十分な語彙を獲得するようになる幼児期で、子どもは役割を演じるようになる。この遊び段階 (play stage) で子どもは、親や消防士、教師を演じようとする。そうすることで視点取得 (perspective taking)（自分が観察している他者の役割を取得すること (taking the roles of others)）の練習をし、そのような他者がさまざまな役割や状況の中でどのようにふるまうのかを省察できるようになる。この経験から子どもは、自らを特別な性質と能力を備えた「対象」として省察できるようになる。今や、他者が自分をどのように見ているかを想像できるようになっている。この段階で行動の基盤は単なる模倣からより省察的な自己主導へと移り、より多くの認知的機能を身につけるのである[13]。

　第 3 段階はゲーム段階 (game stages) であり、子どもはさまざまな他者の役割を取得することを学び、自己についての一般的で統一された見方を発達させる。たとえば野球ゲームで、子どもはバッターとピッチャーの役割を交替し、そのプロセスで野手の重要性を理解していく。このような経験をしながら子どもは、他の役割の人が自分の行為についてどのように考えるかを想像するようになる。その結果子どもは、他の子どもが自分に向ける視点に立って自分自身を想像するようになる。個別にばらばらな役割というより、相互に関連している複数の役割のまとまりを理解する。子どもは自分に期待されることについての一般化された見方（すなわち、ルールが何であるか）を発達させ、他者が期待される文脈の中で自分にどのように反応するかについて、一般化された見方を発達させるようになるのである。

　このような経験は、発達的 (developmental) な経験である。子どもや若者が世界とその中での自分の居場所について自覚し、理解するという成長と分化につながる。その発達的な経験は、若者の自己概念のヒエラルキー (self-concept hierarchy) の形成へとつながっている。それぞれの自己概念は、このヒエラルキーの中でさまざまな特徴をもち、自尊感情を変化させる。このようにして、誰もが役割固有で状況固有の自己概念を持つこととなり、その自己概念はポ

ジティブなものからネガティブなものまでさまざまな自尊感情をもつことになる。この自己概念と自尊感情の区別は心に留めておいてもらいたい。自己概念は質的カテゴリーであり（たとえば、「私は野球選手だ」）、自尊感情は自己概念の変数評価である（たとえば、「私は上手い野球選手だ／平均的な野球選手だ／下手な野球選手だ」）[14]。

　日常生活では、子どもや若者の自己概念と自尊感情は重要な他者（*significant others*）との関係によって影響を受ける。重要な他者はなじみのある人びとのことで、彼らの態度や意見は人生に影響を及ぼす。重要な他者には、教師や有名人のような威信の高い人と同様、家族や友だちも含まれる。人びとは、それらの他者に好印象を与えようとしており、また彼らが自分をどのように見ているかを操作するべく数々の手法をとる。

　重要な他者との社会的活動を通じ、子どもは一人ひとりの具体的な他者に加えて一般化された他者（*generalized others*）の考え方を学ぶ。一般化された他者は、重要な他者の集まりが抽象化されたものからなる。たとえば、個々の選手に対する野球チーム全体が一般化された他者となる。最終的に、一般化された他者は社会的規範に照らして自分たちに期待されているものという観念として知覚され、自己参照にとって統一された基礎となる。このようにして、アイデンティティの基礎が据えられる。それは、道徳的推論の能力を発達させることと似ている。なぜなら子どもと若者は、世界の中での自分の居場所とそれに関係する責任を考え省察することができるからである。これらの認知的プロセスは、他者の視点を取得する能力、より簡単にいえば視点取得の能力によって実現される。

　最近のアプローチでいえば、自己心理学（*self psycholgy*）は、象徴的相互作用論に立脚し、「知る者」としての自己と「知られる者」としての自己という区別、それまでの哲学者や社会心理学者が関心をもっていた自己知識の2つの側面に焦点を当てている。自己心理学の領域は、自己の実行機能（*executive functions*）[15]と自己効力（**self-efficacy**）に関する研究を生み出している。自己効力とは、自分の行為が何らかの予測可能な結果を生みだすことができるという感覚のことである[16]。それは自分の心理的または個人的な特徴についての信

念のことである。ポジティブあるいはネガティブな性質についての判断というよりは、自分が何ができるかについての信念に関わるものである。自己効力についての多くの研究から、人生の中の出来事に影響を及ぼすことができるという信念が能力とパフォーマンスをより高い水準に到達させる上で重要であることが立証されている[17]。信念が結果に結びつくのは信念が結果について楽天的に考えるか悲観的に考えるかに影響を及ぼすからであり、それによって自己を高めるあるいは弱める一連の行為を求めることになってしまうからである[18]。自己効力は、目標への挑戦と結果への期待に対処することから自己調整と関係している。自己効力があると感じている人は多くの労力を要する難しい挑戦に取り組むことを選ぶだろうし、困難に直面しても長く努力する。失敗によって意気消沈するよりも失敗を動機づけと捉える。強い自己効力感はストレスや不安、抑うつに対する予防接種となり、困難な状況におけるレジリエンスをもたらすのである[19]。

　象徴的相互作用論と自己心理学は、児童期以降の発達についての理論ではない。そのため、本書が焦点を当てている現代の欧米社会で成人期へトランジションする中でのアイデンティティ形成を理解するために援用するには制約がある。そのかわり、それらの理論は自己が発達した後で、さまざまな役割への社会化と自尊感情と自己効力がどのように行動に影響するかに焦点を当てている。象徴的相互作用論と自己心理学の理論は、年齢に基づく発達論的なアプローチではない。そして、視点取得の強調とともに、象徴的相互作用論は、本書の第4章で論じるような道徳的発達の理論に影響を及ぼしている。さらに、自己心理学は本書全体を通じて論じていく概念である個人的エージェンシー（personal agency）を理解するのに有用である。自己の発達を理解するために多大な関心が向けられているにもかかわらず、この領域には自己に関してたやすく扱える、合意された定義を発展させられないでいる。Box1.3 はこのような問題に光を当てている。

Box1.3　自己の定義の合意をめぐる諸問題

　科学的な文献においてさえ、「自己」が何を意味するかを十分正確に把握することに難しさをおぼえる読者もいるだろう。それは、あなた一人ではなく専門家たちもまた困難に陥っている。たとえば『自己とアイデンティティ』（*Self & Identity*）という雑誌を創刊した編集委員のマーク・レアリーは、編集委員の立場から一歩下がってみたときに、自身の最終編集に不満を表明している。彼は、この雑誌への今後の投稿では「自己」に帰属されるものが何であるかにより注意することを望んでいる。なぜなら、彼が常任編集委員を務めた間にレビューした数多くの草稿において、自己という用語は「極めて多くのさまざまな仕方で用いられており、著者がそれによって何を意味しているかを正確にすることが難しいだけでなく、それが何を意味しているかについて絶望するときもあったほどである」[20]からである。

　同様に、『自己とアイデンティティの国際社会学誌』（International Sociology for Self and Identity）は、そのウェブサイトで当面簡単な定義を示し、「自己についての広く受け入れられている定義と記述」がないことを認めている。しかしながら、最善の方法は次のように自己を特徴づけることである。「人間の自己は、個人を特徴づける思考・感情・動機づけの自己組織化する相互作用的システムである。それは心身実存の持続的経験を引き起こし、現象学的意味での恒常性と予測可能性を引き起こす。自己は、その性質として、再帰的でダイナミックであり、応答的だが安定的でもある。」このウェブサイトのソースは、次のことを反映している。「懐疑論者は、記述が解決に失敗し根本的な問題に取り組むことにさえ失敗すると論じるだろう。そして、彼らは正しいだろう。しかし、その記述は数百年に及ぶ科学的探究から自己の活動について我々が知っていることをとらえているのである。そして、自己についての完全とはいかないまでも信頼できる説明をもたらしているのである。」[21]

　「自己」の概念、それは長きにわたって言い争われ、その結果、一般的な用法としては「汚濁物」を生み出してきた。本書では、概念を定義するという諸問題について、上述の関心と一致している。本書でアイデンティティ形成論簡易版を定式化する際には、論争的ではあるものの、より明確にそれらの概念が定義されているという理由からエリクソンのアプローチを強調することを選んだ。

アイデンティティとその形成

　アイデンティティ形成についての科学的な理論は、これまでに論じてきた哲学的・理論的な自己の見方に影響を受けてきた。さらに、20世紀の初頭から半ばにかけて登場してきたジグムント・フロイトとその娘アンナ・フロイト、その教え子であるエリク・エリクソンらの精神分析学（*psychoanalytic*）の考え方に直接的な影響を受けてきた。フロイト派の理論では、人間の精神はイド・自我・超自我という3つの主要な構成要素からなるとしている。本能と衝動は、大部分が生理学的な基盤であるイド（*id*）として生まれる。イドは、衝動的で、自己中心的で、快楽追求的である。イドは、攻撃衝動や性衝動といった心的エネルギーの源泉であり、表出されることもあれば抑制されることもある。精神分析学の理論によれば、自我（*ego*）が現れ始めるのは幼児期である[22]。イドがその衝動を満たそうとして親や環境に対する自身の無力感といった障害に出会うときに自我が現れる。

　自我は、子どもが身近な環境の制約に打ち勝ち、環境の中の機会を受け入れることで満足を達成するために用いられる心的プロセスを表している。子どもが成熟するにつれて、このような自我プロセスは認知的に複雑になっていく。自我プロセスは自分自身の考え、信念、記憶、希望そして恐怖に由来する独特の属性を子どもに付与する。自我と世界との相互作用は現実原則（*reality principle*）に導かれる。つまり、はじめは衝動を満たすことに結びついている考えが現実の機会に依拠しながら、現実世界における目的と計画を伴う行為へと修正されるのである。したがって、自我と世界との相互作用は機能的な自我発達そして個人的エージェンシーに必要なさまざまな形態の自己調整にとって決定的に重要となるのである。

　フロイト派の伝統に立脚して、エリクソンは自我心理学（*ego psychology*）[23]の領域を切り拓き、自我とその機能について彼らとは異なる積極的な見方を提起した。つまり、自我をパーソナリティのもっとも「能動的」な構造とみなし、自我がパーソナリティの実行機能（**executive functions**）（行動をつくりだす心的プロセス）と同様に総合機能（**synthetic functions**）（それによってその人が現実を理解

する心的プロセス）を担うとしたのである。「入力－出力」の用語で簡潔にいうならば、自我は心的操作の「知る者」でありかつ「おこなう者」である。すなわち、自我は実行する（外へ出ていく）ための基礎として（入ってくる）情報を総合する。自我は自己の実行機能と自己効力に関して、自己心理学が提起する自己と類似した特性をもっている。自我は潜在的にエージェンティックであり、それゆえにプロアクティブなのである。

　パーソナリティの第 3 の構成要素——超自我（*superego*）——は、一般的に良心と呼ばれるものと対応する。子どもは、たいてい、正しいことと悪いことについての親の感覚を内化し、自分の文化の価値観や規範を獲得する。子どもの自我は、内化によって成熟し、文化と社会における制約と必要条件とイドの衝動とを調整する。超自我は、子どもが道徳性と倫理の問題について考えるときに複雑な形態の視点取得を発達させていく重要な資源なのである。

　エリクソンはまた、フロイト派の伝統に立脚して、自我が生涯全体を通じて複雑になっていくと考えた。エリクソンの主要な功績の 1 つは心理社会的な発達の 8 段階を描いたことである。児童期には 4 つの自我の強さ（エージェンシーの強さ）が獲得されており、それらは青年期や成人期の発達にとって重要となる。4 つの自我の強さとは、信頼、自律、自主性、勤勉性の能力である。青年期と成人期初期を通じて取り組まれる発達（段階）的な挑戦は方向性と目的の感覚を築くことである。その挑戦は成人期のアイデンティティの基礎となる長期的な目標とコミットメントにつながっており[24]、次の 3 つの相互に関連する要素に関わっている。

- 自我アイデンティティ（**ego identity**）：人生の目的に根ざした連続性の感覚を形成する主観的で心理的な構成要素
- 個人的アイデンティティ（**personal identity**）：他者と差異化された行動様式を構築し取り組む個人的な構成要素
- 社会的アイデンティティ（**social identity**）：共同体の中で承認された役割と状態を見出し引き受ける社会的な構成要素[25]

　今日の欧米社会における多くの人びとにとって問題となっていることは、この3つの構成要素を調整して安定させていくことであり、アイデンティティ混乱の感覚とアイデンティティ危機の感覚を経験することである[26]。エリクソンは、伝統的社会ではアイデンティティが構成員に帰属されていたため、アイデンティティ混乱（identity confusion）の感覚やアイデンティティ危機（identity crisis）の感覚を経験する問題はさほどありふれたものではなく、ささやかなものであったと述べている。しかし、今日の欧米社会では「伝統的社会」のようにはアイデンティティの帰属に取り組むことはできない。集合主義的な規範がより弱く、個人の人生における個人的リスク（individual risks）が増してきている。リスクには、累積されたアイデンティティ混乱の感覚とアイデンティティの感覚が流動する中で危機が長引くことも含まれる。このようなリスクについては、次章でより詳しく扱う。

　最後に、本書の第2部の内容を見越して、次の重要な点を指摘しておきたい。青年期と成人期初期という第5段階で形成されるアイデンティティの感覚は成人期の発達に決定的に結びついており、機能する社会の大人の構成員となるのに必要なエージェンシーの能力によって形成される。第6段階では、若年成人は（孤立と対立する）親密性（intimacy）の感覚を発達させることができるかどうかという挑戦に直面する。第7段階では成熟した大人が自己陶酔や沈滞の感覚に落ち込むかわりに、世代継承性（generativity）や他者の世話の感覚を育むことができるかどうかという問題に直面する。最後の段階、たいていは老齢に入ってからであるが、自分の人生の質を評価し受け入れなければならない。ここでは、絶望の感覚を超えて統合（integrity）の感覚を育む知恵（wisdom）の感覚とともに絶望か統合かという選択肢となる。以上をまとめて考えると、エリクソンのモデルにおける8つの段階は累積的に発達していく能力を表わしている。前の段階のより良い解決がその後の段階のより良い解決を促進する。さらに、ライフサイクルの発達の終着地が「知恵」であると理解することで、年を重ねたときに知恵に向かうのかそれともそこから離れて絶望に向かうのかという分かれ道に対して人生のより早い時点での中間地を見出すことに役立つ。このような文脈をふまえることで高次の視点取得と道徳的推論

の能力とともに、より前の段階の解決で得られた自我の強さの重要性が理解できるのである。

アイデンティティと自己発達の弁別的次元

　自己とアイデンティティの概念は、多元的である。自己とアイデンティティは、分析水準に応じてさまざまな定義を持つ。そこで、アイデンティティ形成と自己発達がプロセス（*process*）・構造（*structure*）・内容（*content*）に関して、それぞれの概念の3つの次元の特徴を示し、アイデンティティ形成と自己発達がどのように異なっているのかを示すのが有用だろう（**図1-3**）。

　まずはプロセス（*process*）について、アイデンティティと自己とを対比させる。自我アイデンティティ（**ego identity**）は、心理的機能としての斉一性（*sameness*）と連続性（*continuity*）を意味する。それは、役割・価値観・信念に対して、人が対人関係の中で行動しコミットメントするときに見られる。エリクソンの研究では、この斉一性と連続性を統合する自我アイデンティティの感覚（*sense*）こそが基本的プロセスであり、個人的アイデンティティと社会的アイデンティティを含むアイデンティティの全体的な感覚の基礎となるものである。

	アイデンティティ	自己
プロセス ：連続性と変化	自我アイデンティティ：時間の経過の中で文脈を横断しながらの連続性の感覚	自己知覚：ある人が他者にどのように知覚されているかについてのモニタリングと評価
内容 ：連続するまたは変化する諸相	社会的役割：個人的な同一化と共有された価値観に基づき、それらがその人の「一部」となる内化された持続するコミットメントの基礎を形成する	自己概念：家族や学校、仲間集団といったさまざまな社会的に機能する領域で保持する自身についての考えや感覚
構造 ：内容の組織化	役割レパートリー：知覚された重要性と変化への開放性（浸透性）に関するさまざまな役割の配置	自己概念ヒエラルキー：その人の人生におけるさまざまな文脈で知覚された重要性に基づいて自己スキーマとなるさまざまな自己概念の配置

図1-3　自己とアイデンティティの3つの次元の対比

自我アイデンティティの感覚を強く持つ人は時間の経過の中で文脈を横断しながら、自分が同じ自分であることを経験し、安定した行動パターンを示す。そして、筋の通ったまとまった価値観と信念をもち、目標を抱き、コミットメントを維持することができる (個人的アイデンティティと社会的アイデンティティは、流動的というより安定的である)。たとえば、時間的空間的な連続性の乏しい感覚しかもてない人は、将来の目的の感覚を欠き、そして自分自身を未来に向けて投企するのが難しい。そのため、端から目標を形成することが難しい時間を過ごしている。というのも、何らかの目標が形成されるとしても、自分についての揺れ動く感覚にあわせて優先順位の感覚も移り変わるからである。対照的に、個人的な連続性の強い感覚を持つ人は人生の目的の強い感覚をもっているため、たやすく目標を設定・維持して達成していく。具体例を示すと、連続性の強い感覚を持つ人が自分の目標がたとえば1月にある場合、その途中の6月になってもまだ目標を堅持していることが多く、合理的で適切な時間枠組みの中でそれらに到達していくだろう。個人的な連続性の強い感覚を持つジェーンが1月までに新しい言語を学ぶ場合、6月になってもまだ目標を保ち、その後、その言語の能力を達成するのにふさわしい進歩を遂げていくだろう。

　自己 (*the self*) は、プロセスの次元では、他者との関係における自分のありようについて意識的で省察的に自覚する能力からなる。心的プロセスは、自分の行動 (行為) のモニタリングと相互作用の間で、自分の行動への他者の反応のモニタリング、そして行為と反応の意味の理解に関わっている。モニタリングと理解のプロセスは、自己モニタリング (*self-monitoring*) のような他の心的能力と自尊感情、自己効力の感覚によって媒介される。

　続けて、内容と構造 (*content and structure*) について、アイデンティティと自己とを対比させる。自我アイデンティティの連続性と変化のプロセスは、人びとが担う役割に見てとることができる。この連続性と変化は、とくに児童期から青年期を経て成人期へと進むライフコースを通じて明らかに見られる。人が担う役割は、その人と「単位関係」を形成する。他者は、人生において個人が担う役割 (たとえば学生、親、弁護士) の観点からその人を規定し、規定

された人はこのような規定を内化する。個人や重要な他者によって役割が構造化されるのは、その役割が個人の人生のその時点でどれだけ重要であるかに関してである（たとえば学生の役割は、青年期や成人期初期には重要であるかもしれないが、成人期には親の役割が重要となる）。いくつかの役割は、他の役割よりも変化に開かれている。たとえば学生の役割は親の役割よりも修正や改善が可能である。

　自己プロセスの連続性と変化は、人びとの自己知覚を支える自己概念に見られる。自己概念は社会的役割に結びついており、一般的に、人は人生の機能する重要な領域ごとに自己概念を発達させる。たとえば自己概念は、家族や学校、労働といった役割に関して形成され、社会的役割とともに変化するライフコース上の重要性に応じて、時間が経つにつれて変化するヒエラルキーの中で構造化される。

　社会的役割は、発達的見地からすると、自我アイデンティティと自己知覚の両方のプロセスを支援している。社会的役割は、アイデンティティと自己の形状における調整を促し、時間の経過の中で劇的に変化しうる。今日の欧米社会における規範的・典型的な発達は、若者が経験する社会的環境との関係で自己知覚を広げていくところまで含み込んでいる。社会的関与の範囲が広がるにつれて、世界の自覚の幅もまた広がる。人の自我／自己の能力を通じ、これらの経験はそれぞれの領域における発達の現段階に即してフィルターがかけられる。

　一般原則として、どの年齢の人も一定の段階、すなわち人生の困難をもっともうまく乗り越えようとする人生の時期の「中」にいる。人は、各段階の「主体」であり、それゆえに世界それ自体と自らの世界の内的経験を切り離すことが難しい状態にある。人生の段階や時期が進むと、それまでの経験との関係で自らを「客体」として捉えることができる。それによって、とくに親密で具体的な経験を超えて適用されるさまざまな原理に関して、自らの人生における他者との関係性について複雑に省察できるようになる。このような状態が年齢と経験とともにやってくる個人的エージェンシー（agency）の進んだ形態であり、アイデンティティ形成と自己調整にとって重要なのである。

　エージェンシーを発揮して発達する人すなわちプロアクティブに発達する人は、社会的世界への関与の範囲と理解の範囲を迅速かつ効果的に拡張しようとする。また成人期への役割のトランジションでは、ポジティブで最適な成果を手にすることが多い。しかしながら、他のパーソナリティ属性と同じく、エージェンシーとプロアクティビティは人によって異なる能力であり、あらゆる人に同じ程度存在していると想定できない。そして、あらゆるパーソナリティ属性と同じく、エージェンシーとプロアクティビティは児童期とそれ以降の個々人の生育史と学習の歴史に見られる独自の経験に一定程度依存する。エリクソン派の視点からは、各段階と結びついた自我の強さの発達を育むさまざまな経験はエージェンシーの能力を発達させる上で重要である。プロアクティビティは、目標を設定しコミットメントして探求や実験をしようとする人びとやそれに効果的に取り組む自我能力を持つ人びとに見られる。これらの探求が、今度は再帰性（*reflexivity*）の感覚を向上させる。その感覚は、世界における自分の居場所とその居場所を規定するルールや原理について考える際に、自分自身を客体として扱う仕方を学ぶことと結びついている。

　欧米社会で主流となっている最適な発達は、さまざまな形態のアイデンティティ型エージェンシー（**identity-based agency**）と関わっている。アイデンティティ型エージェンシーは社会的な範囲としての潜在的経験の幅を広げ、社会的世界にさらに関与していくにつれて、より複雑で望ましい環境にうまく対処することを可能にする。目標を発展させ達成していくこと（連続性）と働く居場所とより広い共同体におけるつながりを維持すること（統合）にとって自らの行動を調整し運営する能力（分化）が重要となるのである。

結論：ヒンドゥーの逸話

　自己とその発達の研究やアイデンティティとその形成の研究は、さまざまな観点から取り組まれている。その研究の観点は、象徴的相互作用論と自我心理学の違いのように異なった想定に基づいていることが多い。実際そのような研究は、事実上お互いに分離しており、互いに相互参照をすること無く、

ばらばらな研究を生み出している。このような断片化した研究の状況を理解するためにヒンドゥーの逸話から類推することが有用だろう。

　逸話によれば、あるとき、三人の盲目の男が歩いていた。すると、道を遮る巨大な固まりに遭遇した。触覚だけを用いて、それぞれがその物体が何であるかを結論づけようとした。1人目の男はしっぽだけを触り、これはロープだと主張した。2人目の男は鼻だけを触って、いやこれは蛇だと反論した。3人目の男は脚だけを触って、これは木だと言い張った。3人の誰もが、自分はその物体の正確な描写をしたと信じており、ロープか蛇か木かを言い争った。しかし、その間に象は歩き去ったそうな。この逸話の教訓は、3人の誰もが完全に間違っているわけではないが、誰かが完全に正しいわけでもないということである。3人それぞれがその動物の不完全な検証に基づいており、それゆえに部分的に定式化されただけであり、何らかの意味をなす結論に到達してはいた。しかしながら、限定された情報の上に立って論争するのではなく、それぞれが分かったことを対比することに時間を使っていたならば、それぞれの分かったことがあわさって自分たちは象を触っているのだという結論に到達したかもしれない。

　この逸話の教訓から、私たちは、お互いに話し合う際に「アイデンティティ」をどのようなものと考え、それがどのように理解されるべきかについて心に留めておく必要がある。他の人が言わなければならないことを聞かなければならない。ヒンドゥーの逸話の教訓を心に留めて、本書では、「アイデンティティ」が唯一の観点から十分に理解されるような何か1つのことを意味するのではないことを出発点とする。それこそが、アイデンティティ形成論簡易版が「アイデンティティ」を多元的に扱い、それらの次元を理解するのに複数の観点を採用する理由なのである。

第2章　文化と歴史

現在の経験がいかに過去と異なるのか

　（19世紀では）目標は達成であり、順応ではなかった。若者が教えられ
たのは働くことであり、社会化ではなかった。評判は重要ではなく、人
格の強さこそが本質であった。人格の厳格さを心配する者はなく、人格
は厳格なものだと考えられていた。人格が柔軟であったなら、人格を信
頼することなどできなかっただろう。人格の変化は、悪人にとってのみ
望まれるものであった。

アレン・フィーリス[1]

　人の歴史においては、成人期のアイデンティティを形成することは、直
線的なプロセスであり、最近——約二百年前——まで変わらなかったと説
明されてきた。ホモサピエンス（*Homo sapiens*）が集団で生活するようになって、
まだほんの20万年であり、現代という時代は、人の歴史の時間からすれば、
ほんの最近のことにすぎない。歴史を通じて、人は社会的役割をただただ引
き受けてきた。その社会的役割は、親、祖父母、祖父母の親といった数えき
れないほどの世代を通じて引き受けられてきたものである。その社会的役割
は、いやおうなしに、人生におけるできあいの目的を与えた。人生の運命を
受け入れなかった人は、共同体から追放され、何らかの罰が与えられた。も
ちろん、権威と権力のある地位に生まれた人または豊かな家柄に生まれた人
は、自分の社会的役割の範囲の中でより多くの選択肢を有していた。しかし、
伝統的な文化では、厳格な社会的慣習と未発達の経済のもとで利用できる役
割は少なく、権力ある人や裕福な人でさえ選択を制約されていた。

　今日の欧米社会におけるアイデンティティ形成の見通しと問題を理解するには、このような歴史に立ち戻ることが有益である。人のアイデンティティは、もはや与えられた役割や文化的規範によって厳格に命令されるものではない。多くの場合、人のアイデンティティは、義務に基づくものから選択に基づくものへ移行している。アイデンティティ形成はいっそう個人的責任となり、個人化プロセス（individualization process）の一部となってきている。欧米人は、さまざまな方法で、この個人化プロセスに適応した。一方では、人生の多くの側面で自己定義の基盤が義務から選択へ変わるにつれて、選択の増加を解放に通じるものと見る人もいる。新しくさまざまなアイデンティティの形成と、それまでのアイデンティティにおけるさらなる柔軟さが可能になり、さらなる発達の機会が利用できるようになった。他方で、選択に基づくアイデンティティ形成は、困難で不安定で孤立したプロセスである。備えができず、新しい発達の機会を逃す人も多くなるかもしれない。

　多くの人にとって、これまでの歴史のほとんどを通じ、アイデンティティ形成は個人の選択の問題ではなかった。帰属の感覚はより確かなものであり、社会の中で居場所を見つけるという問題はそれほど見られなかった。これまでの歴史では、人は個人的な意味と目的という根源的な問題についての高度な選択に絶え間なく直面するような社会に生きることに順応していなかった。このような歴史の文脈をふまえることで、現代社会に生きる人が活力あるアイデンティティを形成する際に直面する大きな困難を理解することができる。成人期のアイデンティティの形成プロセスは人生における目的についての安全の感覚をもたらすが、欧米社会にいるほとんどの人にとって、それまでとは劇的に異なるものとなっており、備えのない人が捕まえられ、その形成が阻まれてしまっている。したがって、多くの人は、無数の選択肢に対処する個人的手段と人生における自分自身の目的を打ち立てる個人的手段をもっておらず、文化的遅滞（*cultural lag*）が生じている。

　現在という時代では、自分自身のライフコースの個人化に取り組む際に、「自分自身のアイデンティティの設計者[2]」となる機会を歓迎する人もいる。それは、自分がつくりだす個人的な解放の感覚と実現の感覚もあるためであ

る。逆に、数多くの人生を変える選択をすることの責任を引き受けなければ
ならないことについて、それほど嬉しく思ってはいない人もいる。とくに、
その選択の長期的な帰結についてほとんど情報と手引きをもっていないよう
なことの責任を引き受けることは、喜ばしいことではないと思っている人が
いる。たとえば、成人期のアイデンティティの利用できる役割モデルが成人
期へのトランジション（移行）の際にいつも役に立つとは限らない。なぜなら、
利用できるモデルは若い世代の環境にとってあいまいであったり、関連が薄
かったりするからである。職業アイデンティティを形成することは、若い世
代の人びとにとって著しい困難を生じさせている。しかし、親たちは「大学
の学位を取りなさい」といったような漠然としたアドバイスで彼らを励ます
という最低限の手引きを与えることしかできない。しかも、親たちはその学
位が自分の子どもをどこへ導くのかもほとんど分からない。実際、個人化し
たアイデンティティ形成プロセスに伴う困難は、今や非常に広範にわたって
おり、多くの「アイデンティティ問題」が多くの局面で「通常」になっている。

　このような「新しい通常」の困難が多くの人びとを取り囲んでいる。すな
わち、自分が何を信じているのかについて不安に思っている人や、生計のた
めに何をするべきかについて不安に思っている人を取り囲んでいる。次の
瞬間の快楽充足を除いてはどんな道筋の将来の行為にもコミットしない人
や、政治的・財政的な操作になされるがままにされている人を取り囲んでい
る。以前であれば、そのような人びとを導いたであろう人の多く――つまり
は、彼らの親たち――は、自分自身が適切に総合されたアイデンティティを
形成していない。そのため、自分の子どもに対し、意味の感覚を渡すべきで
あることを自覚していない。このようにして、アイデンティティ形成におけ
る数々の問題は世代をまたがって受け渡されることとなる。若者は、重要な
他者の地域共同体に根ざした自己定義と目的の感覚を欠いてしまうこととな
る。つまり若者は、人類の歴史を通じて帰属の感覚の基本的な源となってき
た感覚を欠いてしまうこととなる。

　この新しい通常の問題状況が定着すると、かつて「病理的」と考えられて
いたアイデンティティ形成のさまざまなタイプでさえ、人びとや共同体に

とってそれほど害のあるものとは見られなくなる。たとえば、つい最近まで
アメリカ精神医学協会（APA）がアイデンティティ形成におけるいくつかの困
難を「アイデンティティ障害」と診断するよう推奨していた。ところが、そ
の後、選択することやコミットすることに関わる同じ困難を「アイデンティ
ティ問題」と再定義した。この変更は精神障害の診断と統計マニュアル第3
版（DSM-III）[3]と第4版（DSM-IV）[4]を比較すればわかる。このマニュアルの最
新版（DSM-IV）[5]ではどちらの診断も言及されていない。明らかに、アメリカ
精神医学協会の精神障害の診断と統計マニュアル第4版の特別専門委員会[6]
は、アイデンティティ異常をアイデンティティ問題へと追いやってしまった。
関連する不安や抑うつ障害に分類されるだろう兆候のような「通常の」発達
問題となっているものを病理として扱ってしまうという潜在的な問題への懸
念から、そのように修正したのである。しかしながら、アイデンティティ研
究者の中には、この診断の修正によって多くの若者にとってアイデンティ
ティが深刻な問題となっている事態から注意がそらされてしまったと問題視
する者もいる[7]。第7章では、アイデンティティ研究者がアイデンティティ
形成の重要局面で多くの人が経験する苦悩を実証的に調査し始めていること
を見ていく。

　境界性パーソナリティ障害や解離性同一性障害と関連するアイデンティ
ティ形成の問題への理解を深める必要がある。これらの異常は共同体で許容
されていることが多く、人が医療の助けを求める際に誤診されることが多い。
欧米人がアイデンティティ形成の個人化を把握するまで時間がかかるだろう。
そして、アイデンティティ形成の個人化についての理解の大きな変化と結び
ついた重要な問題を把握するようになるまでにも時間がかかるだろう。この
問題は本章の後のほうで扱うこととしよう。一般的にいえば、本書の目標は
これらの問題に光を当て、希望をもって、アイデンティティ形成の問題につ
いての理解を前進させていくことである。

　要点は、これまでの伝統社会を賛美することではなく、現代のアイデンティ
ティ問題を理解するための対比軸として、伝統社会についての理解を活用す
ることである。実際、伝統社会は、広範囲に及ぶ貧困、短い寿命、制御不能な

病気の流行、医学知識の欠如といった問題を抱えていた。本書は、このような社会に回帰することを求めはしないし、今日の欧米社会のすべてが悪いとすることもしない。しかしながら、人類が生存のための問題を解決してきたように、改善された状態に適応することに結びついてより幅広い選択肢にどのように対処するかという新たな予期せぬ問題が現れたのである。**Box 2.1** は、今日の現代欧米社会におけるさまざまな条件がアイデンティティ形成の個人化にどのように寄与してきたかについて、政治哲学の観点を提供している。

Box 2.1　経済的な個人主義とアイデンティティ形成

今日、欧米社会は、個人的なもの (*the individual*) を社会の基本単位 (*basic unit*) とするイデオロギーによって影響を受けている。原則として、個人は基本単位として互いに平等であり、シティズンシップの譲渡不能な権利を有しており、その権利は国家が侵すべきではないと定義される。個人主義のイデオロギーは、自己利害の経済的エージェントとしての市民、また心理的欲求と能力を備えた人としての市民という考え方を普及する。この形態の個性 (*personhood*) を達成する中で、個人は発達のスケジュールをもっていると見られる。発達のスケジュールによって自身の経済的な労力を管理する中で、目的と責任ある行為に取り組むことが可能となる。個人主義のイデオロギーとともに、人は経済システムとの関係で手段主義的に自らを主導する義務を有している。経済的な個人主義 (*economic individualism*) という用語は人びとが保持するこの「合理的」行動の基準をとらえている[8]。

個人主義のイデオロギーは多くの人のライフコースに影響を及ぼしてきた。とくに世俗社会で生活する人びとの間での拡大家族や地域共同体 (宗教的紐帯をもたらす家族集団や民族集団共同体は除く) への人の紐帯を弱める個人化のプロセスによって人のライフコースに影響を及ぼしてきた。個人主義のイデオロギーは、世俗プロセスを創り出すことによって成人期のアイデンティティ形成に影響を及ぼす。人は、世俗プロセスを通じ、自分がどのような価値観と信念を持ち、どのような社会的役割を担い、家族形成や職業到達の社会的コミットメントに関して自分のライフコースがどのように展開するかといったことについて、多くを自分で決めねばならないことになる。

個人主義の文化的文脈では、高度な個人的エージェンシーがより良いライフコースの結果と結びついていることを社会科学の研究が実証的に明らかにしている。今日では、伝統的な文化規範が不在であったり、曖昧であったり、

競合したりしながらも、新しい規範が個人の選択や自己調整に基づいている。このような状況では、個人的エージェンシーは社会的包摂にとって必要となる機能的な適応を表わしている。人の発達的な強みは、その個人が定義される文化的な文脈によって影響を受けることは明白である。読者に注意していただきたいのだが、経済的な個人主義への適応を説明しているが、本書は、この政治的イデオロギーを究極の社会構造上の目標として採用しているのではない。実際、数多く批判されているように、経済的な個人主義の哲学をその公共政策の枠組みとして部分的に採用しており社会では数多くの人が深刻な経済的に不利な状態に留めてしまっている。そのような批判の一例として、新自由主義（*neoliberalism*）に対する政治経済的批判は別の書物で行った[9]。第4章では、経済的な個人主義の政治哲学が道徳的アイデンティティにとってもつ含意と疎外されたアイデンティティの問題についてコメントする。

アイデンティティ形成における社会的・歴史的な変遷

　この節では、欧米社会が3つの社会的・歴史的な局面を経る中でアイデンティティ形成がどのように変化してきたかを理解するモデルを示す。社会的・歴史的なモデルは発達的・文脈的（*developmental contextual*）な想定に立っている。発達的・文脈的な想定とは、人がどのように発達するか（この場合どのようにアイデンティティを形成するか）に対し、社会的な文脈が大きな影響（インパクト）をもたらすという想定である。社会的・歴史的変化の影響について、前の章で定義されたアイデンティティの3つのレベル（社会的アイデンティティ、個人的アイデンティティ、自我アイデンティティ）の観点から分析される。**図2-1** は、3つの社会的・歴史的な時期とアイデンティティの3つのレベルをかけあわせて説明したものである。この社会的・歴史的なモデルは、人が3つの歴史の時期のそれぞれで成人期のアイデンティティをどのように形成するかに関して根本的な差異を表わすタイポロジー（類型学）を提供している。

　図 2-1 の一番上の部分は、マクロ構造的な社会変化の3つの歴史上の時期である。この3つの時期の区分は、社会学者の多くが欧米社会の過去数世紀の間に生じたことを説明すると考えている時期の区分である。前近代

アイデンティティのレベル	歴史的な時代		
	前近代（農耕部族制）	前期近代（工業化）	後期近代（ポスト工業化）
社会的アイデンティティ（社会の中の位置）	生誕時に帰属	努力を通じて達成	選択によって管理*
個人的アイデンティティ（行動スタイル）	伝統／他者志向	個性化 individuated／内的志向	個人化 individualized／想像志向*
自我アイデンティティ（目的と連続性の感覚）	伝統により採用	機会により構築	経験を通じて発見*

＊後期近代社会で機能するアイデンティティ形成は、これらの3つの発達レベルで戦略的反応を必要とする。それらの反応は、受動的であったり不履行であったりするよりもプロアクティブであるほうが効果的となる。第6章で論じられるアイデンティティ資本モデルは、このような戦略的適応の諸要素を説明する。

図2-1　社会的・歴史的文脈におけるアイデンティティ形成の変遷

（premodern）社会と前期近代（ealry-modern）社会との違いは、農耕社会と産業社会という広く受け入れられた区別からなる。前近代期は、初期部族社会と後期農耕型社会を含み、人類先史まで遡る。欧米社会では、前期近代への変化は、社会組織の伝統的な形態が混乱し（たとえば、拡大家族の減少と核家族の増加）、19世紀の諸国の工業化を通じて大部分完了した。欧米社会では、この破壊的な変化は、19世紀はじめから半ばにかけて始まり、20世紀半ばまで続いた。本書の主要な関心は、社会規範における分裂が、とくに成人期へのトランジション（移行）の期間のアイデンティティ形成にどのような影響をもたらすのかというところにある。

　前期近代社会と後期近代社会（late-modern society）の区別は、より微妙な違いである。それぞれが近代（modernity）の「程度」を表わし、両方とも前近代（premodernity）とは「種類」が異なる。前期近代の間、産業生産が社会関係の決定的特徴となり、前近代における社会関係の伝統的な形態が取り除かれていく。後期近代の時代は、20世紀後半に進展してきた産業資本主義社会と関わっている。図2-1において、この最近の局面を説明するのにポスト工業化（post-industrial）という用語を用いたが、相当な規模の人口部分がまだ産業生産に関与しているため、その用語はいくらか誤った名称でもある[10]。

　重要なことは、成人期のアイデンティティ形成のプロセスと内容に影響す

る重要な発達を説明するために「後期近代」と「前期近代」を区別することである。両者の間には次のような違いがある。

- 社会的アイデンティティのための安定的な基盤となる規範をかつて提供していた制度の変化、または場合によってはその制度の崩壊（たとえば宗教のように、前近代へと回帰している制度もある）。
- 社会的アイデンティティの決定的な特徴として、生産の役割から、地位シンボルとしての商品やサービスの顕示的な消費へと移る。地位シンボルが個人的アイデンティティの内容のための基盤を提供する。ほとんどの人にとって、地位シンボルに基づく個人的アイデンティティのファッション化が、社会的アイデンティティを確立することよりも重要となる。
- 情報技術とコンピュータ技術の向上が、多くの仕事を代替し変化させる。それによって雇用を得るのに教育上のさらなる資格証明を必要とするような場合が増え、職業アイデンティティの形成に必要な時間が長期化する。
- 人口の大部分が人間味のない都市化した環境で日常の生活を経験するような社会が到来している。都市化した環境では、「よそ者（*strangers*）」との接触がかなりある。「よそ者」とは、自我アイデンティティや個人的アイデンティティを支える持続的な感情的な絆がほとんどない他者のことである。

　3 つの社会的・歴史的な時期がアイデンティティの 3 つのレベルにどのようなインパクトをもたらすのかをこれから論じていこう。

社会的アイデンティティ

　図 2-1 の枠組みでは、社会的アイデンティティ形成は、社会のタイプによって異なっている。前近代社会では、一次的な社会的アイデンティティは、生まれた時の性、民族性、そして身分社会の中での親の地位によって帰属される（*ascribed*）。前期近代社会では、人は前近代の帰属による制約から自由にな

り、社会的アイデンティティは個人の努力を通じて達成される（*accomplished*）ものとなる（ただし、帰属からの自由の程度は、社会的アイデンティティごとに異なる）。後期近代社会では、さらに多くの人びとにとって帰属によって決まる度合いが小さくなり、社会的アイデンティティは選択の基礎によって管理される（*managed*）ようになる。そのような選択には、ジェンダー、民族性、社会階層のような根本となる一次的な社会的アイデンティティへの同一化についてなされる選択と人生を通じて形成される二次的な社会的アイデンティティ（たとえば、学生、親、大人、特定の職業と結びついた人びと）に関してなされる選択がある。

　鍵となる学術用語は次のように定義される。

- 「帰属される」とは、生まれの地位の基礎に割り当てられることである。
- 「達成される」とは、自分自身の努力と能力に基づくことである。
- 「管理される」とは、正しい印象を作りだし、承認を得ることによって自分自身が「よそ者」の共同体へ省察的・戦略的に適合していることである[11]。

　言い換えれば、前近代社会では、社会的アイデンティティは、人種／民族性、ジェンダー、親の社会的地位といった、本質主義者が生来の属性と想定するものによってほとんど決められている。人は、その社会的アイデンティティへ「生まれていく」ようなものであった。しかし、前期近代社会では、帰属のシステムが崩れ、地位がより競合される問題となっていく。社会的アイデンティティは、ますます個人的な達成と世俗的な功績に基づくものとなる。欧米社会では経済的功績はその人の努力・技能・達成に基づくものとされ、その人の受ける「生得」と生まれの地位から独立していると広く信じられている。とはいえ、社会階級の再生産についての研究が示しているように、常にそうとはかぎらない。このことは、強調されるべき重要なことである[12]。最後に、後期近代社会では、さまざまな社会環境において、個人の特徴やそれまでの達成が人びとに正当性をもたらすような重みはほとんどない。その

かわり、「よそ者」からなる好ましい共同体へ自らをどのように適合させて
いくかについて戦略的な選択をする必要がある。わかりやすい例として、中
流階級の経歴の大学卒業生たちが仕事をめぐって競争している結果、高い失
業水準となり、「求職行列」の中でさらなる水準の資格証明を手にする必要
が生じている[13]。「中流階級」であることは、かつてそうであったようには利
点とならない。また、「上流階級」であることも、過去に与えられたのと同
じ特権を自動的に与えはしない。

　したがって、後期近代社会では、社会的アイデンティティは、それまでよ
りもはるかに不安定である。生得の権利や社会的達成の名誉職とは反対に、
個人の正当性はたえず疑問に付される。まず社会的な居場所（*location*）を見出
すためには、よそ者の共同体で自分がその仲間にとって価値があると納得し
てもらわなければならない。共同体に受容されるかどうかは、ほとんど常に
挑戦を受けているようなものである。個人は、今や、ライフコースを通じて
自分の居場所を何度も戦略的に見出し、自分の人生を管理しなくてはならな
い。それまでの社会とちがって、教育環境・仕事・キャリア・恋愛関係・結
婚・近隣付き合い・都市環境といった環境を移動しながら、承認を得たり失っ
たりすることはありふれたこととなった。したがって、アイデンティティ形
成は、今や、それまでよりもはるかに生涯にわたる挑戦となっている。アイ
デンティティ段階は、いまだに、成人期の社会的アイデンティティを確立す
るのに決定的に重要な時期である。後期近代社会の今日、そのようなアイデ
ンティティは成人期の間に継続的に再定式化される必要があるのである。

個人的アイデンティティ

　個人的アイデンティティは、個人の実際の人生経験と学習経歴によって
形づくられてきた対人関係の行動スタイルに関係している。個人的アイ
デンティティは、ある一定の時期の個々人の「日常生活の来歴」の到達地点を
伝達している。個人的アイデンティティは、相互行為のレベル（すなわち、社
会と個人が「出会う」ところである対人関係の世界）では、社会の 3 つのタイプに

応じ、伝統／他者志向（*tradition/other-oriented*）、次に個性化／内的志向（*individuated/ inner-oriented*）、そして個人化／想像志向（*individualized/image-oriented*）となる。

- 伝統／他者志向の個人的アイデンティティは、他者の承認と期待を省察することなしに受容するものであり、共同体への順応者と機械的な融合を作りだす。
- 個性化／内的志向の個人的アイデンティティは、特有の個人的スタイルと役割レパートリーを作りだすことから生じ、個人の来歴は共同体への有機的統合へと導かれる。
- 個人化／想像志向の個人的アイデンティティは、重要な他者と一般化された他者の共同体に接近しながら、その共同体の承認を植えつける仕方や適合する仕方（衣装、所有物、レジャー活動など）に投影された再帰的なイメージによって作られる。

　後期近代における個人的アイデンティティは、許容できる行動の基準がたえず変化するため、それまで以上に不安定になる。その結果、個人は自分自身を呈示するさまざまな方法を実験するようになる。変化する流行にあわせ、定期的に自分の外見とアイデンティティの呈示（*identity displays*）を変化させる[14]。日常の相互行為は、お互いの来歴を知らないような顔見知りや、お互いの来歴の情報を気にしないよそ者、お互いにもう二度と会わないような人との間でおこなわれる。その場その場の状況で重要なことは、その場の環境がどのように管理されているかである。管理がもっともたやすくおこなわれるのは、しばしばでっち上げの外見、地位の誇示、気どった話と会話を作りだす役割演技（*role playing*）と印象管理（*impression management*）を通じてである。したがって、多くの状況で、イメージ（*images*）の背後にある実体というよりも、ある人が投影するイメージがもっとも重要となる。**Box2.2** はアーヴィング・ゴフマンが発展させてきたドラマトゥルギー・モデルの簡単な要約であり、人びとが近代という時代において自らの個人的アイデンティティをどのように管理するかを説明している。

Box2.2 　ゴフマンのドラマトゥルギー・モデル：「世界のすべては舞台である」

　社会学者のアーヴィング・ゴフマン (1922-1982) は、ドラマトゥルギー・モデルを発展させた。このモデルは、普通の状況と新奇な状況、自分の情報の評判を落とそうとするような状況を含むさまざまな状況で、人が――自己呈示 (*self presentations*) に取り組みながら――どのように自らの印象を管理するかについて説明する。個人的アイデンティティの管理と社会的アイデンティティの管理についての象徴的相互作用論のドラマトゥルギー・モデルには、3つの理論的想定がある。(1) 社会生活は、舞台での出来事に類似している、(2) 人びとは舞台の演技を呈示するためにどんなことでもする、(3) そのような演技には、しばしば、省略 (何かを隠すこと) や委任 (何かを取り繕う) によるペテンの要素が含まれる。このモデルでは、人生は、台本で満ちた劇場のごときものであり、人は自分自身の個性を形づくるためにしばしば即興しなくてはならない。ゴフマンは、さまざまなタイプのパフォーマンスを分析し、人がどのように印象管理 (*impression management*) の数々の方略を表現するかを明らかにした。たとえば、人は、目的のために状況の定義 (*the definition of the situation*) に影響を及ぼそうとする、さまざまな「小道具」(たとえば、スピーチのパターン、衣装、顕示的消費／所有など) を用いて個人的な最前列 (*personal fronts*) を投影する、演技がおこなわれる表舞台と「髪を下ろし」て演技を練習する舞台裏とを分けて聴衆を隔離するといったことをする。スティグマを付与されたアイデンティティ (*stigmatized identities*) の管理は、役割距離 (*role distancing*) を含む特別なパフォーマンスを必要とする[15]。役割距離とは、しているように見えること (役割自己) が現実にそうであること (現実自己) ではないというメッセージを伝えることである。

　ゴフマンは、20世紀のもっとも影響力のある社会科学者の一人に数えられる。彼が20世紀の半ばにもっとも良く知られる書物を著した際、大騒ぎが引き起こされた。社会的・歴史的な変化を経た21世紀の初めでは、ゴフマンの主張がどれほど驚くべきものであったかがわからない人もいることだろう。また、とくに現実を創出したり歪曲したりする数多くのテクノロジーによって媒介された世界では、考案された多くの物事が今日どうなっているかを疑問に思う人もいるかもしれない。自己を高めるテクノロジーやアイデンティティを偽装するテクノロジーは、Facebook のようなソーシャル・メディアを含む日常の基盤の上で用いられている。ソーシャル・メディアでは、会ったこともなく、対面で出会うとしても相互行為することを気にしない「友だち」に印象を与えることに追い立てられている。*Generation Like* というドキュメンタリーはこのような最近の潮流の良い説明と分析となっている[16]。

　後期近代（とくに 1950 年代以降）の最近の世代の間では、このような計画的な相互行為パフォーマンスはありふれたものとなっている。計画的な相互行為パフォーマンスは、前期近代において優勢であった規範と明確に異なったものとなっている。本章の冒頭で引用したアレン・フィーリスの 1958 年の本 *The Quest for Identity* の一節が、安定性と信頼性——それらはともに個性に関わる——を強調する前期近代の環境との違いを際立たせている。とくに次の箇所がそうである。「誰も個性の厳格さなど心配しておらず、個性は厳格なものと考えられていた。もし個性がフレキシブルとなるなら、個性をあてにすることはできないだろう。」

　40 年の時を経て、リチャード・セネットが、『それでも新資本主義についていくか——アメリカ型経営と個人の衝突』の中で同様のことを書いている。セネットは、高度なフレキシビリティを必要とする経済的な条件によって、人が個人的な個性の感覚を維持することは、難しくなっていると論じている。個性の伝統的な意味は中世まで遡ることができる。その意味は「我々の欲求と他者との関係の上に置かれる倫理的価値観」に関わっていると述べている。セネットは、「個性」を次のように特徴づけている。

　　個性はとりわけ、われわれの感情経験のなかでも長期的な側面に集中して現れる。すなわち個性は、忠誠心や相互の関わり合いによって、長期的な目的の追求を通じて、そして、将来目標の達成のためには目先の満足を後回しにしてもよいとする習いによって表現される。だが人間であればだれしも、ときに感情の乱れることがあって、われわれはその折々に生きているが、その混乱した感情のいくつかを大切にし、持ちつづけようとする。これらの長続きする感情が、個性の維持に役立ってくれるのである。個性は、われわれが自分自身の価値をそこに見出し、他の人びとから評価してもらいたいと願う個人の持ち味に関わるものである[17]。

自我アイデンティティ

　本書では、目的の連続性についての感覚の基礎が強調される。人びとは、個人的アイデンティティと社会的アイデンティティを具体化した連続的な「実体」として、目的の連続性の感覚を経験しようとする。時間の流れの中そして異なる文脈の中、連続性の感覚が変動するのはありふれたことである。連続性の感覚は、その後の人生を通じて持続するような一時の「達成」といったものではない（アイデンティティ形成の科学的アプローチについての誤った見方は、Box3.1 を参照）。

　目的の感覚は、分化プロセスによって自我アイデンティティの感覚が形成されるプロセスを支えている。分化プロセスは次のように説明される。

- 前近代社会では、構成員は、人生の早い時期に、伝統に従って人生の目的を選び、その後に目的に疑問を持つことのないようにすることを求められる。
- 前期近代社会では、個人が、成年になるときに、自分が利用できる機会によって、人生の目的を構築することを期待される。
- 後期近代社会では、個人は、利用できる経験を通じて（たえず）、自分を発見し、「自分の進む道を見つける」よう奨励される。そして、その基盤に立って、自分の個人的アイデンティティと社会的アイデンティティが基礎を置く目的の感覚を確立するよう奨励される。

　社会的・歴史的な枠組みによれば、後期近代社会で成長して大人になることは、心理的な困難となっている。そのような困難は、前近代社会であったならば、身体的・生存的な困難であった。後期近代社会では、自らの目的の感覚──自我アイデンティティ──を構築・維持しようとする中で、自我は安定して長期にわたるコミットメントを維持することが困難となる。アイデンティティをめぐる困難へのさまざまな反応については、1950年代のエリク・エリクソン以来、半世紀の研究が積み重ねられてきている。本書では、困難への反応には受動的で (passsive) 不活性 (inactive) なものから能動的 (active) なも

の、そしてプロアクティブ（proactive）なものまで幅があると見ている。第 7
章では、そのような反応を、アイデンティティ方略（identity strategies）の観点
から理解する。さしあたって、**Box2.3** ではアイデンティティの各レベルを
思い出すのに有用な方法を示している。とくにそれぞれが、後期近代でどの
ように最適に経験されるかを示している。

Box 2.3　最適なアイデンティティ形成についての表現
　アイデンティティの 3 つのレベルの特徴を理解するのに有益な方法は、一
人称でそれらの経験を表現することである。（後期近代）社会でうまくやって
いる人に、「あなたは何者か（Who are you?）」と問いかけると、次のような答え
が期待できるだろう。
　　社会的アイデンティティの場合：「私は、この／これら集団の尊重されたメン
　　　バーですが、あの／あれらの集団のメンバーではありません。」この答
　　　えでは、その人は 1 つ以上の集団の価値を与えられたメンバーであるこ
　　　とによって、自らを位置づけている。この答えは、人間アイデンティティ
　　　の*統合*の側面の重要性を示している。社会的アイデンティティの最適な
　　　経験でない場合、具体的な集団（仲間など）や抽象的な集団（学生など）に
　　　おけるメンバーシップに関して、集団からの疎外の反応や価値を与えら
　　　れていないという感情が示される。
　　個人的アイデンティティの場合：「私は、この（これらの）ような方法で見て、
　　　話して、考えて、信じるような者です。」この反応は、多かれ少なかれ安
　　　定した属性のまとまりとして経験される個人性（*individuality*）を表している。
　　　この答えは、人のアイデンティティの*分化*の側面の重要性を示している。
　　　個人的アイデンティティの最適な経験でない場合、その人が外見・話・
　　　世界観に関して、自分を呈示する仕方について不確実であったり不安定
　　　であったりするような答えとなる。
　　自我アイデンティティの場合：「私は、私が（価値を置いている）過去、（取り
　　　組んでいく）未来、そして（予測できる）未来で、（力強い）人であると感じ
　　　ている。」この答えは、前近代社会や前期近代社会と同様、その人は、*時*
　　　*間的・空間的な斉一性*の感覚を表明しており、人のアイデンティティの
　　　*連続性*の要素を表している。カッコ中の形容詞（強い、価値を与えられた、
　　　取り組んでいく）は、時間の経過の中とさまざまな社会的状況における、
　　　自我アイデンティティのエージェンシーとレジリエンスを表わしている。

> 最適な経験でない場合、その人の過去・現在・未来の間の経験についての混乱が示される。また、さまざまな文脈における過去・現在・未来の3つの時点を統一する目的の感覚を打ち立てることに対し、受動性とあきらめが示される。その人が児童期や青年期の社会的経験の範囲を超えて広げていくよう成長していないという意味で、空間的選択肢の狭さを感じるだろう。そのような人は、アイデンティティホライズン（identity horizons）が狭いということになる（第8章参照）。

　要約すると、欧米社会は過去数世紀にわたって変化を経験し、人は前近代の身体的苦役と健康上の危険から脱し、自己決定の点で相対的にかなりの自由度がもたらされてきた。しかし同時に、主要な制度が破壊され互いに分離され、文化規範が義務に基づくものから選択に基づくものへと変化してきた。多くの人はアイデンティティ形成という事業における手引きをほとんど与えられていない。20世紀の間に後続コホートまたは後続世代になるにつれ、個人の人生への衝撃はますます強まっている。今日、成人期のアイデンティティを編み出そうとする人の多くは、自らの人生における目的の感覚を社会によって指令されていない。自分の人生がこれからどのようになっていくかがほとんど分からない。それどころか、自分が成人期になるにつれ、自分の目的の感覚を発見することの重荷が個人に課されている。長期化する若者期に直面して自分の人生の目的を定義することが期待される一方で、現在の若者世代は成人期の伝統的形態が次第に崩壊していき、前例のない分解したライフコースの出来事を経験している。ほとんどの欧米社会において不安定な状況が優勢となり、非欧米国でも同様にそのような状況がますます見られる。次節では、このリスク状況が生み出すより深刻なアイデンティティ問題を検討する。

個人化社会とアイデンティティ問題

　ヴィクトリア朝時代には、ノイローゼが主要「症状」の代名詞であった。

同じように、後期近代の時代には、主要「症状」の代名詞がアイデンティティ問題であると合意されている。ノイローゼは、情動的抑圧という条件の下で生じていた。一方で、アイデンティティ問題は、過剰な選択と行動を決定する規範が不十分な状況の中で生じている。その結果、自我アイデンティティの感覚が錨を下ろす人生の目的は、安定した感覚を確立するのに不十分な状況となっている。欧米で社会の世俗部門に生きる人の間でライフコースが個人化している。そのきざしは、社会的集合体との結びつきが弱体化しているところに現れている。他者へのコミットメントに関して、どういった価値観を支持するべきか、どういった社会的役割を選択するべきか、自分のライフコースがどのようになっていくかを決めるよう人が取り残されているところにもきざしが現れている。今や、人生における目的の決定は、個人化プロセスに影響され、個人の手に大部分委ねられている。さらに悪いことに、学校での失敗や雇用問題のように選択がうまくいかない場合、たとえ構造的要素が関係していようと、その状態についての個人の責任が問われ、しばしば「非難される」（たとえば、失業は構造的な (*structural*) 場合がある。皆に十分な仕事がないだけかもしれない。高度な資格をもっている人びとにとってさえ、十分な仕事がないかもしれない）。

十分な構造と手引きがなければ、混乱し、目的を失い、社会の中の場所の感覚を失う人もいる。十分な自己管理がなければ、最終的にどのような役割を担うことになろうと、「成熟した」構成員になるのに時間がかかる人もいる。以上のことから、現代の欧米人はライフコースの個人化と結びついたアイデンティティ問題に影響を受けやすい。アイデンティティ問題がライフコースの個人化と結びつくことは、以前にはありふれたことではなかった。個人の選択を最小化する硬い規範的構造と集合主義という特徴がある前近代社会と後期近代社会の間には明白な違いがある。次に、後期近代にますます広まっているアイデンティティ問題の3つのタイプを説明しよう。

発達問題

アイデンティティ形成に対する発達論的アプローチは、人びとが大人の共

同体に入る軌道（*trajectories*）について豊かな情報をもたらしてきた。エリクソンの研究以来、成人期のコミットメントを形成する際にどのように個人化された選択をするかに関する差異が研究されている。このような研究によれば、個人化された選択やコミットメントの道筋をとることは成人期アイデンティティを形成することにつながるものの、情動的な困難にも遭遇する。欧米の「通常」の人でさえ、多くの割合で困難が生じている。たとえば、女性集団のアイデンティティ形成について、1970年代前半に大学在籍時から1990年代前半の中年期までを追いかけた縦断的研究によれば、大多数が大人になってからの人生でメンタルヘルスの助けを求めたことが報告されている[18]。「通常」以外の他の人にとっては、困難はより深刻で、さまざまな適応問題が関わってくる。

　エリクソン派の研究では、アイデンティティ拡散（identity diffusion）が青年期に相対的に広がっていることを見出した。そして、アイデンティティ拡散が大人の間にもますます支配的になっており、今や「通常」の問題となっている。アイデンティティ拡散という用語は、成人期へのトランジションの時期に不活性（*inactive*）となっていることを含んでいる。目標を発達させることは、成人期のアイデンティティに基礎をもたらす目的の感覚と結びついており、そのような不活発さが生じるのは目標を発達させるという発達課題を無視したり延期したりすることからくる。不活発さを示す人たちは、高い確率で、麻薬の乱用、安全でない性行動、摂食障害となり、仲間集団の影響を受けやすく、学業不振となってしまう[19]。適応能力に関して、アイデンティティ拡散を強く示している人は、自尊感情が低く、新しい環境（大学環境のような）への適応に強い困難があり、より自己に焦点が向いてしまっている。そのような人は、認知的には、思考を上手く組織化できない傾向がある。そして、自分の人生が外的にコントロールされているように感じており、日常の課題や個人的な問題に取り組むことを延期したり避けたりする傾向にある。さらに、道徳的推論の尺度と自我発達の尺度においてもっとも低い得点を示す[20]。

　不活性は、その性質から、アイデンティティ形成への永続的なアプローチとなってしまうことがある。確かなコミットメントを形成するのを妨げるよ

うな障害物に直面し、アイデンティティ拡散の時期に一時的な執行猶予として
やり過ごしてしまい、発達的な困難にまで至らないことがある。アイデン
ティティ拡散を経験することは、若者期と青年期のアイデンティティ・モラ
トリアム（moratorium period）への一時的な反応である場合もある。その時期
は成人期へのトランジションにもう少し時間が必要な若者に対し、社会が成
人期のコミットメントの遅延を許容する時期である。大学生がキャリアの最
初の選択のための資格取得を妨げるようなひどい劣等の成績をとってしまい、
専門職志望が挫かれてしまうような場合、大学生の多くがこのようなアイデ
ンティティ拡散となってしまう。次項で説明するように、性格分類学的に生
産的な大人の役割にコミットしないことで、アイデンティティ拡散が成人期
のアイデンティティの持続的な特徴となってしまうこともある。

性格パターン

　学生を調査する実証研究によれば、青年期のおよそ30％が不活性で拡散
したアイデンティティの状態にあると分類される。この割合は、若年成人
になると約25％から20％に下がり、大人集団となると15％程度にまで下が
る[21]。成人期までに安定したアイデンティティの基礎となる目的の感覚を発
達させることなく、不活発な長い歴史を経験した人はあまり変化しない傾向
にある。児童期に遡るか、または青年期に発達するのは、その人のパーソナ
リティの永遠の特徴のようである。

　個人化社会で生きることは、それだけで、人がアイデンティティに関連す
るスタンスにまつわるリスクに直面させる。そして、そのプロセスを通じ、
将来の職業的役割へのコミットメントに基づく目的の感覚は慢性的に不充足
または回避的となってしまう。このパターンの源はよく分かっていない。し
かし、その源の1つはその人の長い時間をかけた学習の歴史、とくに学校教
育であろう。学校教育は学業に傾斜しない人や学術的能力があっても学習に
取り組まない人に対し、懲罰的な経験をもたらす。まず疑われるのは、社会
階級、民族性、ジェンダーなどに関する構造的障害である。このような障害
の否定的な経験は、社会の中で意味ある役割を担うに値するという若者の感

覚を減退させる。学校教育の中での他の否定的な経験は、若者を学習性無力
感（*learned helplessness*）へ押しやり、「個人的な個人化プロジェクト」へ進もうとす
ることを邪魔する。否定的な経験は目的や連続性の感覚を挫折させる経験に
結びつけられ、困難に直面した際に忌避や不安を作りだす。このような結び
つきは目的を計画するために将来について考えようとする能力や意志、期待
に応えようと現在に取り組む能力や意志、そして過去の理解を発達させる能
力や意志に影響するだろう。このような場合、学業領域や職業領域における
個人的エージェンシーは徐々に弱体化される。

トラウマ／ストレス型病理

　マリーン・スタインバーグとマキシーン・シュナール[22]は、過去のトラ
ウマに条件づけられた反応のために、多くの人がアイデンティティ分裂兆候
を経験していると述べている。そのような経験が生じるのは、トラウマが穏
やかで適応的で分離的な反応を作りだす脳の反応の引き金となり、その反応
によって衰弱しかねない極度の恐怖を経験することを妨げているからである。
しかし、長期化して激しいトラウマを経験している人は、脳のこの反応がト
ラウマのない通常の基礎の上で引き起こされる場合もある。そのため、アイ
デンティティ混乱・非実現・非人格化・記憶喪失といった分離的な兆候を規
則的に経験することになる。そこに関わる脳のメカニズムは、視床にあり、
入ってくる情報を処理する。小脳扁桃では、恐怖の反応を引き起こす。前頭
大脳皮質では、意識と分析的思考が生じる。分離兆候の場合、視床が（原始的な）
小脳扁桃へ情報を送り、そこで恐怖の反応が認可されるかどうかを決定する
ための処理を担う前頭大脳皮質へ最初に送られる。この「ショート」のために、
多くの人びとが通常の基盤の上で分離兆候の段階を経験することになる。そ
して、複数の兆候を定期的に経験するため、そのような兆候を何とか受け入
れていかなければならない通常の何かと考えるかもしれない。

　したがって、慢性的に拡散して不活性なアイデンティティの起源は、人生
の早い時期に経験したトラウマである場合がある[23]。児童期の経験は、その
後のアイデンティティ形成の諸相と衝突する場合がある。それによって成人

期へのトランジションと結びついた発達的プロセスと衝突するような自己無
力習慣へ閉塞させてしまう。そのような人は慢性的にアイデンティティ拡散
の状態にあり、人生における肯定的な選択肢を探求することができなくなり、
将来の行動指針へのコミットメントを形成することができなくなり、アイデ
ンティティ形成の基礎にある発達的プロセスが混乱してしまっているだろう。
それがどの程度かは、さらなる研究が必要である。

　また、かなりの割合の人が自分のアイデンティティ形成と直接衝突する神
経医学的な兆候を経験している。たとえば 20 世紀の後半、パーソナリティ
障害は、明らかに、流行といっていいほどの広がりを見せている。このよう
な障害は、苦しんでいる個人にとって重大な苦痛や損傷を引き起こすような
行動と経験の持続的・普及的・硬直的パターンを構成する。もっとも支配的
な人格障害は、境界性パーソナリティ障害である。境界性人格障害の主な兆
候は、（自我）アイデンティティの「核となる」感覚が欠落していることであ
る。境界性人格障害に苦しむ人はアメリカで 1000 万人（人口の約 3%）にのぼり、
児童期の虐待やネグレクトに起因している。

　さらに、スタインバーグとシュナールは穏やかな期間を経験している人
も含めて一連の分離兆候を調査し、境界性人格障害はおおよそ 25% のアメ
リカ人を定期的に苦しめていると報告している。そのうち 1% は、明らかに、
多重人格障害も関わる本格的な解離性同一性障害（DID）である。彼らは、分
離兆候がしばしばよく知られた抑うつや不安障害と間違えられており、その
障害のすべての顕在化を含めた一年間の概算の罹患率は人口の 10% 近くに
届くだろうとしている。彼らはまた、この障害は児童期のトラウマに起源が
あると強く主張する。とくに 7000 万のアメリカ人が経験していると概算さ
れる虐待と搾取からくる児童期の経験であると強く主張している[24]。

　この 2 つの障害に対する先の主張が正しいとすると、欧米社会のかなりの
割合で、アイデンティティの無力兆候を経験していることになる。アイデン
ティティ無力兆候は、成人期へのトランジションに結びつく通常の発達的プ
ロセスと深刻な衝突をする。このような概算は、（アメリカ人の）人口のかな
りの部分が穏やかなものから深刻なものまで幅のある分離を経験していると

示唆している。とくに、アイデンティティ混乱・非実現・非人格化の定期的
な期間を経験していることを示唆している。心的困難のない人びとが後期近
代社会におけるアイデンティティ形成に困難があるとすれば、心的問題を抱
える人びとは恐るべき課題に直面していることになる。前近代社会において
このような障害を抱える人がいたとしても、アイデンティティ形成に関して
衰弱していると断定されるわけではない。後期近代社会においては、自己管
理にとっての潜在的な問題は明白である。後期近代社会では、個人化された
アイデンティティを形成することが期待され、「自分自身の運命の制作者」
であることが期待されるからである。そして、学生のかなりの割合がこのよ
うなアイデンティティ無力の問題を抱えていると学校が認識しない場合、学
生たちは自分が上手く適合できていない環境によって作られたアイデンティ
ティ問題を見出すこととなる。

結論：アイデンティティ形成とその不満

　本章では、3つのレベルでアイデンティティの異なった現れ方の間のさま
ざまなミクロ−マクロの結びつきを理解するための論理につながるテーマを
探求した。社会的・歴史的な視点の助けとともに、自我アイデンティティ／
個人的アイデンティティ／社会的アイデンティティという主要なモードにお
ける質的な変化を刺激する前近代社会から後期近代社会への変化がどのよう
に積み重ねられてきたかを見てきた。近年では、かつて人びとに出来合いの
アイデンティティと人生における目的をもたらした伝統が喪失し、社会的制
度の弱体化が進み、それらの変化と結びついているアイデンティティ問題の
増殖が現れてきている。安定した成人期アイデンティティの基礎となる人生
の目的を発達させることが、多くの人にとって個人化したプロジェクトと
なっている。後期近代社会には、「通常」の困難から特別な困難まで、数々
の問題が生じてきている。「通常」の困難は、最低限の手引きとともに、成
人期への個人化したトランジションの一部としてこのような発達課題を成し
遂げるという困難である。特別な困難とは、後期近代社会において今やあり

ふれたものとなった 3 セットのアイデンティティ問題と関連する障害に直面しながらアイデンティティ形成を実行するという困難である。

第3章　アイデンティティとその形成の社会心理学

　　個人の生も、社会の歴史も、そのどちらも熟知していなければ、それ
　ぞれを理解することはできない。

C・ライト・ミルズ[1]

　第1章では、自己とアイデンティティの理論の哲学的・概念的な基盤を明
らかにした。第2章では、現代のアイデンティティ形成と結びついたさまざ
まな問題を含めアイデンティティが社会的・歴史的にどのように現れるかを
検討した。本章では、さまざまなタイプのアイデンティティがどのように形
成されるか、そしてどのように維持または修正されるかという問いを深く掘
り下げ、アイデンティティ形成の包括的な社会心理学 (*social psychological*) 的な枠
組みを示したい。これまでアイデンティティ形成は、主観的な (*subjective*) 側面
(アイデンティティの感覚) に関心を寄せる心理学や客観的な (*objective*) 側面 (人び
とが担う社会的役割や人びとが占める社会的地位) に関心を寄せる社会学といっ
た学問分野の理論によって論点が示されてきた。本章では、包括的な社会心
理学的な枠組みによって、その制約を取り除きたい。たとえば自己とアイデ
ンティティの感覚は、人の社会的経験から発達する。しかし、アイデンティ
ティの社会学理論では、アイデンティティの客観的側面だけを扱う。そのた
め、どのようにアイデンティティが形成されるかを説明できない。アイデン
ティティ形成はプロセスであって「モノ」でないことは強調されるべきであ
る。アイデンティティの主観的側面と客観的側面は、つねに「進行形」である。
他方で心理学理論は青年期に焦点を当てており、ライフコースの他の時期に

十分に目を向けていない。アイデンティティの主観的感覚は、ライフコースの文脈や重大な時期によっては、急速に変化することがある。また、別の文脈と時期にはむしろ変化しないこともある。アイデンティティ研究の論争には、このような混乱がある (例として、**Box3.1** 参照)。本章では、アイデンティティ形成が主観的・客観的にどのように現れるのかについて、文脈に応じた発達の違いを理解する方法を提示する。

Box 3.1　アイデンティティ形成についてのよくある誤解

　第 1 章で記したように、アイデンティティ研究には科学的アプローチ、哲学的アプローチ、そして政治的アプローチがある。異なったアプローチの間では数多くの論争がある。論争は、他のアプローチを十分に知らないことに原因がある。たとえばアイデンティティ・ポリティクス (*identity politics*) のアプローチをとる多くの人は、エリクソン派のアプローチを誤解し、科学的アプローチを切り捨ててしまうことがある。読者には、そのような切り捨てについて自分自身で判断してもらうことになる。いくつかの誤解を示そう。

　誤解 (1)：ポストモダン主義者が主張するように、エリクソン派のアプローチはアイデンティティが固定して変化しないでいると想定しているという誤解がある。「学者たちは、今や、均衡して固定した特性と決定し変化しない本質というものに疑いの目を向けている。それらは過去の歴史と『アイデンティティ』の語源学にとって決定的なものだ」[2]。このような主張は誤解である。

　誤解 (2)：エリクソン派の人びとは人が核となるアイデンティティ、すなわち本質的自己をもっていると信じているという誤解がある。たとえば別のポストモダン主義者が主張するところでは、エリクソンは「比較的早くに確立され、社会的世界との主体のさまざまな関係を本質的に組織するものとして持続する『中核的自己』というアイデア」を促進し、「エリクソンにしたがって多くの心理学者がアイデンティティを自己という内的核として構築している」[3] とされる。このような主張は誤解である。

　誤解 (3)：アイデンティティ研究についての知識が不足しているため、人は「アイデンティティ」を「持つ」か「持たない」のどちらかであると信じられている。このような主張は誤解である。図 2-1、図 3-1、図 3-2、図 3-3 は、科学のタキソノミーとの関係から、そのような信念がいかに無学であるかを説明している。人が一度きりで「達成できる」ような単独の「アイデンティティ」といったものは、研究文献において提起されてはいない。アイデンティティは分析の複数の水準で存在し、構造的な配置を換えるプロセスとしてよりよく理解されるものである (図 1-3 参照)。

この誤解の別の形のものはアイデンティティという用語と個人性（*individuality*）という用語が交換可能であるという考えである。この誤解には、「順応主義」の人はアイデンティティを持たないという考えが含まれている。個人と共同体というアイデンティティの基本となる統合要素にとっては順応が必要であるため、ある程度の順応は望ましい。最適な個別性の理論については Box 1.2 を参照してほしい。アイデンティティが実験されるアイデンティティ段階において「個人」であることに関する感情の重要性については Box 3.4 を参照してほしい。

　現代社会では、病院の待合室で次のようなことが世界中で見られる。互いに知り合いではない人が 2 人、小さい部屋で自分の順番を待っている。その日、どちらもお互いに親しみやすさを感じている。天気について会話をはじめ、待ち時間に読む雑誌の表紙にある特集へ話題が移っていく。2 人の互いに知り合いではない人は、その雑誌の話題に関わる共通の何かをもっていると感じている。その会話はそれからどこへ向かうのだろうか。

　この疑問に応える前に、少し立ち止まって考えてみよう。ここまで、この話を視覚的にイメージしようとする際、読者はその 2 人が男なのか女なのか、どんな民族性なのか、何歳ぐらいかと考えたことだろう。この話で描かれていること、そして読者が経験していることは、人を社会の中の場所に「位置づけ」たいという欲求であり、印象形成（*impression formation*）の第一歩である。人は他者が一般的なレベルでどのような人「である」かを知ろうとするのである。同様に近代社会は、社会的レベルで「自分が何者か」について市民の情報をずっと入手している。実際、私たちは自分が何者かを証明する必要がある場合や自動車運転や健康保険加入のような権利や特権を与えられる場合、社会で認可された「位置づけ」をもたらす ID カードを財布や小銭入れに入れて「私たちのアイデンティティを持ち運んで」いる。職業や結婚、ジェンダー、人種、年齢を知ることは、その人たちを「位置づける」ぐらいのことでしかない。とはいえ、人の社会的位置のさまざまな側面――彼らの客観的な社会的アイデンティティ――は、彼らのライフスタイルと人生の機会の重要な決定要因と予測要因となる。

　待合室の 2 人に話を戻そう。彼らはお互いに共通しているものがあると感

じており、社会の構造の中に位置づけ、会話を続けることができる。そうすると、話題はより個人的なことへと進むだろう。彼らは外見と態度からお互いのことをすでに把握している。非言語的手がかりがお互いの好き嫌いや習慣、活動や一般的信念についての好奇心を引き起こす。その互いに知り合いではない人同士は、生計のためにどんな仕事をしているか、結婚しているかどうか、子どもはいるのかなどの個人的な質問をお互いにし始めるだろう。相手に対して居心地よく感じているなら、個人的な質問について互いに比較的正直に話すだろう。しかし、相手に対してより好印象を作りたいと思っているなら、ある程度の印象管理が生じる。いくらか居心地悪く感じているならば、あるいはこの会話からより多くのことが得られると感じているなら、さらに好印象を作ることさえする。その人の個人的な人生について知ることが目標となると、その人を位置づけるという目標にとどまらず、状況は即座により複雑になる。会話の始めから終わりまで、お互いが相手に受け取ってほしいと思うような手がかりや印象のまとまりを呈示し、投影された印象はその人の自己概念や自己概念についての他者の見方の再帰的な理解を反映することになる。

　この出会いは、印象と定義が一致して相互に承認しあうかぎり、気持ちのよいものとして続く。そうでなく、一方または両方が社会的アイデンティティは共存できるけれども、個人的アイデンティティ（*personal identities*）は両立しないかもしれないと思い始めたなら、その出会いは気持ちのよいものではなくなるだろう。お互いが相手のアイデンティティと共存できると想定して個人的アイデンティティを示しあうと、居心地の悪いものとなる場合もある。たとえば、2人ともスポーツが好きだとか劇場が好きだとか、民主党支持だとか共和党支持だとか、音楽の好みが同じだとかで、その出会いを居心地よく感じると、居心地の良さが続くだろう。しかし、一方がスポーツを嫌っており、劇場が好きで、民主党支持で、ニュー・エージの音楽だけを聴いて、相手がその反対だとなれば、その出会いはそれ以上先へ進まない。お互いがそれ以上の会話を避け、たとえば雑誌を読んだり、医者の予約時間がもうすぐで呼ばれることを願っていることを示して時計を見たりする。

　同じような居心地の悪い状況は、一方がある自己定義や状況の定義（*definition of the situation*）を示そうとし、他方がそれとは異なる定義を受け取る場合にも生じる。この場合、一方が主観的に経験する個人的アイデンティティは、他方が「客観的な」アイデンティティとして受け取るものと同じではない。たとえばだらしない服を着て、洗練されていない話しぶりで、会話の間に落ち着きがないような人が、教養があり芸術に精通している印象を与えようとしているような場合である。相手は、その人をぎこちなく、無作法なペテン師だというようにまったくちがう仕方で定義することになるだろう。

　ここまでのところ、社会的アイデンティティ（社会の中の位置）と個人的アイデンティティ（個人的な信念や態度を含む、他者への行動の具体的な呈示）についてのみ、お互いが情報をもっていることに注意してほしい。発達心理学者がもっとも関心を向けるアイデンティティのレベルは、自我アイデンティティである。自我アイデンティティは、定義上、社会的な関与と個人的な関与に関わるところに現れる（たとえば、人生における目的の感覚を反映する、これらの領域におけるコミットメントの水準と安定性に現れる）。

　それでは、2人の人が話し合い続けることができるほどに社会的アイデンティティと個人的アイデンティティが共存可能だという前提で、診療が遅れているとしよう。ひとたび、社会的アイデンティティの位置づけという公共の性格の行為と個人的アイデンティティの関与（エンゲージメント）の近しさが確認されれば、会話はさらに深くなるかもしれない（状況が印象管理の表舞台（*front stage*）―Box2.2―から「現実の自己」の裏舞台（*back stage*）――**Box 3.2** へと移るため、たいていの人はよそ者とさらに何かをするのはためらう場合が多い）。しかし、会話がさらに進むと、自分の「本当の」感情をどのように考えるか、自分が「本当は」何者であるのかについてといった自分自身の人生の主観的経験について話すこともある。たとえば自分のキャリアや家族生活がどれほど充実しているか、またそのような経験が自分の人生に大きな意味をもたらしてくれていることや自分の将来に向けた目的の感覚をもたらしてくれていることを話すかもしれない。あるいは今の職場がどれほどストレスに満ちているかや自営の新しいキャリアを始めたいと考えていることを話すかもしれない。もし

かすると、自分のしていることの多くに意味を見出すのがいかに難しいかや数年前の自分と今の自分とでは同じ人物だとはほとんど感じられないほどだということを話すかもしれないし、自分の配偶者への気持ちが変わってきてしまっていることを打ち明けるかもしれない。

Box 3.2　真正性（*authenticity*）：現実の自己があるのか、役割自己があるのか

　第 2 章の冒頭で示したように、前近代社会の人びとは主要な社会的役割（たとえば、女性、母親、農夫）によって定義される。個人的な理由からそれらの役割から外れる人は、逸脱している、さらには罪深いとさえ考えられた。人びとが人生において帰属された役割を上手く遂行している限り、尊敬に値する人格者と考えられた。人格は信頼できることと正当であることの同義語であり、時には真正性（*authenticity*）の観念と潜在的に結びついていた。20 世紀に入り、真正性の問題が個人的な問題として受け止められるようになってきた。第二次世界大戦期に「アイデンティティ不安の時代」の夜明けがはじまった。「神は死んだのか」といった信念体系の根本的信条に疑問が抱かれ始め、それらの実存の妥当性が吟味に曝されるようになった。伝統的な社会では人が自分の人生の中で担う主要な役割にはほとんど選択がなかったのに対し、20 世紀の間により多くの選択が開かれた。その結果、慣習的な社会的役割、とくに「集団の中の 1 人」であることにコミットすることの価値に疑問を持ち始めた。社会学者のアーヴィング・ゴフマンは、この「システム」への大勢の順応に対する役割距離（*role distancing*）を見出した。役割距離は、さまざまな形態をとる。公式の社会領域で演じている役割から離れる感覚や、自分が非公式の個人的な状況で、「心の底」で自分は本当は何者であるかと考える感覚などである。こうして、人は、自分たちがある種の分裂した存在であることを報告し始めた。仕事の日はより厳格に公式の役割を演じ、余暇の間には「くつろいで」、公式の自己呈示と矛盾することもするといった具合である。

　しかし、象徴的相互作用論者が論じるように、人は人生において演じている役割を伴った経験の産物なのであろうか。公的な自己と私的な自己の間にははっきりとした区別が本当にあるのか。「役割自己」と区別される「真の自己」や「現実自己」といったようなものが本当にあるのか。そして、人は規則的な基礎の上で揺れ動くような 2 つの形態の自己を持つことができるのか。これらの問いに対するさまざまな答えは、政治的・哲学的・科学的なアイデンティティ研究に対する 3 つのアプローチから提示されてきた。そのような問いは、

定義上の曖昧さのため、科学的に確実な答えを出すことが非常に難しい。

　答えを出そうとするさまざまな取り組みには、制度的自己（*institutional self*）と衝動的自己（*impulsive self*）を区別する研究も含まれる[4]。この研究では、制度的に方向づけられ、規範的な達成を通じて自己の感覚へ到達する人びとと、部分的には、制度的制約を拒絶することを通じて自分自身を「発見する」人びととの違いが調査された。制度的な志向性をもつ人は自身の社会的（*social*）アイデンティティに重きを置き、衝動志向性をもつ人は個人的（*personal*）アイデンティティにいっそう関心があるようである。この結果は、1950年代まで遡って、大学生の間で個人的アイデンティティ（自己呈示のスタイルによって規定される）の重要性を増し、社会的アイデンティティ（社会的に承認された役割として理解される）の重要性を減らしたところから実証的に支持されている。自己定義のもっとも重要な源として個人的アイデンティティを選ぶ大学生の割合は、1950年代はおよそ30%でしかなかったのに20世紀の終わりまでに80-90%となった[5]。

　このような例にはすべて、人の自我アイデンティティの感覚が現れている。すなわち時間の経過の中や異なる状況の中で自分が同じであるという連続性の主観的感覚が現れている。人生の中で育まれ強化されてきた自我アイデンティティの感覚を強く持つと、過去との連続性、現在における意味、将来への指針の感覚を持つ。自我アイデンティティの感覚が弱いと、あるいは何らかの理由で弱くなってきていると、かつて重要であったことがほとんど重要でなくなっているように感じたり、かつて自分がそうだと感じていたようには感じられなくなったりする。この（自我）アイデンティティのレベルで深刻な問題を経験していると、「中核的な」アイデンティティの感覚をもっているのかが疑われ、これまでもっていたのかさえ疑われ、意識の中で何かをコントロールする安定的な実体がかつてあったのかどうかさえ疑われるようになる。強い自我アイデンティティの感覚を持つ人もこのような疑念を経験することもあるが、そのような人は機能する個人的アイデンティティと社会的アイデンティティに自らを再びコミットさせることができる。このような経験の核心には目的の感覚と自我アイデンティティの感覚が相互に埋め込まれ

ているという連続性の感覚がある（すなわち、自我アイデンティティの感覚と目的の感覚は相互に強化しあう）。

　ここで示された例はアイデンティティが内的に形成され、維持され、それからライフコースにわたって変化していくことを説明する際、アイデンティティ形成論簡易版のさまざまな概念を説明するのに有用であろう。

アイデンティティ形成の三対モデル

　アイデンティティ形成論簡易版の基礎にある枠組みはパーソナリティと社会構造の視点（*personality and social structure perspective*）という社会心理学の伝統に由来する[6]。数年前、ジェームズ・ハウスは研究領域としての社会心理学には3つの顔があると論じた。1つは、多くの人が「社会心理学」と考える主流の心理学と一致しており、心理学的な社会心理学と呼ばれる。社会心理学は、社会的－心理学の他の2つ顔をもっており、それが象徴的相互作用論（第1章）とパーソナリティと社会構造の視点（the Personality and Social Structure Perspective: PSSP）である。

　パーソナリティと社会構造の視点は、アイデンティティ形成について包括的に理解するのに最適である。その理由は、アイデンティティ形成の3つのレベルが、社会構造、相互行為、パーソナリティの3つの分析レベルと関連性をもっているからである。パーソナリティと社会構造の視点によれば、人の行動の包括的な理論に求められることは、社会・相互行為・パーソナリティの3つの分析レベルを分けて分析し、人間の行動の反復プロセスのモデル（*iterative process model*）を形成することである。本書の関心は、人のアイデンティティ形成の簡易かつ包括的な理論である。新しい理論の多くはアイデンティティと自己の概念を乱用する傾向があり、アイデンティティと自己の間の用語法上の混乱を引き起こしてしまっている。伝統的な社会心理学の視点の言語は、アイデンティティ概念の分類学を整理するのに有用だろう（伝統的な社会的－心理学の用語法のいくつかの例は **Box 3.3** を参照してほしい）。

> **Box 3. 3**　有用な社会心理学の用語について
>
> 　「アイデンティティ」と「自己」の概念は、過剰なほどに用いられる傾向がある。その結果アイデンティティと自己の概念は、その意味と有用性を失ってきた（Box 1.3 参照）。前の世代の心理学者と社会学者は、今日しばしば（過剰なほどに）「自己」と「アイデンティティ」と呼ばれるプロセスを説明できる他のさまざまな用語があることをわかっていた[7]。
>
> 　たとえば、人びとが演じる公式・非公式の役割のすべてを「アイデンティティ」と呼ぶ必要はない。発達的には、アイデンティティは、さまざまな「要素」を複雑な構成要素としている。構成要素のうちの一部は役割であるが、他の構成要素は、社会規範、重要と想定される自己概念、機能的な能力と個人的な欲求、さまざまな人と価値体系の同一化といったそれまでのものの内化から総合された形状である。「成人期のアイデンティティ」は、人の成熟へとつながる統合／分化／連続性の包括的な感覚である。「成人期のアイデンティティ」の形成を示すさまざまな社会的役割によって機能するものこそがこれらのさまざまな要素を筋の通った構造へと総合することなのである。役割はあくまで人びとの成人期のアイデンティティの構成要素の一部であり、役割とアイデンティティは混同されるべきではない。
>
> 　同様に、人の経験のすべてを「自己」という存在の一部と同一化する必要はない。人は、役割葛藤（*role conflicts*）・役割緊張（*role strain*）・役割多面性（*role ambiguities*）に関わるさまざまな役割上演（*role enactment*）に取り組む、役割演技者（*role players*）であることが求められる。自尊感情、自己効力、自己モニタリング、相互独立的自己、相互協調的自己といったような用語は、魂やその他の固定した普遍の核のような自己と呼ばれる「実体」があるという信念を求めているわけではない。これらの用語はすべて、再帰性（*reflexivity*）のさまざまな側面を描いている。再帰性は、「こっそり観察する」ような仕方で自分自身を吟味の「客体」として扱う能力である。本書では、言葉の表現に無理がない範囲で再帰性のさまざまな側面を示すのにハイフンを用いた「自己」という用語（self-）を用いることにする。

　パーソナリティと社会構造の視点の3つの分析レベルは(1)パーソナリティ、(2)相互行為、(3)社会構造の三対である。

- パーソナリティ（*personality*）は、伝統的に発達心理学や精神分析によって研究されてきた心的プロセスからなり、人のエージェンシーの能力の基

礎を形成する。エージェンシーの能力は、自我、自己、認知的構造など
と呼ばれてきた。

• 相互行為 (*interaction*) は、家族や学校などで人の間の日常の接触に見られ
る具体的な行動パターンを指し、象徴的相互作用論や他のミクロレベル
の研究として焦点化されてきた。

• 社会構造 (*social structure*) は、社会の規範的構造を定義する下位システムを
伴った文化的・政治的・経済的システムを意味する。この分析レベルは、
マクロな社会学的分析としてもっとも共通して対象とされている。

　図3-1 は、3つの分析レベルとその間の4つの結合をまとめて示している。
4つの結合は、4つの矢印の組として表わされ、3つのレベルの間で影響す
る連続的・反復的な流れを表現している。矢印 (1) は社会構造の日常の相互
行為プロセスへの影響を表わし、文化的規範と象徴を人びとにもたらす社会
化 (*socialization*) と社会的コントロール (*social control*) が関わっている。矢印 (2) は
他者との日常の相互行為が、自我総合の能力に媒介され、どのように社会構
造のレベルの規範と価値の内化 (*internalization*) となるかを表わしている。矢印
(3) は自己呈示 (*self-presentations*) を作りだすところに関わる自我実行能力を示し

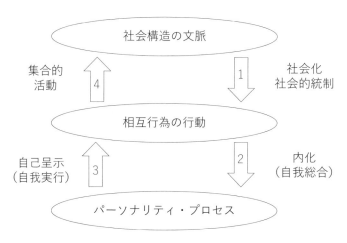

図 3-1　パーソナリティと社会構造の視点 (PSSP) モデル

ている（第1章での自我とその能力の議論を思い出してほしい）。最後に、矢印（1）
〜（3）で表わされる3つの影響を基礎として、人はさまざまな集団活動に取
り組むことになる（矢印4）。集合的活動への参加につながるよう、文化的規
範と象徴（1）が、内化され（2）、活用される（3）。この反復的なプロセスを通
じて、社会構造は維持あるいは変化し、相互行為の状況は標準化あるいは崩
壊し、個人的なパーソナリティは形成あるいは変容する。

　人の行動は、一般的に、社会構造と相互行為の間の結びつき（矢印（1））か
ら始まるこのモデルによって説明できる。矢印は、過去に成文化・制度化
されてきた法律・規範・価値・儀礼などをおこなうことを通じ、相互行為に社
会構造が因果的な影響を及ぼすことを表わしている。言い換えれば、日常の
具体的な行動に取り組んでいる間、人は自分の行動を構造化するために、制
度化された規範や慣習を参照しており、その行動に意味や正当化をもたら
す。矢印（1）の反復的なプロセスとともに社会化プロセスと社会的コントロー
ルのメカニズムを通じ、どれほど不完全にではあろうと、社会構造が再生産
される。ここでいう社会化は、模倣や教育などを通じた学習と対応している。
また、ここでいう社会的コントロールは、制度的規範や慣習に関わって、順
応または逸脱と結びついた賞罰を伴ってふるわれる。

　次に、相互行為とパーソナリティの間の結合を表わす結びつき（矢印（2））
に移る。個人が進めている日常の相互行為とともに、自らの経験の成果を内
化する主観的プロセスがある。この主観的プロセスの間、人は自分で状況を
能動的に定義し、個人的に現実の感覚を構築する。内化は、基本的な学習原
理に左右される。人は世界の見方や世界の中での自分の位置を偏らせるよう
なさまざまな認知的・知覚的なふるいをかけるスキーマを用いているため、
内化は不完全なものとなる。エリクソンは、情報を受け取ったりふるいにか
けたりすることに結びつく能力を自我総合能力（知る者、人の意識ある部分）と
呼んだ。重要なことは、人が内化する内容は社会的な規範と慣習についての
知識やその知識への感受性を含む他者との具体的な接触からくるということ
である。

　相互行為プロセスに取り組み、進行中の相互行為を継続させているとこ

ろへ移ろう（矢印(3)）。内化は、はじめに状況を定義するときの内化であり、他者が受け取るように意図する適した印象を呈示するときの内化である。そのような状況では、人はそれまでの内化を頼りにすることになる。エリクソンは、自我総合能力と対比し、このような能力を自我実行能力（おこなう者、人の動的な部分）と呼んだ。個人の行動は、過去の内化の産物であり、その状況において適切にふるまおうとすることの結果であり、過去に適したものとして経験した行動を再生産する能力の産物なのである。2番目の結合と3番目の結合（矢印の(2)と(3)と表わされている）は、エージェンシーを発揮する反応と受動的な反応の両方がありうることを意味している。それらはその人が有する自我総合能力と自我実行能力、それまでの人生の中で発達してきた「知ること」の能力と「おこなうこと」の能力の強さと適切さにも依拠している。

　最後に、象徴に基づく集合的活動の中での人の相互行為に移ろう。お互いの間でのコミュニケーションの副産物として、現実の社会的構成がある。対人関係の衝突を避けて合意を見出したいという傾向があり、通常、お互いに共存できる状況の定義を探し求める。このようなプロセスは日常の行動の中に見られ、とくに状況が新しかったり、規範や慣習で比較的構造化されていないときに見られる。後の場合、問題がたえず生じることのないよう、内集団のメンバーと定義に関わる論争を解決しようとする。その結果、重要な事柄については公式に成文化された合意を形成し、後続の相互行為の中で強化される（矢印(1)に戻る）。たとえば高度に構造化された社会では、状況の一般的定義はすでに法典化・制度化され、社会化と社会的コントロールを通じて強化されている（矢印(1)）。現実の性質に関して進められている議論は、具体的な日常の手段に関わるものとなる。したがって、たいていの集団の議論は、通常、状況にふさわしい「正しい」服装のようなそれほど重大でない事柄に関わる。しかしながら、人びとが着ている服装を作っている労働者の搾取の可能性といった規範と慣習の基礎となる広い原理が議論の主題となることもある。

　識字社会では、この社会的構築のプロセスは成文化された法律の創造となる。非識字社会では、社会的構築は異なった仕方で象徴化され、口頭で広め

られ、慣習（*mores*）や習俗（*folkways*）において表わされる。社会的構築は客体化され、「真実の」そして「具体的な」ものとして内化され、物象化される。欧米社会の古い文化的な規範と慣習は、近代のメディアテクノロジーに助けられながら、社会的現実の構築がより広く民主的に制度化されたプロセスとなる中で分解されてきた。古い規範は権力のある人に貢献したが、今や、より多くの人が社会的構築の集合的プロセスに関わるようになった。新しい規範は、より広い利害関心に応じるように構築されている。たとえば投票の選挙権がここ 150 年の間に広がり、欧米社会において個人の権利は公式に拡大してきたし、表向き人びとを貧困の最悪の効果から苦しめないよう社会的なセーフティ・ネットが広がり、個人への資格付与が根付いてきた。権力バランスはたえず競合しており、国によっては他の国よりも競合しあっているため、自国の利益の保護・拡張が盛んで、個人の権利や資格付与の堅持は力強さに欠けることもある[8]。

　要するに、図 3-1 に示されたプロセス・モデルは(1) 文化がどのように再生産されるか、それによって構造的安定性がどのように維持されるかを説明するのと同様に、(2) 文化と社会的構造の両方がどのように変化するのかを説明する。このモデルの独自性は、個人的・心理的な要因とともにマクロ構造的な要因とミクロ相互行為の要因を統合している点にある。このモデルは、集団を形成し、コミュニケーション・プロセスに参加する連続的な動きの中の反復的なプロセスにそれらの要因を含んでいる。このモデルはまた、次の節で説明するように、アイデンティティ形成・維持の多次元性を理解するのに有用な枠組みとなる。

アイデンティティ・プロセス：自己定義の形成と維持

　この節では、アイデンティティが（まず）形成され、（それから）維持される原型的なプロセスを説明する。その際、パーソナリティと社会構造の視点の社会構造・相互行為・パーソナリティの 3 つの水準が分析にとって重要であることを確認する。**図3-2** は、アイデンティティ形成の三対モデルの基礎となる図 3-1 に 3 つのアイデンティティの概念を重ねている。すなわち、(1) (マ

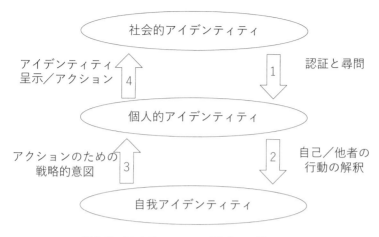

図 3-2　アイデンティティ形成の三対モデル

クロ・レベルの）社会構造の中のその人の位置に対応する社会的アイデンティティ（*social identity*）、（2）（ミクロ・レベルの）相互行為を構成する個人の具体的な行動に見られる個人的アイデンティティ（*personal identity*）、（3）（主観レベルの）パーソナリティの特徴となるその人の連続性の感覚と関わる自我アイデンティティ（*ego identity*）である。

　図 3-2 は、パーソナリティと社会構造の視点の論理によって、人がまずアイデンティティを形成し、それから維持していくという社会的・心理的な基礎プロセスの基本原理を示している。パーソナリティと社会構造の視点の論理に結びつけることで、アイデンティティの用語法を一貫したタキソノミーへ分類し、人のアイデンティティの異なる側面を整理できる。

　社会的アイデンティティのレベルでは、人は文化的要因と社会的役割の影響を受けている。人は、時に微妙で、また時に強制的な仕方で、利用できる客観的アイデンティティに適応していくよう圧力を受ける。社会的アイデンティティは、客観的な基本的地位（*master status*）を含んでいる。社会的アイデンティティには、職業的地位や教育的地位といった熱望される社会的役割と同様に、メンバーシップに関してほとんどコントロールできない人種／民族性・社会階級・ジェンダーなども含まれている。

　個人的アイデンティティのレベルでは、人は自分の社会的アイデンティティの要件と範囲と自分のライフ・ヒストリー（すなわち、自分の「学習史」）の独自性と個性を適合させる。同様に、個人的エージェンシーと生物学的傾向性（たとえば、素質、欲求）は、このレベルでアイデンティティ「スタイル」を作りだすことができる。すなわち社会やその中の場所で許容される境界の中で、ある形態の「個人性」を生じさせる（Box1.2で説明した最適な個別性の理論（*optimal distinctiveness theory*）を思い出してほしい）。個人的アイデンティティには、ある活動のファンであること（特定の形態の音楽、スポーツ、ソーシャル・メディア、その他のレジャー活動）や「人気者」、スポーツ学生、まじめな学生であるといったインフォーマルな地位や役割が含まれる。人はますます独特な名前やユニークなスペルの名前のような自分の「ブランド」を作りだし、重要な他者によってさまざまな個人的アイデンティティが直ちにその人とその名前に結びつけられる。最近では、Facebookのようなソーシャル・メディアが個人化された個人的アイデンティティと「パーソナル・ブランド」を構築するための新しい道具となっている。

　最後に、自我アイデンティティのレベルでは、個人的アイデンティティと社会的アイデンティティの影響、そして自分のある心的プロセスが自分の連続性の感覚に影響する（心的プロセスには、たとえば、第2章で扱ったアイデンティティ問題と結びついたさまざまな要因がある）。自我アイデンティティの感覚は、このようにして（とくに、基本的なメンタルヘルス要件に関わる）さまざまな「自己－関連」に強く影響を受ける。自我アイデンティティはまた、正当性の立証や確証のための第一次・第二次のさまざまな「他者－関連」にも左右される。自我アイデンティティの主観的経験は、人のコミットメントや目標や信念の安定性に現れる行動上の連続性という客観的な特徴、言い換えれば、その人の目的の全体的感覚がどのように現れるかを通じて、間接的に観察されるだけである。

　図3-2のアイデンティティ・プロセスのサイクルは、どこから出発しても説明することができる。矢印(1)（社会的アイデンティティと個人的アイデンティティの間の結びつき）から始めると、社会構造の中の位置がどのように個人的

アイデンティティに可能性と制約をもたらすかに注意する必要がある。社会的習慣と慣習、役割位置と基本的地位にあわせたそれまでの社会化によって、個人的アイデンティティの可能性にはある程度の幅がある。言い換えれば、社会的アイデンティティによって、他の人によって妥当とされるであろう個人的アイデンティティが制限される（極端な例を用いれば、70歳の男が17歳の女性のように着飾ってふるまおうとしても、妥当なものとはならないだろう）。

　本章の冒頭の話のようにお互いに関係づけようとする際、もっとも重要な関心事となるのは投影されたアイデンティティへの潜在的な妥当性と挑戦である。日常的な相互行為では、人は自分のアイデンティティの「現実」の構成要素を行使する。それは社会的な文脈にふさわしいと感じられる構成要素であり、重要な他者に向けて呈示される個人的アイデンティティの呈示（たとえば、衣服、ふるまい、話）である。人の行動は、この意味では客観的であり、いったん呈示されれば、時間の上では逆戻りできない。この原理は、第一印象を与えるにはただ一度のチャンスしかないという古い格言によって知られている。同様に、社会的アイデンティティは「現実」のものであり、社会的アイデンティティの称号（男性か女性か、黒人か白人か、老人か若者かなど）によって、さまざまな地位集団に社会が異なった機会と制約をもたらすことで人生に客観的な影響を与える。アイデンティティが客観的な性質であると考えられる社会的な文脈ではアイデンティティ交渉が生じ、人はアイデンティティのさまざまな側面を管理したり、防衛したり、変化させたりする。

　個人的アイデンティティと自我アイデンティティの間の矢印(2)は、自分の個人的アイデンティティの呈示についての知覚と自我総合、自己呈示への他者からの承認を表している。矢印(2)の心的活動は、社会的アイデンティティの認可と個人的アイデンティティの内化となる。この内化は、内化を確かめる方法または内化を修正する方法を探し、その後に続く相互行為においてどのようにふるまうかについての方略に活かされる。自我アイデンティティと個人的アイデンティティが結びつき、エージェンシーが働く。矢印(3)は、自我総合の能力によって可能になる自我実行プロセスの影響を表す。自我総合の能力は、集団活動の間、個人的アイデンティティの呈示を生じさせ

る（矢印(4)）。集団活動は、以下のように社会的アイデンティティと関わる。(a)
集団活動は、社会的アイデンティティを認可できる。集団活動では、ある「タ
イプ」の人が自分にふさわしい期待に順応し、集団や社会の中での地位を維
持する（たとえば、学生が授業課題の締切りを守る）。(b) 集団活動が作られるのは、
その個人が期待を超え（たとえば、野心的な学生が教授と交流する際によい印象を
与えようとする）、社会の中で個人がますます立派な地位になっていき、上昇
移動にふさわしいと他者から考えられることによってである。(c) 礼儀正し
さへの期待が破られると、集団活動は、その人の社会的アイデンティティや
個人的アイデンティティを衰弱させたり拒否したりすることもある（たとえ
ば、授業中にこっそりメッセージを送りあって見つかるときや、教室のルールを破っ
て捕まえられるとき）。

　アイデンティティは、ここまで示してきたような環境の中で3つのレベル
と4つのプロセスを通じて形成され、維持され、変化する。アイデンティティ
形成は連続的プロセスであり、社会にいるすべての人に影響する。このプロ
セスに差異が現れるのは、人が住んでいる社会のタイプ（たとえば前近代・前期
近代・後期近代といった社会的・歴史的時期）、人が自由に使える物質的資源と心
的資源、生涯にわたってこのプロセスに影響を及ぼす外的な出来事などによっ
てである。たとえば何度もぶりかえすトラウマのように、否定的な出来事は、
その人の自我アイデンティティの感覚を傷つける。いじめの標的になった場
合のように、スティグマ化によって個人的アイデンティティは傷つけられる。

　このモデルの中心となる特徴は、パーソナリティと社会構造が*間接的*に互
いに影響を与えるという考え方である。つまり、社会規範や価値観などが実
現されるためには人が相互行為することが必要となり、人が社会と出会うの
は他者と相互行為するところである。個人的アイデンティティと社会的アイ
デンティティという主観的な構成要素と客観的な構成要素をモデルに取り入
れることで、人の個人的アイデンティティや社会的アイデンティティについ
ての自己定義と他者による定義の間に分裂がある場合に、アイデンティティ
問題が現れることを明確にすることができる。

　モデルの中心的な特徴は、青年期の若者が児童期から抜け出そうとするト

ランジション（移行）の場合にはっきりと示される。他者は、その青年期の若者に子どもという社会的アイデンティティを帰属させ、その青年期の若者を子どもと定義しているかもしれない。また、その青年期の若者の行動で示されているものが子どもっぽいと解釈されているかもしれない。この場合、個人的アイデンティティの呈示が混乱し、その青年期の若者の自我アイデンティティの感覚は混乱するだろう。青年期の若者が個人的アイデンティティの呈示を通じ、許容される社会的アイデンティティを確立しようと奮闘している場合、そのような混乱はアイデンティティ危機を促進してしまう。このような状況は、とくに青年期の若者に狭い範囲の社会的アイデンティティしか許容しない社会では、急速に複雑なものとなる。たとえば後期近代社会では、青年期の年少者は法的に「存在しないとみなされている人」である。後期近代社会では、利用できる社会的アイデンティティの数は制限されており、学生、非行少年少女、運動選手などしか残されていない。10代の若者は、どれだけ偏狭で否定的であろうとも、社会的アイデンティティの認可を受けられるよう、下位文化を形成して仲間集団を作り、個人的アイデンティティの呈示に夢中になる。そうなるのは、一定の年齢に達するまで（大人の地位にあると認められるまで）、肯定的な価値と意義のある社会的アイデンティティに手が届かないからである。そして彼らは青年期の間、手近にある主要な資源である身体や行動を活用するのである。Box3.4では、10代の若者が驚くほど明確にこれらのアイデンティティに基づく考えを表明している2つの新聞記事から抜粋している。

Box 3.4　制服でって何？ドレスコード、ドレスコード、ドレスコード、、、

　後期近代社会では、すべての世代の人がアイデンティティに関して文脈に固有の規範にしたがって選択するため、自分がどのような服を着るかということにかなり気を配っている。たとえば多くの校区、とくに裕福な校区では、学校で制服を着ることが求められる。このドレスコードの理由はさまざまだが、アイデンティティ研究の視点から興味深いことは、生徒が制服着用義務にどのような反応をするかである。

　カナダのある地域では、公立高校のすべての生徒に制服を着ることを求めることについて、生徒からの抗議が強く、議論になっている。レポーターがインタビューした一人の生徒は、ブロンドのスパイキーヘアで、バギージーンズを腰パンし、ハイキングブーツをはいて自分自身を呈示した。この13歳の生徒は、「服がスタイルを示す、何を着るか、何を聞くか。自分の服の一式は、俺がスケートボーダーで、スノーボーダーで、ヒップホップ・ミュージックが好きだといっている」と抗議した。同じようなファッションをした双子の兄は、「制服を着なければならないなら、皆が同じように見えるだろう。それはかなり嫌な感じだ。……子どものことなんか分かっちゃいない。俺らがしたいようにさせるべきだよ」と抗議した[9]。

　これらの10代の感情の皮肉なことは、彼らがお互いを画一的に（*uniform way*）見ているのに、誰かによって選ばれた制服には異議申し立てし、自分には画一性は通用しないようにふるまうところである。しかしながら、彼らが自身の個人的アイデンティティ（*personal identities*）互いに、そして他者（とくに大人）に異議申し立てして表現することは重要である。たとえば別の生徒は「私は自分の内なる自己を表現できない」と言い、別の生徒は「標準化された衣装を強制されたら皆が個性を失う」と言う。「制服がすべての生徒を兵士にする」という感情には誇張がありつつ、ある意味では正しさもあり、制服を求める学校が生徒たちに社会的アイデンティティの一部として生徒役割（*student role*）を押し付けている。彼らのアイデンティティ発達の段階では、たとえ若者文化の規範に厳格かつ明確に順応していても、個人的アイデンティティを呈示することは自分が順応しない「個人」であるという感覚にとって重要である。いずれにしろ、彼らは文脈に固有の規範に順応している。彼らが個人的アイデンティティや社会的アイデンティティの感覚を守るため、他の大衆文化の規範にあわせることがあるかもしれないけれども、10年も続けて同じ感覚のままということはありそうにない。

　規範と寛容の水準が変わるにつれ、15年後には、カナダにおいて、両性具有の17歳の高校生が全国メディアで学校のドレスコードについて問題提起するかもしれない。「ライクラのボディースーツを着ることを禁じることは、適切なファッションの問題ではなく、ジェンダー・アイデンティティと結びついた人権の問題なのだ」、と[10]。学校の役員は、さまざまな色をし、股間を強調した、デーヴィッド・ボウイのようなタイト・フィットのテーラーメードのボディースーツを着た彼が出席した後、家まで送り届ける。その生徒は、報道陣に向かって、「自分は最近、男性か女性か厳格に同一化するのではなく、

むしろジェンダー・ニュートラルな両性具有であると告白した」と語った。最
終的には、妥協され、学校に戻った。その時「このような経験は恐ろしいこと
だが、自分が何者かを本当に受け入れる助けとなった」と語った。この生徒の
経験は、アイデンティティの主観的側面と客観的側面の間の食い違いがもた
らすかもしれない帰結について教えてくれるだろう。

　図3-3は、図3-2の分析を使って、後期近代社会に特有なアイデンティティ
形成を示している。これまでの章や図2-1で示したように、後期近代社会に
おける社会的アイデンティティは多元的な社会的役割からなり、変化に応じ
てたえず管理する必要がある。管理する必要が生じるのは、後期近代社会の
文脈では、その人がそれまでにほとんど知らない人やまったく知らない人と
相互行為で関わることが多いからである。その結果人は自分が価値をおくア
イデンティティに関して、他者がどう知覚するかを管理することが必要とな
る。お互いの来歴についての詳細な知識がない場合、自分が重要で肯定的と
考えているアイデンティティが認可されるために、「適切な」情報をよそ者
が持つように保証していくことが必要となる。これまでとは違い、そのよう

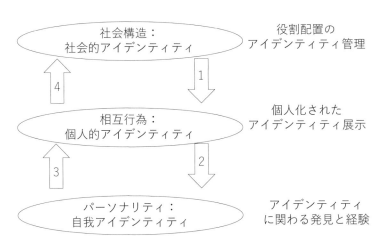

図3-3　後期近代に特有なアイデンティティ形成のパターン

な情報は表面的で、たやすく作りだされるものとなりつつある (Box2.2)。

　正当性のためにアイデンティティをたえず管理する必要性について、対照的な例を示そう。前期近代社会では、大学教授は尊敬される学術の資格と業績を有しており、自分たちの地位がそれ自体で通用し、たいていの社会的な相互行為の状況において尊敬されることを期待できた。このような期待は、大学教授の個人的な発達に関する狭い規範や社会全体の専門的技術と権威への高度な尊敬があるからである。後期近代社会では、このようなことはほとんどない。プロフェッショナルの行状の規範のゆるさ (たとえば、カジュアルな服装) や、とくに学生の間で権威への尊敬が凋落しているからである。後期近代社会の文脈では、大学教授はしばしば個人的にも (学生、同僚、管理者に対して) 集合的にも (政府や企業共同体に対して) 自らの社会的アイデンティティの正当性を防衛していることがわかる。

　個人的アイデンティティのレベルに移ると、自己の呈示はますます作りだされたイメージ投影に左右されるようになる。後期近代社会では、多くの人がうまく適合するようねらったイメージやどこかで有利になるようねらったイメージの戦略的な投影に取り組んでいる。関わる人がお互いの来歴についての知識がないところでは、その状況にふさわしいでっちあげの来歴を含みつつ、自分自身のイメージを作りだす。個人化されたアイデンティティの呈示 (*individualized identity displays*) がうまくいけば、その人が「そうだと考えられているところの者」でいられるという報酬と集団でのメンバーシップや認可が手に入る。

　最後に、自我アイデンティティのレベルでは、後期近代の潮流はさまざまな方法で人の連続性と目的の感覚に影響を与える。一方で現在の機会は、アイデンティティに関連する数多くの形態の経験ができるようになり、人は目的の感覚を与える潜在的な可能性を「発見」して実現でき、価値ある成人期アイデンティティの形状のための基礎ができる。第6章では、このようなプロアクティブなタイプのアイデンティティ形成を発達的個人化 (developmental individualization) として説明する。

　他方で社会構造的な影響 (たとえば、消費者文化) によって、人は日常の世

界のものを何でも受動的に受容するようになってしまう。このような影響によってもたらされる目的の感覚は、表面的で脆く、たやすく操作されてしまうものである。たとえば大衆文化の影響に捕われた人は、新たな潮流に敏感となり、大衆文化の世界観に従順となり、他者（重要な他者も一般化された他者も）を喜ばせることができるかどうかにやきもきする。彼らは順応しないことを恐れ、他者に絶えず喜びをもたらし、状況に適した印象を与えねばならないというプレッシャーに屈している。第6章では、このアイデンティティ形成の不活性なタイプを個人化不履行（default individualization）として検討する。

　ライフコースの個人化に受動的な人はアイデンティティ拡散となり、自分の自我総合能力と自我実行能力に基づく内的な連続性と目的の現実感覚がない。そのかわり、彼らは自分にとっての世界についての情報を総合するために他者に目をつけ、どのようにふるまうかを他者に語る。彼らはプロアクティブというよりも不活性である。アイデンティティ形成プロセスは、「発見」のプロセスと関わっているのであり、その人の潜在的な可能性と「現実自己」（Box3.2参照）といったその人の「中」にある何かに関わっているのではない。そうではなく、アイデンティティの内容はその人のまったくの外からやってきて、それらが主として「役割自己」を実現するようになる。この発見の外的で他者主導（other-directed）の形態は、（多くの快楽主義追求者の現場のような）一時的に作り出された文脈において、他者とともに、そして他者を通じ、新しい経験・喜び・潮流となる。しかし、困ったことに、このような経験によってエージェンシーを働かせる自我能力が弱まってしまう。筋肉と同じように、自我は強くなったり強さを維持したりするために「行使」される必要がある。行使されなければ、自我は弱くなってしまう。後期近代社会は、従来型のアイデンティティ認可をわずかしか備えていない。そのため自我アイデンティティの感覚はそれだけで内的な参照枠組みを維持するのではなく、日常の具体的な他者からの認可と指令に左右されるようになると、弱まってしまうのである。

　アイデンティティ形成に焦点を当てる社会心理学の研究にとって、アイデ

ンティティ・プロセスのサイクルの基礎となる多次元モデルからさらに教え
られることがある。たとえば、Box3.2で触れたように、20答法[11]を用いた
研究がある。その研究によれば、以前には、社会的アイデンティティが個人
的アイデンティティよりも明白に重要であったけれども、今日の欧米の若者
は社会的アイデンティティよりも、個人的アイデンティティのレベルで洗練
された形態のアイデンティティを形成している。

　この研究は、若者の発達における今日の数々の潮流を説明してくれる。若
年成人が主流の大人社会にあまり方向づけられておらず、主流となる制度や
権威構造にあまり結びつきを感じなくなっている。この変化はそれほど驚く
べきものではない。ますます多くの若年成人が、政治や地方政府を含む制度
的プロセスに取り組もうとしなくなっている。若年成人が制度的な領域で活
力ある社会的アイデンティティへのコミットメントを形成しない場合、若者
期を延長して留まる傾向がある。また、洗練された個人的アイデンティティ
はその人の仲間やすぐ隣の同僚を個人的に「エンパワーする」かもしれない。
しかし、とくに大衆文化の快楽主義のエートスに基づいている場合には、基
本的な人生のチャンスと経済的な見通しにつながることはほとんどない。実
際にそのような「エンパワーメント」は若年成人を政治的にコントロールし
やすくしたり、経済的に搾取しやすくしたりするような個人的アイデンティ
ティに退却させる自己陶酔となってしまうことすらある。若者が自らの人生
における意味というより大きな問題や自分たちの共同体が向かう方向といっ
たことよりも、自分がどのように見えるかやどのように感じるかといったこ
とに関心があるとしよう。その場合、若者のアイデンティティの制限された
側面だけが育まれ、夢中になっている若者の個人的アイデンティティを肥え
させる商品の売りつけからどこかの誰かが利益を手にし、若者たちの政治的・
経済的予定表をどこかの誰かが設定してしまうことはたやすいことである[12]。

結論：車、エンジン、交通渋滞

　心理学と社会学の違いを理解することで、アイデンティティの多次元モデ

ルの必要性がわかってくる。その違いは、心理学と社会学が人間の行動を見る際の異なった視点と行動を説明するための分析のレベルの違いからきている。抽象的な社会構造のレベルの説明は個人の行為に還元されはしないし、逆もまた然りである。社会学的アプローチと心理学的アプローチが両方用いられるべきなのである。

　学問分野の要請にしたがって、心理学者は個人の「内側で」起こっていることに関心を向け、社会学者は社会の「内側で」起こっていることに関心を向ける。そのことが間違っているわけではない。各々が自らの「特徴」の真価が生きる異なった分析のレベルに焦点を当てているだけのことである。2つのレベルは関連しあっているが、自動車の「ふるまい」についての異なった知識の対比の例に見るように、それぞれがお互いに還元されるわけではないのである。

　自動車の動力は、内燃エンジンから供給される。ほんの一部の人（機械工やエンジニア）だけがこれらのエンジンの詳しい知識をもっており、彼らはそのエンジンがどのように組み立てられ（構造）、どのように作動するか（プロセス）を説明することができる。しかし、エンジンを専門とする機械工の人は、交通パターンについてはありきたりなことしか知らない。機械工は、通常、交通が示す複雑なパターン（構造）やそれがどのように変化するか（プロセス）についての知識をもってはいない。なぜある種の事故が予測可能な頻度で生じるのか、なぜある時には交通渋滞が生じ別の時には生じないのか、なぜある都市では交通渋滞が問題となり別の都市ではそうならないのかといったことについて、機械工やエンジニアは上手く説明できるわけではない。

　その一方で、交通と安全の領域での専門家もおり、彼らは機械に関わるところ以外の現象を説明することができる[13]。しかし、彼らは、自動車の機械に関する詳細な知識をもっているわけではない。事実、そのような知識は交通の流れを説明する際にほとんど役割を担っていない。この例における公分母は車とそれがどのように「ふるまう」かであるが、ここでは2つの異なった分析のレベルについて示している。たとえ、相互に関連する領域を有していたとしても（エンジン能力、機械の故障、排出汚染、車体サイズ）、それらは異なっ

た分析のレベルである。言い換えれば、自動車の機械の詳細な知識は交通パターンを説明する際にほとんど用いられず、交通パターンの詳細な知識は内燃エンジンのメカニズムを説明する際にほとんど用いられない。

　本書の学問分野の議論に立ち戻ると、心理学者は心的プロセスと関連する個人の行為を研究し、社会学者は社会構造と関連する個人の行為を研究する。共通の関心は人がどのようにふるまうか（個人の行為）であるが、このことは社会構造が心的プロセスに還元される（すなわち、それによって説明し尽くされる）ことを意味しないし、心的プロセスが社会構造によって還元されることも意味しない。社会心理学による説明のように相互に関連する領域があるけれども、心的プロセスと社会構造の2つの異なった分析レベルがあるのである。この論点の混乱は、時として心理学主義（*psychologism*）や社会学主義（*sociologism*）と呼ばれる還元主義（*reductionism*）の誤りに陥る。本書の目的の1つは、アイデンティティ研究について、どちらの誤りも避ける方法を示すことであり、アイデンティティ形成の社会心理学の理論がその道を示していると考えている[14]。

第2部　後期近代

個人化プロセスへの文脈的適応

第4章　道徳的推論
個人化されたアイデンティティの関係論的基盤

　　　　自分が変化を望むなら、自分がその変化にならなければならない。
　　　　　　　　　　　　　　　　　　　　　　　　　　　マハトマ・ガンジー[1]

　第1部では、アイデンティティの三対モデルによって、アイデンティティの形成と維持が多次元的で循環的なプロセスであり、社会・対人関係・心のレベルを往還することを示した。人は信頼と互酬義務に基づく協同的な社会に生きており、水の中の魚のように、他者との関係を通じて「呼吸し」、「生存している」。このような関係的で集合的なプロセスが共有された信念システムにおいてどのように認識されるか、そして日常の活動においてどのように強調されるかは文化によって異なっている。また、自らのアイデンティティを自分自身のしていることと感じるか、他者との関係の産物と感じるか、そして他者や集合的善に対してどれだけ義務を感じるかは、人によって異なっている。仏教文化は、およそ2500年もの間、人間経験の関係的な側面を強調してきた。近代になり、欧米社会がどう構造化されるかを決めるのに資本主義が支配的となり、集合主義的な性格は強調されなくなっていったけれども、ユダヤ・キリスト教文化もまた、かつては集合的な性格を強調していたのである（経済変化と結びついた「通常の」性格特性の変化の分析については **Box4.1** を参照してほしい）。

Box 4.1　7つの大罪から7つの枢要な美徳へ
　前近代から近代への移行において、さまざまな変化が生じた。近代への移行なしには、今日のような消費者−企業型の資本主義が実現することはなかっ

た。このような変化の鍵は、どのようなアイデンティティが受け入れられるかについての道徳的基盤の大変革であった。欧米社会が集合主義的な社会から個人主義的な社会へと移り、ある程度の自己中心性が受け入れられるようになった。1940 年代のある歴史家は、中世には、傲慢・貪欲・色欲・嫉妬・憤怒・怠惰・暴食という 7 つの大罪が個人の精神的発達を妨げ、社会的腐敗と等しいとされていたが、その後、資本主義的消費の「7 つの枢要な美徳」へと道を譲ったと論じている。その歴史家は、欧米文明への資本主義の衝撃を次のように要約している。

　　資本主義のもとで生じた道徳的な変化の全体は、人間の目的、人間の欲求、人間の限界が、産業への指示的で制約的な影響をほとんど行使することがないという事実に要約される。すなわち、人は生命を維持するためではなく、金と権力を増し、そのことに満足する自我に寄与するために働くようになった。資本主義登場より前には、経済生活は強固な道徳的基盤があり、生のあらゆるふるまいは、神の裁きの元にあるという考えがあった。市場の交易は、市場の法廷の裁きと同じように抑制されていた。そのため、正価という考え方は、商品本来の価値と現実の生産コストによって決まる価格であり、個人の選好や物資欠乏といったこととは切り離されたものであった。ギルドは、職人の基準を打ち立て、価格水準を維持するよう努めた。商品の価値を下げる人、商品を買い占めようとする人、または最初には標準価格で開かれた市場で、先んずれば人を制すのごとく、商品を売るのを避けようとする人の間で戦いが繰り広げられていた。ものを買うものは用心せよというローマ法の格言に対し、中世の経済学者はむしろ、ものを買うものも売るものもともに神を恐れよという考えを抱いていた。16 世紀まで、中世の生産は、安全さ、規則正しさ、平等といったことを中心としていた。社会正義は、私的な優位よりも重要であったのである[2]。

かつて大罪とされていた 7 つの性格特性は、過去数世紀を経て、欧米社会でゆっくりと標準化されるようになっていった。その中で、後続する世代の人びとは、消費者－資本主義者の社会の基礎となる新しい形態の自己中心性を採用していった。それらは今や、自尊感情とうぬぼれ（傲慢）、物質主義（貪欲）、競争と衝動（憤怒）、セックスアピール（色欲）、主導権（嫉妬）、余暇（怠惰）、「良き生活」（暴食）という 7 つの性格特性となっている。7 つの大罪の他の形態については、Box 1.1 を参照してほしい。

　ここでは、アイデンティティ形成の歴史的な変化に関する論点、前近代社会がどれほど慈悲深かったか、それとも恐ろしかったかといった論点を脇に置く。善いか悪いかは別にして、後期近代社会では「自分の発達のエージェント」とならねばならないという重荷が個人の上にのしかかってくる。後期近代の特徴として、宗教のような伝統的制度が人の人生へ与える影響が減り、ライフコースの結果がますます個人化されるようになってきている。たとえば人は宗教の手引きなしに、またはそれまでよりも少ない手引きで、従うべき道徳的規準は何かを自力で決めなければならない。正しいこととそうでないことを区分する道徳的規準について独力で決めなければならない。また、とくに「正しいか悪か」と「善か悪か」が問題となるところで、個人としてどのように「より大きな善」に義務づけられているかといった道徳的規準について自力で決めなければならない。

　この世俗化の流れの重要な帰結は、人がエージェンシーを働かせる能力に関して、アイデンティティ形成と道徳的な発達が不可分に結びつくことである。アイデンティティ形成のエージェンシーが働かない形態は、道徳的発達のエージェンシーが働かない形態と結びついている。逆にいえば、アイデンティティ形成の最適なタイプは道徳的な発達の最適なレベルと結びついている。「道徳的アイデンティティ」と「倫理的アイデンティティ」の概念は、「私たちは何者か」と、広い社会で相互行為したり役割を共有したりする人への尊敬とが結びついていることから理解していくことができる。

　本章では、アイデンティティ形成と自己発達に関わる道徳的推論の発達の基礎の輪郭を示す。この3つの形態の発達は、後期近代の文脈で、以下のような性質を共有する。それらは、世界との関係において、自分自身についての知覚を広げることを含んでいる。最適な場合には、個人的なコミットメントと社会的責任を維持しつつ、個人的な目標に到達するよう、自分の思考と行動についての省察の仕方と調整の仕方を学ぶ。

　自己知覚をプロアクティブに発達させる人は、成人期によりポジティブであり、最善の成果を手にするようになる。対人関係におけるコミットメントと社会的責任の形成と維持が、社会的な統合という成人期への効果的なトラ

ンジション（移行）にとって決定的に重要である。理想としては、成人期アイデンティティの基盤が倫理の面で原則に基づいたものとなると、その人の社会的役割は信頼され、安定するようになるだろう。

認知発達アプローチ

　認知発達という研究領域の開拓者であるジャン・ピアジェは、児童期から青年期にかけて「形式操作」または抽象的志向として知られる段階へ進む4つの認知的発達の段階を提起した。形式操作の思考は、自然界と社会的世界の現実の状態と可能性の状態について命題的思考と抽象的推論をすることである。視点取得（*perspective-taking*）能力を同化すると、仮想の状況で自己と他者が関わる「思考実験」をおこなうことができるようになる。形式操作の思考の能力が発達すると、認知推論の質的に異なった構造の初歩的な段階を超える。世界を複雑で抽象的な仕方で理解するようになると、他者の権利と視点を理解するようになり、世界における自分の場所について自己中心的に考えることはなくなっていく。とはいえ、早期の発達段階を通過する割合はばらばらで、形式操作の段階に到達しない人や完了しない人もいる。

　認知発達の変化が生じるには、自分のそれまでの現実の見方を疑うようになる経験、通常、認知的不協和（*cognitive dissonance*）として知られている経験をする必要がある。不協和とは、思考プロセスに不均衡を作りだすような、衝突する2つの思考を自覚することである。認知的不協和の思考プロセスは思考における混乱と矛盾を作りだし、既存の認知構造を再編成することで解消される。認知的不協和を経験すると、自分の認知を能動的・省察的に修正するよう「強制される」。このようにして、個人的エージェンシーの概念が認知発達アプローチに「組み込まれる」。認知的不協和が、同化（*assimilation*）と調整（*accomodation*）のプロセスを動かし、認知機能のより包括的で組織化されたレベルに到達する。したがって、子どもと青年期の若者と若年成人は、認知的不協和に取り組み、より複雑なレベルの理解によって認知的均衡を再確立し、自分の心的発達において能動的となるのである。

　ピアジェは子どもと青年期の若者 (11 〜 13 歳) がゲームをするところを観察し、正義・罰・責任のジレンマについての反応を観察し、道徳的推論が認知的な複雑さを増していく 2 つの主要な段階を通じて発達すると報告した。1 つ目の初歩的な段階は道徳的リアリズムと呼ばれる段階で、子どもにとってありふれたものである。道徳的リアリズム (*moral realism*) の段階は、なじみのある権威からくるルールは疑う余地なく正しいという推論と何が正しい行動で何がそうでないかはその行動がルールに適合しているかどうかによって決まるという推論に基づいている。年少の子どもはどの程度正しくないと考えられるのかを評価する際に適合性の関心と行動の心理的帰結に焦点を当て、善悪の判断を下す際に人の意図の関連性を考えることはしない。この点で道徳的リアリズムの段階の推論は、根本的に自己中心的である。

　移行期となる道徳的相対主義の局面を超えると、ゲームの遊び方について仲間と合意できないという危機の場合でも、年長の子どもは協力の必要性を理解している。青年期の若者は、仲間との集団経験によって、相互の視点取得を刺激し、道徳的判断の第 2 の社会中心的な段階を強化しはじめる。ピアジェはこの段階を道徳的自律性 (*moral autonomy*) と呼ぶ。道徳的自律性の段階では、善悪の道徳的判断は行為者の意図の重要性を慎重に考慮する。さらに、全員が適していると考えるようなふるまい方のルールを定める交渉と妥協のために、関連する他者の視点が考慮される。ルールの権威は、今や、相互に定式化される実現に由来し、ルールへの適合は「自由に与えられた」と感じられるのである。

　ローレンス・コールバーグは成人年齢まで縦断的に道徳的発達を研究し、ピアジェの理論を改定した。コールバーグは道徳的推論に必要となる基礎的な認知プロセスを説明する。コールバーグは前慣習的、慣習的、ポスト慣習的という 3 つのレベルの道徳的推論を区別している。それぞれのレベルは 2 つの道徳的発達の段階を含み、全部で 6 段階のモデルとなる。このモデルでは、第 1 段階から第 6 段階への発達を通じて、(a) 自己中心性 (*egocentrism*) (第 1 段階・第 2 段階) から、(b) 社会中心的な視点取得 (*socio-centric perspective taking*) (第 3 段階・第 4 段階) を経て、(c) 原理に基づく道徳的推論 (第 5 段階・第 6 段階) へと成長

していくと理解されている[3]。

　児童期は2つの前慣習的段階によって特徴づけられる。第1段階では、子どもの推論は法に従うことに失敗することからくる罰への恐れが強調される。第2段階の道徳的推論では、道徳的な意思決定をするのに関連する自己利害への関心が強調されはじめる。

　意思決定に参照される範囲が社会的な慣習や社会的な秩序まで広がると、道徳的推論は慣習的推論のレベルへと移る。第3段階の推論では対人関係上の適切な行動についての社会的な期待に適合し、社会的な承認を保証するようなジレンマの正しい解決策が分かる（「良い子－悪い子」の段階）。第4段階では、社会的な規範や価値観を尊敬し、義務や責務の感覚から道徳的な行いがなされる（「法と秩序」の段階）。

　コールバーグのポスト慣習的段階では、道徳的推論は自律的なものとなる。その段階になると、道徳的推論は自分で選んだ道徳的・倫理的な原則へのコミットメントを表明し、その原則が判断のための認知的方略を表わすようになる。第5段階と第6段階の道徳的判断は「社会に先立つ」視点を表わし、次のような信念を強調する。すなわち人権を尊敬する必要条件や、より善い社会を築いていく責任、すべての人びとに妥当すると推論される価値観のヒエラルキー（たとえば生命は財よりも重要）といった理想に関する良心に基づいてふるまうべきだという信念である。道徳的・倫理的な原則は即座の具体的なものを超える関心、すなわちある社会の文化的規範と価値観を「超えていく」関心を表わしている。

　ポスト慣習的思考——原理に基づく道徳性——が現れるのは、かつて真と受けとっていた法と社会的慣習を疑い、それらが文脈依存的で歴史的に特有のものであるとわかるときである。慣習的な「真理」が変更できるものと疑いはじめると、文化と歴史を超えて妥当となるような新しい「真理」を発達させようとする。第5段階での道徳的判断では、「合意・契約・客観的不偏性・適性手続きという公式メカニズムによって変化する視点を統合するならば[4]」、秩序を保ちつつ社会が変化することが可能であると主張される。たとえば人種主義や同性愛嫌悪のような問題と結びついた差別的法律や偏見の

実践が集合的にどのように取り組まれ変えられるべきかがわかってくる。この段階に到達した人は自らがより正当な社会の創造のプロセスの一部であると自覚するにようになる。それによって社会創造のプロセスに自らを個人的に関与させることが義務であると感じるようになる。第6段階では、道徳的推論は、「個人の尊重」と呼ばれる原則のジレンマに応える。道徳的判断に焦点化した原理が妥当となるのは、正義の要件とケアの要件がうまく均衡し、公正さが達成される場合である（理想的には、関連する他者との対話を通じて達成される）[5]。

　研究結果が示しているのは、成人期においてさえ、ポスト慣習的レベルで道徳的推論をする人はきわめて少ない割合しかおらず、ポスト慣習的レベルの推論をする人はめったにいないということである。このような結果はコールバーグの理論を失効させるものではない。しかし、青年期と成人期初期に原理に基づく道徳性が必ず発達するわけではない[6]。さらに第4段階の法と秩序の推論は、たいていの社会的文脈でかなり有効に機能している。理論上も、平均的な人の推論が道徳的に不十分としているわけではない。第5段階の推論は多くの人にとって潜在的な可能性として残っているのであり、多くの人がポスト慣習的レベルの推論を用いて個人の成長と社会の発展の両方に肯定的な影響を及ぼす環境もある。

道徳的推論の発達的基盤

　第二次世界大戦の残虐行為の後、道徳的推論についての社会科学の研究が増加した。研究の刺激となったのは、非道徳的な要求に従えという権威からのプレッシャーをどのように乗り越えることができるかを解明するという切迫感である。順応と服従についての研究が焦点を当てたのは、とくに、どこにでもいる人が直接自分の手によって、または大量殺戮の衝突に参加することによって、人命を大規模に奪ったのはなぜかという問題である[7]。人命や尊厳に関わる道徳的な問題への対応をどのように導き出すかを解明することで、教育方法への洞察が手に入ると信じられていた。盲目の服従が明らかに他者

を傷つけるような場合に盲目の服従への社会構造からのプレッシャーに抗体をもち、予防接種を受けるようになる水準まで教育できると信じられている。

　このような研究の背景もあり、コールバーグに続く道徳的発達の研究は「責任」について人がどのように推論するかについての科学的研究と理想的には人がどのように推論するべきかについての発達的見方を結びつけた。科学的な研究は記述するだけでなく、人は何をするべきかを含意し、いくらかは規範的である。道徳発達についての研究は欧米哲学に深く根ざしており、道徳的理由から対立が必要と判断される際にいかに個人として社会的慣習に異議申し立てしてふるまうかを理解しようとする。

　道徳発達についての研究によれば、感情移入（とその認知的組織化である共感）と視点取得が人の善悪の問題についての推論能力の発達にとって不可欠である。感情移入のための感情的能力はいくらか生得的であり、社会化経験によって児童期と青年期を通じて強化される。さらに視点取得の能力の妥当性は、複雑さを増す一連の段階を通じて発達することが実証されている。最後に、感情移入の能力はより複雑な形態の道徳的推論を発達させるための視点取得の能力と認知的に調整される必要があり、青年期と成人期の間に反社会的な活動から離れる必要がある[8]。

感情移入 (*empathy*) の能力と視点取得の能力

　コールバーグの研究によれば、感情移入と視点取得は道徳的推論のための能力として必要ではあるが、十分ではない。コールバーグの第 2 段階以降で道徳的問題について推論するには、社会中心性のための「社会化された」能力が必要となる。社会中心的な知覚は、感情移入と視点取得の両方から生じる。感情移入と視点取得は両方とも、第 1 段階以降の道徳的発達のために必要であるものの、それ自体、道徳的能力や規範的能力ではない。規範的・道徳的判断を構築するため、ジレンマを理解しそれに応じる必要性を感じる人が、感情移入と視点取得の能力をコールバーグが言うところの平等 (*equality*)・公正 (*equity*)・互酬 (*reciprocity*) の「正義操作」と調整する時に感情移入と視点取得が必要となる。言い換えれば、人は多くの場合に感情移入でき、視点取得

ができる。道徳的ジレンマを感じるのは、十分な道徳的判断であると自分が信じることをなすために、他者の視点取得をするべきであり、他者に感情移入するべきだと感じるよう自らを導き、思考プロセスが規範的となるような場合である。

　幼児の他者への感受性についての研究によれば、感情移入の能力は視点取得と調整される能力であり、ある程度人に備わっている。視点取得の能力と同様、親や仲間がこの能力を強化する。視点取得と感情移入の能力が、共有したり共感を示したりするといった前社会的行動の原初的な基礎となっている[9]。

　道徳的推論の基礎となる視点取得の能力の発達について、5つの段階の理論が提起され、実証的な妥当性が示されている[10]。子どもにとって難しいのは自分の視点と他者の視点を分離することと、ある状況や問題について他者は異なった視点を持っているかもしれないと理解することである。青年期になると、他の人が異なった視点を持っていることを理解し、その人もまた自分とは異なった視点を理解していること（相互視点取得 (*mutual perspective taking*) と呼ばれる）を理解するようになる。青年期後期までには、これらの相互的視点がその人の社会的役割による影響、より一般的に言えば、その人の社会的世界の理解による影響を理解するようになる。発達的な進化は実証的に支持されているものの、年齢と緊密に結びついているわけではない。たとえば、多くの 10 代の若者は相互視点取得ができるけれども、相互視点取得をすることができない若年成人や年長の大人もいる[11]。若者がより良く視点取得ができるようになるのに有用なことは、新しい友人を作ったり友人の間で受け入れられたりする仲間関係による社会化プロセスである[12]。視点取得における発達的な進化と高度な道徳的推論の能力が相関していることを実証研究が示している。しかし、視点取得は、感情移入の情動的能力との調整がないならば、高度な道徳的推論の発達につながらない。とくに前慣習レベルで推論する場合、感情移入による結合がないと、その視点取得の能力から得られた知識をつかって他者を利用してしまうこともある。これは、対人関係上の不正操作と社会病理的行動となる発達の中断のタイプである。貧弱な視点取得能力と発達を引き止められた感情移入の能力しかない人は道徳的推論の先の

段階には進めず、非社会的活動や非行の傾向が見出されるようになる[13]。

道徳的推論の諸段階

　コールバーグの道徳的推論尺度を用いて 1000 以上の研究がおこなわれ、生涯にわたる違い、文化間の違い、ジェンダー間の違いが検討された。さらに相関する心理変数が明らかにされ、数多くの社会的文脈の影響が調査された[14]。

　道徳的推論の研究は、児童期から初期成人期に至るコールバーグの最初の 4 段階を通じて規範的で安定した前進があることを確認した[15]。道徳的推論についての縦断的研究は、コールバーグの道徳的段階の発達が年齢に結びつく曲線的な関係であることを確かめた[16]。

- 第 2 段階に入る子どもの最低年齢は 6 歳であり、第 3 段階に入る子どもの最低年齢は 8 歳である。
- 10 歳のころには、たいていの子どもは第 2 段階にあるか、第 1 段階から移行中である。
- 13 歳までに、たいていの青年期の若者は第 3 段階へ移行する。
- 18 歳までに、約半数の青年期後期の若者は第 3 段階であるけれども、第 4 段階での推論を始める若者もいる。
- 20 代前半は、たいていの若者がまだ第 3 段階にいるか第 4 段階へ移行しようとしているけれども、およそ 5 分の 1 ほどの若者が第 4 段階へ到り、第 4 段階の推論が優勢となっていく。
- 20 代後半までに、第 4 段階の割合と第 5 段階へ移行しようとしている割合は、30% 以上となり、30 代半ばまでに、第 4 段階の割合は 50% 以上となる。
- しかしながら、大人でさえ、第 4 段階を超えて推論を進める人はほとんどおらず、第 5 段階の推論をいくらかでも示す人は、少なくとも 20 代半ばに達している[17]。

　研究では、段階は規則的に連続して一様であること、すなわち1つの段階から次の段階へと進み、途中を飛ばしたりはしないというコールバーグの予測が支持されている[18]。そして、期待されるとおり、より進んだ段階の推論をする人びとはまた、より向社会的で（ボランティア活動に取り組むことを含む）、社会的に有能（たとえば、より多くの社会的な問題解決能力と社会的調整の度合い[19]）である。向社会性と社会的有能さはアイデンティティ形成にとって重要な属性である。なぜなら、年を重ねるとともに社会的関与の範囲をますます広げ、発達していく若者を支えるからである。アイデンティティ形成においてプロアクティブである人は不活性または単に能動的であるだけの人（アイデンティティを親のコミットメントに基づかせるような能動性）よりも道徳的推論能力が高く、原理に基づいた推論ができる[20]。さらに、知能得点は道徳的推論の発達と相関している。ただし、この相関には道徳的発達と肯定的に結びつく変数である教育の効果と社会経済的地位の効果が混ざっているかもしれない[21]。

　非－発達について、未成年犯罪者はそうでない同じ年頃の若者よりも有意に低いレベルの道徳的推論しか行使できないことがこれまでの研究で示されている。また、低いレベルの道徳的推論の得点となった青年期の若者はより攻撃的で、スポーツにおけるけんかを含む暴力の不適切なふるまいを受け入れる傾向にある[22]。

道徳的推論の発達的文脈主義

　正義とケアの道徳的な問題に対して複雑で適した推論に認知的に取り組むことができる能力は、自然と手に入るものではない。むしろ、そのような能力は道徳的・倫理的問題と衝突し、意識的に推論することに挑戦する経験によって刺激されて発達する[23]。言い換えれば、プロアクティブな人の自己発達とアイデンティティ発達に刺激を受けるような影響は、道徳的推論の能力にとって有益な効果があり、その逆もまたそうである。しかし、自己発達やアイデンティティ発達に対して、道徳的推論の能力は民族性や身体障害や（養

子のような）家族由来の問題のように、人の表現型と関連する「文脈」と結びつくとは想定されておらず、この点についての研究は報告されていない。

　道徳的推論については、コールバーグの推論のポスト慣習段階は正義の推論として普遍的に妥当な原理かどうかが論争されている。また、欧米文化は非欧米文化において蓄積されてきた他の道徳的な論理や価値観には道徳的な視点として妥当性を見ないが、ポスト慣習段階になると、欧米文化に特有の推論の形態なのかも論争される[24]。この点に関して、相対主義からコールバーグが批判されている。すなわち、特定の文化に特有の道徳的な価値観や論理の妥当性はその文化の文脈の中で判断されねばならないとする批判である[25]。他には、コールバーグの理論には世俗的なバイアスがあるとする批判や抽象的な原理に重きをおくことが日常生活における道徳的感受性への鈍感さとなっているとする批判もある[26]。

　コールバーグの主張を公正に扱うためには、彼が道徳的推論の「段階」と呼ぶ構造的・認知的な構成要素を解説し、道徳的推論を得点化するための詳細で入り組んだ技術を注意深く分析する必要がある。コールバーグの主張に関して、普遍性か相対主義かをめぐって分析することは本書の範囲を超えている。コールバーグは最高次の段階をポスト慣習的（*post conventional*）、すなわちある社会の現状の道徳的期待を「超える」ものと呼んだ。コールバーグの理論によれば、ある社会で順応のプレッシャーが強まると、公共のポスト慣習的推論が弱まることを確認すればよい。第二次世界大戦の大量殺戮の衝撃という理論の起源を思い出せば、道徳的推論の要は、文化的命令が人命と尊厳を脅かす際に、その文化的命令を人がいかにして乗り越えることができるかを決定することである。今日も、自分のため、そうするようになっているから、皆がそうしているからといって、他者に危害を加える圧力がある。道徳的推論の理論の価値は、そのような圧力に抵抗できるところまで文化を進化させ、人類がより複雑な道徳的推論の能力を発達させるのを手助けするところにある。

　文化横断的な妥当性には制約があるという批判にもかかわらず、道徳的推論の第 4 段階までの段階の進化について、コールバーグの予測は 23 の欧米・

非欧米国[27]で追認された。また、アメリカ国内の文化集団の間でも同様に追認された[28]。そして、それほど驚くことでもないかもしれないが、ポスト慣習的推論は欧米社会においてそれほど見られず、非欧米社会においてはなおさら見られないという証拠が示された。

　コールバーグの研究は、個人の道徳的推論が認知的操作が徐々に複雑になっていく段階を通じて発達することを実証的に明らかにしている。道徳的推論の発達過程で、認知的操作が複雑になっていくのは、社会関係の理解と評価のために、視点取得のスキルが用いられるためである。さらに、コールバーグは高次の推論に到達するべく文化がもたらす機会に関心があり[29]、Box4.2で示すように、道徳教育へ助言をおこなった。

Box 4.2　道徳的推論は教えられるのか？

　コールバーグは、学校教育で道徳的推論を教えることについて、広範囲にわたって実験を行い、かなりうまくいくことを明らかにした。その教育方法は推論能力は社会化経験を通じて受動的に獲得されるのではなく、選択肢の対立に直面して推論に能動的に取り組むことで発達するという認知発達論の想定に基づいている。この手法では、小集団の討議で生徒たちに道徳的ジレンマの論点を腑分けしていくステップを進める仕方を教える。道徳的ジレンマの議論は生徒の推論能力の発達水準に適していなければならず、生徒の推論能力をわずかに超えるジレンマについての論争を示し、生徒の能力を試す。したがって、この手法は受動的な情報の吸収というより、アクティブな問題解決方略を刺激し、「心的ワークアウト」をもたらす[30]。

　実証研究では、このような手法によって、生徒の推論能力が持続的に変化し、およそ半数が段階を1つ進め、10%が2つの段階を進むと評価されている。この手法は未成年非行の少年少女の推論能力の向上にとっても効果的であり、前慣習的推論から慣習的推論へと発達するのを支援する[31]。

　ミクロな文脈での発達についての研究では、家族の社会階級が道徳的推論能力の発達と関係していることが示されている。中産階級の家庭出身の若者は労働者階級の家庭出身の若者よりも道徳的推論の得点が高いが、この関連と教育の効果を切り分けることは難しい[32]。とくにポスト慣習的な推論が促進される高校以降の教育段階では、教育の水準が道徳的推論の段階と結びつ

いている[33]。子どもや若者が年齢とともにますます複雑な道徳的推論能力を発達させるものの、この発達が初等中等段階の学校教育の影響によるものかどうかにはまだ疑問の余地がある。コールバーグは、たいていの学校でモデルとされている道徳的推論は第1段階（罰への恐怖）と第4段階（法と秩序）を結びつける矛盾をきたしていると批判していた[34]。教え方と学校管理はあまりにもしばしば独裁的であり、問題を話し合って協同で考える合意形成アプローチの権威ある民主的な（authoritative）性格とはなっていない。初等中等教育における多くの学校はそのようなアプローチをとらない。対照的に、大学段階の学校管理の方法や教え方は民主主義的で合意形成をもとにしており、カリキュラムはより批判的思考を促すものとなっている。このようなさまざまな要因によって、大学生が道徳的葛藤に向き合うことが促され、原理に基づくポスト慣習段階の総合へ進むよう後押しする。すなわち、社会的慣習や社会構造的権威に命じられる推論を用いるのではなく、普遍的な道徳的原理を活用することに向けて進むよう後押しする[35]。

　原理に基づく推論をする人の数は大学1年生から4年生にかけて増加が見られ、とくに小規模のリベラルアーツの大学で増える。この知見はどの「専攻」が関係しているかを示してはいない。とはいえ、人種主義やジェンダー差別や社会階級偏見や同性愛嫌悪のようなさまざまな議論を起こす道徳的関心に触れる多様なカリキュラムへの関与（involvement）が有効であるようだ。最後に、キャンパス外で働いている学生や大学の経験に積極的に関与していない（disengaged）学生は、大学での経験があっても、原理に基づく推論に進むわけではないようである[36]。

　最後に、道徳的発達は家族要因と仲間関係の両方から影響を受ける。自己発達とアイデンティティ発達の場合と同じく、親は見本となったり、子どもの人生へ関与したりして子どもの道徳的発達に直接的に影響を及ぼし得る。第8章で詳述するが、育児スタイルが道徳的推論の発達と相関することが見出されている。権威ある民主的な（authoritative）育児スタイルは親と子または若者との問題についての議論を促し、道徳的推論の発達が促進される[37]。その一方で、専制的（authoritarian）スタイルは罰の恐怖と服従を要求することに頼り、

道徳的推論の発達が妨げられる[38]。青年期の若者は自分の親の道徳的推論の段階をなぞる傾向にあるが、大人になると、およそ20〜30％が親の段階を超える[39]。

　仲間との交流は道徳的推論の高度な形態の発達への刺激となる。青年期の若者や若年成人が、問題について会話し、対立する見方の中で不合意が解消されていく有意義な挑戦ができると、道徳的推論が発達する。実際上も、理論上も、仲間関係は平等主義的となる傾向がある。仲間同士は、親との交渉よりもお互いを比較できる関係で問題を交渉し、視点取得が促進される。このような点では、仲間は親よりも影響力をもっている[40]。社会的地位に関する要因と集団地位に関する要因も関連性がある。より多くの友人をもつ人や仲間集団での地位が高い人は高いレベルの道徳的推論をする傾向にある[41]。

自己／アイデンティティ研究と道徳的推論研究を総合する

　図4-1では、自己研究とアイデンティティ研究と道徳的推論研究の発達についての知見を総合的に示している。一番上の段では、自己発達とアイデンティティ発達が規範的に相互関連している軌道（*trajectories*）が示されている。児童期における自己概念の形成と同一化から始まり、青年期の複数のアイデンティティへと統合され、成人期初期に全体として筋の通った（*coherent*）アイデンティティへと最終的に総合されていく。自己発達とアイデンティティ発達にとっては幅広い変数があるため、年齢固有の里程標や制度化された里程標が見出されない。それに対し、道徳的推論能力の発達は年齢で予測可能なところがある。児童期には前慣習的推論の2つの形態が用いられ（「私を傷つけないで」や「私に何の得があるの？」）、青年期には慣習的推論の2つの形態が通常は達成される（「今、あなたは私のことが好きか」や「社会が私に順応を求めている」）。成人期初期には慣習的で社会秩序に応じた推論が優勢となり、ポスト慣習的推論をする人も現れる（「すべての環境を考慮に入れ、もっとも良いことは何か」）。

　個人主義的な欧米社会では多くの研究が行われ、規範的でもっとも典型的な軌道が明らかにされてきた。児童期のヒエラルキーの中で具体的な自己概

	児童期 (7 ～ 12 歳)	青年期 (13 ～ 18 歳)	成人期初期 (19 ～ 25 歳)
自己／アイデンティティ軌道	自己→ 自己概念	同一化→ →アイデンティティ	領域探求→ 筋の通ったアイデンティティ／総合
規範的道筋 (paths)	具体的な自己概念と同一化のヒエラルキー	自己概念と同一化の抽象的アイデンティティへの統合	さまざまなアイデンティティの諸領域の筋の通った総合への、コミットメントの領域(例：職業、宗教、世界観) のアクティブ・プロアクティブな形成
問題のある道筋	断片的な自己概念と同一化	自己概念と同一化の非統合；アイデンティティ問題の回避	コミットメントと目標設定の回避と、その結果としてのさまざまな諸領域の筋の通ったアイデンティティへの発達不全・非総合
道徳的発達	前慣習的道徳性	慣習的道徳性	慣習的／ポスト慣習的道徳性
社会中心的道筋(向社会性)	権威への服従 →手段の道徳性	承認探求道徳性 →社会秩序道徳性	社会秩序道徳性 →原理に基づく道徳性
自我中心的道筋(引き止められた)	貧弱な感情移入発達	貧弱な視点取得	手段的な相対主義

図 4-1　自己／アイデンティティと道徳的推論の発達的軌道と里程標

念と同一化が形成され、青年期に抽象的で文脈を超える複数の安定したアイデンティティへと統合される。成人期初期には社会の中そして共同の信念体系における生産的な役割へのコミットメントをもとにして、このような複数のアイデンティティがより筋の通った成人期アイデンティティへと総合される (*consolidate*)。

　また、道徳的推論と社会的視点取得は複雑さを増す複数の段階からなるヒエラルキーを通じ、児童期の自己中心性から青年期と成人期初期の社会中心性へと発達する。この発達は成人期初期や成熟した成人期の原理に基づく道徳的推論にまで続くこともある。

　個人的エージェンシーは、これらすべての発達の軌跡を刺激する。エージェンシーを働かせる人が高い自尊感情をもち、効果的に自己概念を総合 (*consolidate*) し、自己効力感があり、アイデンティティ形成においてプロアク

ティブになり、道徳的推論の段階を進む。

　社会的な適応不全となる問題のある軌道（*trajectories*）は、児童期の間に自己概念と同一化の筋の通ったヒエラルキーを形成するところで出会うさまざまな困難によって生じる。このような問題は、青年期に合成され、アイデンティティ拡散（アイデンティティ問題に関して不活性化する）につながる。そうなると若年成人がさまざまなアイデンティティの領域でコミットメントを回避したり、ライフコースの目標を設定することを差し控えたりする。いずれの場合も青年期において「筋の通っていないアイデンティティ」の形成が続けば、成人期のアイデンティティ形成で発達が引き止められる（*arrested*）。このような筋の通っていないアイデンティティは、大衆文化に基づく自己概念やアイデンティティに過剰に同一化することや大人の役割に十分に同一化しないことに関わっているかもしれない[42]。

　また、感情移入と視点取得が発達しないと、若者は慣習段階の道徳的推論に取り組む感情的・認知的な動機づけがほとんどもてない。ましてや、ポスト慣習段階の道徳的推論に取り組む動機づけなどさらにもてないだろう。そのような若者は、手段的な相対主義（第2段階）に自己中心的にコミットするに留まるだろう。彼らは、自分の推論が自己利害の計算に基づき、他者の利害や他者へもたらす帰結についてほとんど関心を払わない。

　低レベルな個人的エージェンシーは発達上の引き止め（*arrest*）と結びついている。アイデンティティ形成が不活性な人は自尊感情が低く、自己概念が効果的に総合（*consolidate*）されない。また、自己効力についてわずかな肯定的信念しかもてず、低い段階の道徳的推論しかしない傾向にある。

エリクソン派のアプローチ：倫理的アイデンティティの発達基盤

　エリク・エリクソンは、コールバーグの道徳的発達の段階モデルに類似した道徳的発達を理論化した。その理論では、人はコールバーグの道徳発達の3つのレベルと平行する「価値志向性」の3つの段階を潜在的に通過していくとされている。その価値志向性には自分のアイデンティティの感覚と他者へ

の義務の感覚の関係が反映されている。エリクソンは、3 つの価値志向性の段階を道徳的（*moral*）段階、イデオロギー的（*ideological*）段階、倫理的（*ethical*）段階と名づけた。これらの段階はアイデンティティ発達の倫理的構成要素を表わしている[43]。

　エリクソンは、段階モデルとともに第 1 章で生じた根本的な「アイデンティティの問い」への興味深いアプローチを提起している。また、社会的アイデンティティと個人的アイデンティティが「差異」に基づく状態から「類似性」に基づく状態へと進化していくと論じている。すなわち、人のアイデンティティ形成の潜在的な可能性は内集団の中に限られた偏狭な同一化を乗り越え、種のより多くの人を含むようアイデンティティ形成の可能性を拡げていくように進化してきた。社会が包摂的になるにつれ、その中でより多くの人が生きるより大きな集団を自分にとっての「内集団」であるという感覚になる。エリクソンの命題は、種の進化（系統発生（*phylogenesis*））と個体の生涯にわたる発達（個体発生（*ontogenesis*））の関係についての古典的な科学的仮説と合致している。

　エリクソンは、個人の発達について、児童期と道徳的段階、青年期とイデオロギー的段階、成人期と倫理的段階を結びつけた。エリクソンによれば、これらの段階は、権威に応じる個人の責任の源泉と性質についての推論能力のレベルの違いを反映している。

- 道徳的段階は子どもの推論能力を反映しており、絶対的権威への絶対的な信念によって特徴づけられる。
- イデオロギー的段階は社会的環境を拡げていき、多元的な権威の源との関係で個人が推論する試みに関わる。この段階の個人は、どの「真理」が自分の正義の感覚や人生の道を導くかを決定しなくてはならない。
- このイデオロギー的知覚は、暗黙のうちに「社会」がやさしく何をしているかを「知っている」という直観的な信頼となる。また、このイデオロギー的知覚は明示的に物事がなぜそのようであるのかを説明したり、物事がどうであるべきかを説明するために、個人によって構築され洗練された枠組みに媒介される。

- 最後に、エリクソンは、最初の2つの段階（両方とも、自我中心的である）を経験してきた人びとは成人期にその段階を超えて倫理的自覚を獲得すると主張した。倫理的自覚は、究極的には、すべての人が何らかの意味で自分の行為に責任があるという認識に関わっている。倫理的自覚は、すべての人が集団をどれほど狭くまた広く定義しようと「内集団」だけでなく、人類全体に一定の責任があるとする認識に関わっている。

　エリクソンは、これらの段階があることは、人間の未来についての楽天主義に多くの洞察と推論をもたらすと信じていた。欧米文明の歴史の多くは、1つの絶対的権威への盲目的な服従という道徳的志向性を特徴としてきた。道徳的禁止からの逸脱は、熟慮ある行為であろうと、単なる集団のメンバーシップの結果であろうと、しばしば容赦ない非難にさらされた。欧米社会の人びとは過去数世紀をかけてイデオロギー的段階へと進み、「我々－彼ら」のメンタリティを引きずりながらも、さまざまな生活の政治・社会状況に立ち向かっていた。しかし、エリクソンは、イデオロギー的志向性の限界について自覚されつつある兆しと倫理的志向性の明るい展望の兆しを見ていた。現在のところ、イデオロギー的志向性が支配的であり、ほとんどの人は「直観的な」倫理的知覚でさえ発展させて保持するのは難しく、倫理的段階へと進むことはまだまだまれなことのようである（**Box4.3**を参照）。

Box 4.3　倫理的自覚はどの程度広く見られるか
　エリクソンの価値志向性についての実証研究が興味深い結果を示している。その研究によれば、プロアクティブにアイデンティティ形成する人がイデオロギーを明確に知覚し、アイデンティティの倫理的自覚をしている。149人の（35歳までの）大学生と大学院生のおよそ半分が、道徳主義やイデオロギーを超える倫理の感覚をもっていた[44]。しかし、「明示的に」倫理的段階にいたのはたった1人だけであり、その学生は彼女の高度に発達した推論能力に対するソーシャル・サポートが不足していたため、かなりのストレスと深刻なアイデンティティ危機を経験しているようであった。

　別の研究では、コールバーグの道徳段階とエリクソンの倫理的段階の相関が実証された[45]。その研究では、エリクソンの道徳的段階はコールバーグ派の前慣習段階と対応しており、暗黙のイデオロギー的段階が慣習段階のより低い段階（とくに「良い少年／少女と悪い少年／少女」段階）と対応し、明確なイデオロギー段階が慣習段階のより高い段階（「法と秩序」段階）と対応することを明らかにした。この研究はまた、縦断的に、キブツに住むイスラエルの青年期の若者を3時点にわたって追跡した。（13歳から20歳までの）調査された各時点で調査対象者の半分以上が価値志向性段階よりも進んでおり、3度目の調査では、大部分が明確なイデオロギー段階にいた。他の研究と同様に、青年期後期までに約20%がエリクソンの倫理的段階への移行局面にいたけれども（すなわち、倫理的知覚を求めて努力していたということができるだろう）、倫理的段階（おおまかにコールバーグのステージ5と、その段階への移行局面に対応する）に到達した人はいなかった。

　したがって、人類が自滅をふみとどまることができるよう賢明になるだろうとする慎重な楽天主義にも理由がある。価値志向性のさまざまな段階とその人間の発達の他のさまざまな次元との関係性についてエリクソンが正しかったならば、偏狭なイデオロギーを離れて普遍主義的な倫理への不断の前進を目の当たりにしていたことだろう。エリクソンは、普遍主義的な倫理と複数のアイデンティティが今のところ偏狭なイデオロギーのレベルにある多くの人のヒューマニズム（*humanism*）から現れてくるだろうと信じていた。エリクソンにとって、アイデンティティと道徳性は不可分に結びついており、実証研究のエビデンスがこの結びつきを支持している。

　図4-2 は、アイデンティティ形成の最後の倫理的土台の中で複雑さを増していく3つのレベルを説明している。偏狭な二項対立の自己定義から、社会的な範囲が人類全体を包含するよう広がるにつれ、人の思考の中で集団の境界が溶解するような普遍主義的な味方となる3つのレベルと他者との関係性の経験をあわせて示している。

　原初的な倫理的アイデンティティのレベルと対応する道徳的段階では、人は自分と他者の関係の見方として「私対あなた」「我々対彼ら」の二項対立の

価値志向性段階：集団アイデンティティの感覚	基盤的な集団アイデンティティの経験	暗黙の確証メタファー
道徳的段階：対の集団内／外境界	私対あなた→ 我々対彼ら→	私は、私でないものである 我々（私の集団の中の）は、我々でないものである（集団外の下位とは似ていないもの）
イデオロギー段階：多元的な集団の忠誠と境界	私対あなた、と彼ら→ 我々対彼の種→	私は、何らかの仕方で、他者とは異なると感じる必要のある個人である 我々は異なっており、それを示す必要があり、それを認める必要がある
倫理的段階：普遍主義的、集団内境界なし	私と私たち、あなたも皆も含んで→	私とあなたは同じ種の構成員であり、したがって我々の種の他のすべてのものに責任がある

図4-2　アイデンティティ形成の倫理的構成要素

見方をしている。原初的レベルでは、内集団と外集団がはっきり分かれており、人の自己定義の本質的部分は「彼らが何でないか」にある。すなわち脅威や敵対と受け止められる、外集団の構成員の存在が自己定義にとって本質的である。二項対立で自己定義する人は、場所（*place*）に強く結びつけられており、厳格な内集団と外集団の区別を知覚し採用しているため、社会的空間（*space*）を動くことが難しい。

欧米文明が進化して人の社会的関与の範囲が広がるにつれ、自己定義の基盤はより複雑となり、イデオロギー段階へと移った。このレベルでは、内集団のメンバーシップに基づくアイデンティティの強い感覚がまだ存在する。しかし、より大きな集団で遂行される役割と対応する集団のメンバーシップをもつようになると、外集団の見方が「許容される他者」の類型となっていく。このようにして「その他者」を、より大きく中立的な文脈で、脅威となることもあれば、ならないこともある「他者」の1つとして見ることができる。このような自己定義はエリクソンが個人のライフコースの青年期に対応し、文明の「青年期」にある価値志向性段階のイデオロギー段階と対応している。

人は外集団を自分の自己定義に包摂するため、内集団のメンバーシップの感覚の境界をたえず広げ、社会的範囲を広げることができるとエリクソンは信じていた。そうなれば、人は単にある「例外的な」集団の構成員であると

いうよりも、人類の構成員であるという感覚を含む個人的アイデンティティと社会的アイデンティティを経験するようになる。これが倫理的段階であり、エリクソンが文明の前進した形態とし、個人の成熟とした段階である。価値志向性の倫理的段階に進んだ人は、より包摂的で普遍主義的なアイデンティティをもつようになる。外集団は脅威とはみなされず、自分たちを異なったように定義している人からなるとみなされる。そして、外集団とのコミュニケーションが追求されるべきで、協調が求められている人びとからなる。すべての人は物質的欲求とともに、あるアイデンティティ欲求をもつと理解され、より大きなシステムの中のより小さな行為者であると理解される。さらに、すべての人は自らの行為に究極的な責任をもち、その集団とメンバーシップに関わらず、アイデンティティ欲求も物質的欲求も、他者を排除したり迫害したりすることは正当化されないと自覚されている。

結論：倫理的アイデンティティ

　コールバーグの道徳的推論のモデルとエリクソンの倫理的自覚とアイデンティティ形成の定式化を結びつけると、プロアクティブなアイデンティティ形成が道徳的推論と倫理的段階を通じて進むことは明白である。人は自分の社会的範囲を広げ、これまで外集団と分類されてきた人と交流するようになると、今までより広がるさまざまな文脈でプロアクティビティを行使するようになる。倫理的自覚と最適なアイデンティティ関係の入り組んだ相互関係を指摘してきたが、そのトピックには最終章で立ち戻ることになるだろう。

第5章　プロアクティビティ
アイデンティティ形成におけるエージェンシー

　　賢い人は問題を解決する。さらに賢い人は、問題を回避する。

　　　　　　　　　　　　　　　　　アルバート・アインシュタイン[1]

　社会科学は、人の行動が外的で社会・政治・経済のさまざまな外的な力の結果なのか個人的で意志による内的な意図の結果なのかをめぐって絶えず論争している。この論争は構造－エージェンシー論争（*structure-agency debate*）と呼ばれる。社会学では、個人の意志による行為よりもマクロ・レベルの社会構造的な要因に重きが置かれることが多いものの、構造－エージェンシー論争は続いた。心理学ではそれほど論争にはならず、人の行動はミクロ・レベルの心理的要因の結果であり、マクロな社会構造的な要因は遠く離れた原因であるという学問分野の合意がある。

　不幸なことだが、社会学と心理学の分析のどちらが「正しい」かという論争のせいで、構造とエージェンシーの相対的な重要性についての生産的な探求はしばしば脱線させられてきた。アイデンティティ形成論簡易版を支えるアイデンティティの社会心理学的な分析は、正しいか間違っているかを単純に判定することに反対し、分析の対象と文脈によって社会学と心理学の分析が両方とも有益であることを示している。第3章でみたように、アイデンティティ形成論簡易版では、アイデンティティにはさまざまなタイプがあり、さまざまな外的（社会構造的）要因と内的（エージェンシーを働かせる）要因の両方と関係する。そして、人の自己定義の複雑さを包括的に理解するためには、社会学の視点と心理学の視点は両方とも不可欠である（この学問分野の問題と

提起された解決策の類推については、第 3 章の結論を参照してほしい)。

構造の概念への異議申し立て

　社会学における構造－エージェンシー論争が続いている主たる理由は、多くの社会学者が行動パターンの説明として社会の規範的な構造に焦点を当てるよう訓練されてきたためであろう。この訓練は、心理学から社会学を分離しようとしたエミール・デュルケム (1858-1917) にまで遡る。デュルケムは社会学の「適切な」範囲は社会学的事実 (*social facts*) の研究だとし、心理学的説明はもっぱら誤解を招くものだと論じた[2]。社会学的事実は思考と行動の規範的なパターンの持続的な現象のことであり、自殺のような複雑な現象が人口のレベルでは一定の割合に見られる事態を意味する。20 世紀を通じ、社会学者は内的思考プロセスと自己主導的な行動に関わる説明に躊躇してきた。小さな反対意見の例外はあったものの、デュルケムの功績に結びついた「構造的」パラダイムが社会学において支配的であった[3]。

　その影響からか、社会学の共同体では一貫してエージェンシーの概念は定義されていない。社会学者は、心理学的なプロセスと構造を表わす概念を提起することにためらいがあるようである。しかし、心理学的なプロセスと構造の概念なしには「個人」は概念化されず、その結果、人と構造の間の関係も概念化されないこととなる。個人が「ブラックボックス」として残されることとなる。

　残念なことだが、心理学においてもこの論争の解決は見られない。なぜなら、心理学者は社会構造を単なる人間の欲求と特性の産物と見る傾向があり、社会学者のように社会構造それ自体で自立した存在のレベルがあるとは見ないからである。ある発達心理学者が、社会学者と自らのアプローチを対比して述べるところによれば、社会学者は、

　　　構造要因を解釈枠組みの中心に位置づける傾向がある。それは、私のような発達心理学者が、パーソナリティや知能や家族関係や仲間関係や

　　他者関係を含む他のさまざまな重要な要因とともに構造要因を多くの中
　　の1つの影響と見るのとは対照的である。発達心理学者は発達していく
　　人を環境の中の能動的なエージェントと見るのに対し、社会学者は人を
　　自分がコントロールできないさまざまな構造要因に無意識に服従する主
　　体と見ている。構造要因は近代の状況に適合するために根本的な仕方で
　　役割やアイデンティティを形成するものではなく、人生の目標にとって
　　環境として影響したり制約したりするものとして見られる[4]。

　悲しいことだが、構造とエージェンシーの相互作用 (*interactions*) (すなわち、
構造の要因とエージェンシーの要因の間の相互の影響) に鈍感なところでは、この
類のエージェンシーを強調するアプローチにはさまざまな問題がつきまとう。
それに対して、他の心理学者たちは、発達的文脈主義 (*developmental contextualism*)
のモデルによって構造とエージェンシーの相互作用を説明している。

　本書では、第3章で説明した社会心理学的アプローチによって社会学的ア
プローチへの心理学者からの批判に応答している。アイデンティティ形成論
簡易版は、アイデンティティ形成と結びつく文脈のレベルで構造−エージェ
ンシー論争に取り組み、アイデンティティ型エージェンシーとアイデンティ
ティを授ける (*identity conferring*) 社会構造の間の相互作用に焦点を当てる。アイ
デンティティ形成論簡易版は個人というブラックボックスの中身とその社会
的文脈の関係を具体的に仮定し、構造かエージェンシーかの行き詰まりを超
えていこうとしている。アイデンティティ型エージェンシーは、アイデンティ
ティ形成へのプロアクティブなアプローチとして理論化・操作化されており、
さまざまな領域 (たとえば、職業、宗教、世界観、個人的な信念) におけるアイデ
ンティティのさまざまな要素の個人化された総合を生み出す。後期近代社会
において、人は高度なレベルのエージェンシーを伴ってアイデンティティ形
成にアプローチしている。人は大人の共同体の文脈への計画と目的のある統
合からくる発達的な個人化のさまざまな形態を経験する。大人の共同体の
中の居場所をプロアクティブに見つける人は、基本的なアイデンティティ・
プロセスの3つのうちの2つ——統合と分化——を実現する。アイデンティ

ティ型エージェンシーは、社会構造の利用できる文脈の中で自己主導的で個人的な成長と人生プロジェクトを鍛えて作っていくことに関わる。それに対して、アイデンティティ形成への不活性なアプローチは個人化不履行の特徴を示す。不活性なアプローチは、ある文脈で行為せず、自分にとっての決定を「許容」して最小限の抵抗と労力の道筋 (*paths*) をたどる。低いレベルのエージェンシーのアプローチは成人期アイデンティティの遅れた受動的な形成につながり、大人の共同体における弱い統合と分化の形態につながる。発達的文脈主義によれば、エージェンシーの連続体のレリバンス (関連性) は高い状態から低い状態まで文脈に応じて幅があり、ある文脈では他の文脈においてよりもエージェンシーを働かせることもある。

構造の中にエージェンシーを位置づけることの重要性

　多くの社会学者が、構造とエージェンシーの相互浸透を論証しようとしていることは妥当なことである。しかし、社会学者はエージェンシーと他のさまざまな分析カテゴリーを区別することができなかった。その結果、社会学において提供されてきたエージェンシーの概念は社会構造とあまりにも緊密に結びついたものとして定義されてきた。この問題を解決するには、最近の定義の 1 つが有力である[5]。この定式化では、エージェンシーは、

　　　行為の時間関係のさまざまな文脈という異なった構造的環境にある行為者によって、時間的に構築された関与 (エンゲージメント) である。エージェンシーは、習慣と想像と判断の相互作用を通じ、両方が変化する歴史的状況によって提示された問題への相互作用する反応においてそれらの構造を再生産・変容させる[6]。

　言い換えれば、人がいつも機能して活動できるのは社会的な文脈においてであり、個人を構造から切り離して考えるのは間違いである。また、ある文脈がエージェンシーを働かせる志向性を支え、その志向性が環境に向けて構造化する異なったさまざまな関係を構成する。ある構造的な文脈の中で、そ

のような志向性が組織化されることで労力に形が与えられ、行為が構造化する文脈との関係でかなりの程度の変容的梃子を想定することが許容されたり、禁じられたりする。学校の文脈がわかりやすい例である。学校の文脈で成功している学生にとっては、その社会的な文脈が変容的梃子を働かせることを可能にし、へまをしている学生にとっては変容的梃子を働かせることを不可能にする。

　要するに、ある個人におけるエージェンシーの潜在的可能性はその個人に特有の質とその個人が行為する文脈に特有の質の両方に依存している。定義上、行為者は文脈の中で機能するものであり、個人は構造から決して自由になることはない。しかし、その構造を活用したり変えたりする能力は人によってさまざまである。したがって、社会科学者にとっての難題は、特有の社会的文脈との相互作用の中で、さまざまなタイプのエージェンシーを働かせるプロセスのさまざまな関係を実証的に立証することである。この立場は、アイデンティティ形成論簡易版の根本的な仮説と対応し、発達的文脈主義とも適合する。発達的文脈主義は構造との関係でエージェンシーを説明しようとする心理学から生じてきており、人間行動の複雑なモデルを発展させるのに用いる心理学者もいる[7]。社会構造の中のエージェンシーの潜在的な可能性を位置づけるところに、心理学と社会学に共通する先端的な研究の土台を見ることができる。

エージェンシーの概念への異議

　ここまで、心理学者による構造概念への異議申し立てと同様に社会学者によるエージェンシー概念への異議申し立てを示してきた。エージェンシー概念への批判は、物質的（形而上学的）・政治的・経済的・文化的な構造の影響を認めている。文脈的なアイデンティティ型エージェンシーの概念を洗練させる前に、エージェンシー概念への異議申し立てを概観しておくのが有益だろう。長年にわたって、エージェンシー理論へのさまざまな異議申し立てが出されている。各々の異議申し立てを概観した後、アイデンティティ形成論

簡易版に基づく応答を提示する。

　哲学者も、エージェンシーと自由意志との結びつきを強調することで、大昔から宇宙の物理学を駆動してきた出来事の因果の連鎖から離れて人間が自由に振る舞うことができるとする考えに異議申し立てしてきた。このような関心は、心理学、とくに行動主義者（刺激反応理論）や神経心理学者（神経構造の研究）も共鳴している。物理学によれば、行為の因果連鎖が人間の行動を決定するとするかもしれない。しかし、本書は、その決定の可能性はエージェンシーのレベルで異なっているとする立場である。確かに、人のさまざまなエージェンシーを働かせる能力が（先行する刺激によって条件づけられたり、神経回路によって可能となったりして）先行する因果要因によって決定される可能性はある。しかし、そのことによって人のプロアクティビティの程度が多様であることは否定されないし、人がある文脈において他の文脈よりプロアクティブになることができることは否定されはしない。

　したがって、本書は自由意志対決定論という哲学的な論争に立ち入らない。さらに、これらの論争に深入りしてしまうと、本書の重要な課題から逸れてしまうだろう。本書では、人がある文脈で計画をもって自分の行動を主導する観察可能な能力の因果的源泉を問うことはしないで、その能力の差異に関心を向ける。たとえば第1章で記したような自己効力に関する研究文献では、将来の出来事に影響を及ぼす自分の能力についての人びとの信念（*beliefs*）が現実にそう試みようとするかどうかに影響すると想定されていた。しかし、人が社会構造などの影響から独立してふるまうことができるとする考えに対しては、他の立場からの異議申し立てもある。次はそれらの立場を簡単に議論していくこととしよう。

政治的異議申し立て

　エージェンシーの定式化については、アイデンティティ・ポリティクスのアプローチやより一般的な政治経済的アプローチからの異議申し立てもある。アイデンティティ・ポリティクスのアプローチでは、社会的アイデンティティや抑圧、特権に強調点が置かれる。個人レベルでアイデンティティ「関心」

(貧困、ブラック、女性)のさまざまな形態の抑圧に対処しなければならない人もいるし、ハイブリッドなアイデンティティ（アジア系アメリカ人など）を管理しなければならない人もいる。これは興味深く有益な研究領域であるけれども、社会的アイデンティティの管理に焦点があり、アイデンティティ形成の複雑さと微妙な違いを理解するのに必要なアイデンティティの3つのレベルの発達には目が向けられていない。また、アイデンティティ・ポリティクスのアプローチは、自己発達やアイデンティティ形成の理論に含まれるとする「本質主義」の香りのするものすべてに敵意が向けられる。そのため、本書ではこのアプローチを活用することはほとんどできない[8]。アイデンティティ・ポリティクスのアプローチはあまりにも構造的であり、心理学的プロセスの重要性を消失させ、ブラックボックス問題を再びもち込んでしまっているように見える。

　第2の政治的アプローチに目を向けよう。多くの社会学者が長らく論じてきたように、とくに低い社会経済的地位または不利な地位の人にとって政治的な権力関係と貧弱な経済機会のなかで個人的エージェンシーを行使することは不可能とは言わないまでも難しい。最近では、エージェンシーの理論が疎外するさまざまな状況に若者が順応することを暗黙のうちに奨励してしまっており、素朴にも新自由主義 (*neoliberalism*) の容赦のない経済的帰結に貢献してしまっていると論じられる[9]。無制約なエージェンシーの能力があると信じられている場合、貧弱な経済的見通しを「非難され」、経済的見通しが自らのコントロールを超えてしまう。たとえば資本主義経済においては、ある程度の失業は「構造的な」ものである（すなわち政府の政策は、失業率を高水準に留め、賃金を低く保とうとする）。そこでさらに、エージェンシーの重要性を強調すると、人を搾取と疎外につながるような雇用へと思慮なく追い込むよう奨励してしまうため、道徳的に非難されるべきものであると論じる社会学者もいる。

　この政治経済的な異議申し立てに対する本書の応答は、次のようになる。犠牲者への非難と抑圧の問題はともに深刻なものであるけれども、多くの発達的文脈における極端な構造主義的な立場に異議申し立てするエビデンスは

増えてきている。とくに社会階級と関わらないアウトカムを説明するのに、文脈に特有で微妙な違いを説明するエビデンスが明らかにされている（たとえば、同じ社会階級の出自の若者の間でライフコースの成果が異なるのはなぜかについて、エビデンスが出されている）。このエビデンスは、構造－エージェンシーをめぐるより複雑な立場を示しており、後期近代のさまざまな社会的文脈の中でのアイデンティティ形成のプロセスとアウトカムの幅広さを教えてくれる。構造－エージェンシーの二項対立があたりまえとみなされることもあるのに対し、これらのエビデンスは「社会が彼らを失敗させた」（因果作用はすべて構造的なものであるとする信念）と「うまくいかなければそれはすべてその人のせいだ」（因果作用はすべてエージェンシーであるとする確信）とする単純化された二項対立を超えることができる。

　構造－エージェンシーの二項対立をめぐる微妙な違いに立ち入ったアプローチは、社会の文脈に特有の資源の重要性を指摘している（第2章と第3章を参照）。そのような社会では社会的な役割と地位の多くがほとんど厳密に帰属されておらず、さまざまなライフスタイルの選択のための機会とライフコースの成果（アウトカム）がある。アイデンティティ帰属が少なくなることで、多くの人が自分の人生を構造化することを求められ、その結果生じるライフコースの個人化によってアイデンティティ型エージェンシーのさまざまな形態を必要とする。たとえば後期近代社会においては、たいていの職業はある世代から次の世代へと手渡されることが少なくなり、各世代は自分たち自身の計画プロセスを取り上げなければならない。場合によっては、この計画が過去には可能ではなかった社会的上昇移動の形態を帰結することもある。Box5.1 では、上昇移動におけるエージェンシーの潜在的な役割を強調する2つの国を取り上げ、教育の機会構造の違いの例を示している。

Box 5.1　教育機会における差異とエージェンシーの役割
　社会的な上昇移動に対する構造的障壁は国ごとにはっきりと異なっており、ある国では他の国よりも機会が多い。教育到達における社会階級の差異に関して、カナダではイギリスと比べて機会が多い。社会の経済的最下位層のカ

ナダ人の教育の見通しは、他の国々と同様に、ここ数十年の間にはっきりと改善してきた[10]。その結果、教育到達における裕福な人びとと貧しい人びとの間のギャップは小さくなってきた。収入で最上位の4分位の家庭では約半数（46%）が大学に進学するのに対し、最低位の4分位の家庭では4人に1人（25%）が進学している。

　カナダと比べイギリスでは、収入で最上位の4分位の家庭の46%が大学に進学するのに対し、最低位の4分位の家庭ではわずか9%しか進学しない。1970年代後半に生まれた世代と1958年に生まれた世代を比較すると、最上位の4分位の家庭の高等教育進学率は20%から46%に上昇しているが、同じ間に最低位の4分位の家庭では6%から9%へとわずかに増加したにすぎない[11]。イギリスとカナダを比較すると、カナダの最低位の4分位の家庭の人びとの大学進学はイギリスのおよそ3倍となる。このような数字から、国によっては社会階級の有利が次の世代へ完全に保存されてきたようである。

　さらに、イギリスではっきりと「階級問題」となっていることが、必ずしもカナダではそうなっていない。大学進学における21%のギャップはカナダでも関心事ではあるが、それは親が子へと譲渡する無形の「教育資本」の階級問題とは必ずしもなっていない。カナダの大学進学に家族出自が及ぼす影響の検証から、親の収入は影響を説明するのに大部分「流失」することが明らかになった。たとえば収入の4分位の最低位の家庭と最高位の家庭とを比較すると、非経済的要因（リーディング能力、学業成績、親の影響、高校の質）がギャップの84%を説明しているという研究もある[12]。（授業料負担のような）財政的制約は、ほんの12%を説明するだけである（親の学歴水準はその2倍を説明する）。親の（収入ではなく）学歴水準が、大学進学をもっとも強く予測する要因であり、1年大学教育を受ける年数が増えれば、約5%ほど子どもが大学進学する確率が増すという研究もある[13]。この研究によれば、2000年代前半では、収入が一定で親が高校の教育を受けているだけの場合、大学進学する確率は男性で29%、女性で37%になる。少なくとも一方の親が大学教育を受けていれば、この確率は男性で53%、女性で65%へと跳ね上がる。

　このような知見は、高等教育を経験した親は適切な助言と情報を与え、知的面と情動面での役割モデルとなることができるからだと説明される。多くの教育を受けた親をもつ子どもは高等教育を自分が何者か — 彼らのアイデンティティ — についての一部とみなし、大学環境が自分にとって異質であるとか敵意をもつように感じることなく育つ。大学教育を受けた親は子どもに譲

渡できる資源としてアイデンティティに基づいたエージェンシーを働かせる
資源を多くもち、それらは大学の文脈で関連性（レリバンス）をもつ。それに
よって彼らの子どもはより広いアイデンティティホライズンをもつことにな
る場合が多い（第 8 章でさらに論じる）。

　現在の構造的障壁を通過したり突破したりするには、人が「自分が何者か」
をもとにして判定される社会的アイデンティティのダイナミクスを理解する
ことが必要となる。たとえば社会階級や地位集団が言語・態度・習慣に関し
て、それぞれに特有な象徴的コードをもっている。このことは、社会学では
長らく確立した知見となっている [14]。新しいコードを学習し管理するにはア
イデンティティを適切に管理し、その新しい文脈で自らを適切に呈示する能
力が必要となる。さらにさまざまな聴衆に応じて変化する状況の中でアイデ
ンティティの内容について、実際に使える知識をもっていることが不可欠で
ある。すなわち、役割期待とその期待にどう適合するかについて理解するこ
とが不可欠である。

　このことについては社会階級の上昇移動のための現在の見通しが適した例
となるだろう。さまざまな国において労働市場に参入する際の教育要件が変
化しており、教育から仕事へのトランジション（移行）が社会階級の上昇移動
となる若者もいる。とくに難しい移動は労働者階級から中流階級への移動で
ある（たとえば、子どもの時にブルーカラーの労働を予期していた人が大人になって
ホワイトカラーの役割を担うといった移動である）。労働者階級の子どもが中流
階級に適応することは難しい。とくに、「労働者階級」についての否定的な
ステレオタイプを向ける中流階級の偏見に直面した時、深くしみ込んだ行動
と言語パターンを管理する必要があるからである [15]。社会階級を変える人は
大人として多くのことを学ばなければならない。中流階級出身であれば、そ
れらの多くのことは第一次社会化が大人の生活のために用意してくれる。異
なった社会的文脈で生活を始める人は、1 つの生活様式だけを知っている人
びとにとって自明である多くのことに鋭く気づく。後期近代社会は矛盾する
階級位置（*contradictory class-locations*）[16] と異文化間の文化転移（*bi-cultural dislocation*）[17] の

経験を生み出し、それらが大衆的な現象になるにつれ、社会学者はこれらの新しい経験を理解しようとしてきた。また、地位や階級の移行ができない人やそうしたくない人についても理解する必要がある。とくに「セルフ・ハンディキャッピング」のように見える場合や重要な他者がスティグマを刻印されたり排斥されたりして脅かされている場合には、さらなる理解を必要とする。本書では、アイデンティティホライズンやその等価物すなわちその人の社会的な範囲によって自分の将来の見通しをどれだけ広くまたは狭く捉えるかという観点から理解することができる。

　発達的文脈モデルは後期近代社会の環境を理解するのを助けてくれる。後期近代社会では、社会は社会階級などの不利と結びつき、障壁となり続けている。しかし、社会によっては教育制度が十分に開かれており、適合したさまざまな文脈にエージェンシーを働かせる労力を適応させることでそのような障壁に打ち勝つ人もいる。言い換えれば、世代間不平等に対して教育が果たす役割は国によって異なっている[18]。それにもかかわらず、人のウェルビーイングに逆の作用を及ぼす文脈もある。たとえば学習環境に不適応な大学生にとっては、教育は精神的に能力を奪うストレスとして経験される場合がある[19]。とはいえ、個人的な資源が多い人はそのような文脈であっても適応して過ごすことができる。

　文脈のトランジションと矛盾のある場所の管理において、エージェンシーに関する能力がもっとも活かされると見る研究がある。ここに、経済的・社会的に不利な状況にある若者が人生のチャンスを改善するのを助ける潜在的な可能性がある。とくに裕福な出自の恩恵をもたない若者、高等教育の文脈で効果的に印象管理するといった無形の資源を手渡す方法を知らない両親をもつ若者にこそ、このような知識が活かされるべきである。したがって、このような研究がエージェンシーの行使を支持する際、その意図は、既存の社会階級の有利を増やしたり、新自由主義的なアジェンダやマキャベリ派アジェンダを主張したりすることではない。その意図は、後期近代社会において生得の権利を欠いていたり他の社会経済的利点を欠いていたりする若者を含め、すべての若者が混乱をきたしているトランジションをよりよく切り抜

けるのを助けることである。エージェンシーの活用や個人的な強さといった心理学的概念の活用に懐疑的な社会学者には次のことを思い起こしてもらう必要がある。住んでいる社会のタイプに関わらず（資本主義であろうと社会主義であろうと）、不利な状況にある人は、人生のチャンスを改善していこうとするなら、自分たちの内的で潜在的な可能性を把握して動かす方法を学ぶ必要がある。十分な備えのない位置に人を配置するだけの構造の変化では、活力ある解決策とはならないのである。

　それにもかかわらず、上昇移動の機会のある多くの地域と国においてさえ、属性によらない機会の構造が属性による構造に十分に取って代わっているわけではない。不利な出自の人が物質的な人生のチャンスと感情的な人生のチャンスの消失に直面し、もがくことしかできないようにされている。社会における規範的な機会構造の消失は懸念事項となっている。なぜなら、機会構造の消失は多くの若者が望んでいるよりも長い期間にわたって社会のメインストリームから若者を隔離——社会的に排除——し、アイデンティティ形成をより複雑で脆弱なものとするからである。仕事の機会構造が一般にあまりにも貧弱であり、エージェンシーを行使しようとするどんな活力も極端に制限されている国さえあるのである[20]。

　不利な状況にある人の人生のチャンスを改善しようとして構造の変革が目指されるけれども、構造の変化は遅い。そして、不利な状況にある人に対して痛ましい差別をする構造を明らかにすることが継続されなければならないけれども、構造の変化は遅い。その間に、現在の環境、とくに後期近代の環境に直面している人のために、今、人を支える方法を学ぶ必要がある。そして、ともすれば彼らにとっての障害となったかもしれないさまざまな構造をうまく「突破する」ことができるようにする必要がある。本書の立場は選択が単に構造化されているとする考えより、その人に特有の環境と機会によってエージェンシーが「拘束されている」とする概念化に立脚している[21]。

　本書では、エージェンシーを働かせるのに不利な程度と構造による不利の程度を結びつけて評価する方法を開発してきた。この方法によって人が構造的障壁を突破する際に直面するさまざまな問題を理解できる。アイデンティ

		エージェンシーのリソース	
		高／有	低／無
構造的リソース	高／有	＋／＋	－／＋
	低／無	＋／－	－／－

図 5–1　構造的リソースとエージェンシーのリソースのモデルとリスクと恩恵の　アルゴリズム

ティ形成論簡易版の見解では、若者は後期近代社会のさまざまなトランジションとさまざまな文脈を管理するために、心理学的・社会学的資源のレパートリーを必要とする。そして、心理学的・社会学的な資源をもたない人が社会的排除と経済的排除のリスクに直面する。この見方を説明するために、**図5-1** のクロス表では、リスクを評価するためのアルゴリズムを提供し、構造の資源とエージェンシーの資源を示した。構造の資源には、親の豊かさ、民族集団、社会関係資本のネットワークが含まれる。エージェンシーの資源には、メンタルヘルス、IQ、これまで本書で論じてきたさまざまな自我能力や自己能力が含まれる。

　この類型によって、一般的な人と不利な状況にある人の両方のさまざまなリスクと恩恵を評価できる。多くの欧米諸国では人口の約 20％ がさまざまなリスクと結びついた構造的に不利な貧困レベルよりも下の水準で生活している（貧困ラインよりも上に人口の 80％ がいる）。さらに、多くの国々では、いつどんなときも、その人口の 20％ の人は何らかの精神医学上の問題や障害に苦しんでおり、彼らのエージェンシーは低い状態にある（残りの 80％ のエージェンシーは相対的に高い状態にある）。図 5.1 のそれぞれのセルにこれらの確率を入力すると、どんな時でも、人口全体のおよそ 3 分の 2 だけが「リスクから自由な」機能のための「十分な」構造の資源とエージェンシーの資源を備えていると評価できる（0.8［貧困ラインより上］× 0.8［より高いレベルのエージェンシー］= 0.64 となり、64％ が +/+ セルにあたる）。人口の残りの 3 分の 1 は、これらの不可欠な資源のどちらかまたは両方が欠けている（+/- と -/+ のセルはそれぞれ 16％［0.8 × 0.2］で、-/- のセルは 4％［0.2 × 0.2］となる）。

　同様に、この類型を活用して、貧困なインナーシティのように不利な状況にある共同体の場合、不十分な資源の人口の割合を確認しよう。たとえばその地域では貧困率が 40% でメンタルヘルスが良好でない割合が 40%（たとえば、重度の薬物使用の地域文化の結果など）とすると、およそ人口の 3 分の 1 だけが十分な資源を備えていることになる (0.6 × 0.6=0.36=36%)。そのような地域で育つ若者は低い構造の資源と良好でないメンタルヘルスの複合リスクのもとに置かれる。人口リスクの評価の手段をもたらすことに加え、この類型は資源の必要性に関して、若者が一様でないことに気づかせてくれる。理論と政策は、資源の状況の多様性を説明する必要がある。

　要するに、若者は後期近代社会特有の困難に直面し、さまざまなトランジションと文脈を管理するために、それまで以上に個人的資源、社会的資源、経済的資源を必要としている。十分な構造の資源をもたない人が社会的排除と経済的排除の大きなリスクに直面する。しかし、エージェンシーの資源をもたない人もまた、構造的な有利さをもっていたとしても、ウェルビーイングが低減するなどのリスクがある。もっぱら構造的な解決だけに焦点を絞ると、エージェンシーの資源をもたない人の*現在の状態に対して*、ほとんど何もしないことになってしまうのである。

フェミニストの異議申し立て

　社会科学の他の領域と同じく自己とアイデンティティについての研究の領域でも、既存の理論が男性バイアスであり、現代の欧米社会にしか適用できないとする批判があふれている。この節では、エージェンシーを強調するアイデンティティ形成理論が男性中心主義であるとする主張を扱い、次の節ではそれが欧米中心主義であるとする非難に応答する。

　学術界のフェミニストは、女性がアイデンティティ形成を統治するプロセスは十分に研究されていないが、男女の「程度」の違いではなく「種類」の違いを主張している。具体的には、男女では同じプロセスが異なった程度にあるというより、まったく異なる種類のプロセスが関わっていると主張される。

　学術界のフェミニストの間でよく知られているのは、いわゆる、「関係性

モデル」である[22]。このモデルに基づいて、ジュディス・ジョーダンは、次
のように自己の心理学研究を批判する。

　　伝統的な欧米の心理学の発達の理論においては、「自己」は長らく第
　一次的な現実であり、研究の単位と見られてきた。典型的には、自己は、
　その文脈から切り離され、境界が区切られ、内容が含まれた実体であり、
　客観的性質と主観的性質を兼ね備えると見られてきた。臨床的発達理論
　は、一般に、自律的で個別化された自己の成長を強調する。行為と意図
　の源としての自己の感覚であるセルフ・コントロールが増すこと、抽象
　的な論理を活用する能力が増大すること、自己効力へ向かって進むこと
　は、理想的な欧米の自己の成熟を特徴づけている[23]。

　ジョーダンは、上の記述は「男性」の発達のモデルを描いており、女性に
は上手く適用できず、「関係的自己」の観念が女性の心理学をより良く説明
すると考えている。ジョーダンは、このフェミニストの関係性モデル (*feminist
relational model*) が、女性が他者ともつ結びつきを強調しており、それは男性が
他者と築く結びつきとは異なって独特なものであると考えている。彼女の考
えでは、男性は自らを防衛し定義する境界を構築するのに対し、女性は他者
との関係において、より柔軟で流動的な対人関係境界を作りだし、より文脈
的で相互主観的である。女性は、より文脈に埋め込まれており、その場にい
る人により関心を向け、より相互関係をダイナミックに確立する。したがっ
て、関係性理論では、男性は権力に基づく支配パターンに取り組むこと、抽
象的で普遍主義的な原則をもとに思考すること、自己エンパワーメントを行
使するようなエージェンシーを働かせる能力を行使することに関心を向ける
のに対し、女性はケアや他者のエンパワーメントに関心を向けるとされる。
　しかし、ジェンダーの研究の領域で「種類」の違いを想定することに注意
しなければならないと警告する研究もある。この問題を分析し、次のように
結論づける研究者もいる。

　アイデンティティ発達を理解して測定しようとする最中、アイデン
ティティ・プロセスの複雑さを過小評価する罪を犯すかもしれない。表
面上は、ジェンダーに特有のアイデンティティ発達のパターンが現れて
いるように見える。しかしながら、現実には、このような差異は、二項
対立的なジェンダー差異の誇張によってではなく、微妙な違いによって
もっとも精確に描写されるものかもしれない[24]。

　したがって、フェミニストの関係性モデルにはメリットもあるように思わ
れるけれども、ジョーダンのモデルのように、アイデンティティ発達の男女
の二項対立的でステレオタイプ的な誤りを犯してしまうこともある。また、
多くの「俗流」心理学者はジェンダー差異の二項対立的な見方を広めている。
しかし、社会科学の観点から吟味すると、二項対立の考えはその限界が明確
となる[25]。二項対立的な考えの文献を読むと、女性は一般に他者志向的（*other-oriented*）
で、男性は一般に自己志向的（*self-oriented*）な日和見主義者となりがちであ
るという説を真剣に受け止めるよう促される。二項対立の主張を何度も読む
と、「一般的に」という注意事項が「すべての」と読まれるようになり、ステ
レオタイプが登場する。結果的に、女性が仮にもエージェンシーを働かせて男
らしくなるような傾向や男性が仮にも関係的で女性らしくなる傾向の余地が
なくなる。しかし、確実に「結合」と「自律」の双方に利点がある。実際、第1
章で記したように、アイデンティティ形成の3つのうちの2つの原則——統
合と分化——は、これらの相互関係と質の両方が強調されているのである。
　さらに、「結合」のように高度に理想化された状態は「現実世界」でつねに
機能するとは限らず、人の代表的なありようそのものとも限らない。たとえ
ば過度に柔軟な自己または自我の境界は、後期近代の文脈では支離滅裂なま
まになったり、なすがままに操作されたりする。こうしてアイデンティティ
の非定型な感覚が形成されると、自分自身の安全と生存の欲求に十分に関心
を向けられなくなり、他者のそのような欲求に関心を向けられることなどで
きず、人生を通じて漂流することすらあるだろう。
　機能的なアイデンティティ形成にとって重要なのは自己への関心と他者へ

の関心のバランス (*balance*) であり、最適な個別性の理論が示すように、ある点で他者によってバランスが形成されることである (Box1.2 参照)。発達した関係性を備えていても発達したエージェンシーを欠く場合、女性であろうと男性であろうと、他者によって搾取されるがままとなる。発達したエージェンシーを働かせることができても関係的な側面の発達を欠く男女の場合、道徳的推論の章で見たようにナルシシズム的過剰と搾取的傾向となる。

　最後に関係性モデルの主張を社会科学の基準から検証すると、後期近代社会の男女のアイデンティティ形成の間に明白な差異を示すエビデンスはほとんどないことがわかる(詳しくは、第8章で、文脈ごとの差異を検討する)。一方、フェミニストの関係性モデルに取り組む女性のアイデンティティ形成の縦断的研究において、次のように結論づけられていることは指摘する価値がある[26]。

　　　アイデンティティは能力と結合の相互作用であり、そこで、人はもっとも十全に自分自身を感じ、他者からもっとも自分が何者かを承認される。女性でアイデンティティの危機にある大人が、能力と結合の経験のバランスを保つのに苦戦することがもっとも多い。…すべての女性が、能力の感覚と結合の感覚とを望んでいる。…それらを達成するのにどのようにすればいいかは、しばしば、謎である。選択は、自己についての知識のように、するりと逃げるプロセスである。「自分のために何を望んでいるかを知ること」は、簡単な問題ではなく、生涯を通じた探求となることが多い。自由は解放であるが、それはまた恐ろしいものでもある[27]。

異文化研究に基づく異議申し立て

　「関係的自己」へのフェミニストの視点は、欧米文化と東洋 (アジア) 文化の対比などの二項対立と類似している。文化の場合、欧米社会に特徴的とされる相互独立的自己 (*independent self*) と東洋社会に特徴的とされる相互協調的自己 (*interdependent self*) が区別される[28]。

　自己とアイデンティティにおけるジェンダーの差異に関するフェミニストの二項対立の主張とは異なり、相互独立的自己と相互協調的自己の概念を産

み出したヘイゼル・マーカスと北山忍は自己の性質における文化差は「程度の問題」であり、「種類の差異」ではないとしている。「自己」の2つのタイプは、他者との関係で自分自身を再帰的に構築（*construe*）し得る仕方を表わしており、解釈的関係の自己スキーマ（*self-schema*）からなる自己観（*self-construals*）の理論なのである。

　この文化的モデルが提起するのは、相互独立的な自己スキーマが自律の感覚と他者からの分離の感覚、他者への忠義を形成する義務と責務を選択する権利に関わっていることである。自己は統一された中核を維持し、多かれ少なかれ、恒常的なものとして知覚される。

　それに対して、相互協調的な自己スキーマは、アジアや前近代の欧米社会や、いくらか家族志向の近代の欧米文化のようなより義務に縛られた文化に見られる[29]。相互協調的な文化では、自己は文脈固有で、関係に縛られ、義務と責務の複合体の一部として定義される。相互協調的な自己は個人的な信念・価値観・欲求をもつ一方で、そのような個人的な選好は義務と責務に支配されている。言い換えれば、自己が結合を維持しようとするならば、そのような個人的な選好をコントロールし、しばしば禁じなければならないと考えられている[30]。

　マーカスと北山は、上記の2つの自己観の認知・感情・動機づけに関する帰結を扱ったかなりの量の文献を広く検討している。予想されるように、相互協調的な自己観の人びとは状況に固有のやり方で自己に関する情報を処理し、また他者の期待と欲求に注意する。たとえば財産分配について決定が求められる状況で、相互協調的な自己観の人は、その分配で他者を排除しない責務を考える。逆に、相互独立的な自己観の人は集合的な権利よりも個人の権利の獲得に重きを置く。相互協調的な自己は感情移入や共感や恥といった「他者に焦点を当てた」感情と認知の操作を経験し活用し、このような感情を文脈や他者との関係の特性と結びつける。最後に、相互協調的な自己観の人は他者に適応する文脈や少なくとも他者と協調する必要のある文脈において、他者が自分の動機や欲求を自分と同じように理解してくれると想定し、自分の動機や目標（すなわち、自分のエージェンシー（*agency*）の感覚）を理解する。

それに対して、相互独立的な自己観の人はその自己を実現しようとする際に、他者や文脈を避けるべき現象、操作されるべき現象、コントロールされるべき現象ととらえ、義務や責務は個人の選択に伴う問題とみなされる。

　マーカスと北山の研究は自己とアイデンティティの研究に対して重要な貢献をした。自己観の理念型として相互独立的と相互協調的という2つの次元を概念化し、自己にとって重要な情報を処理する際にそれらの自己観がどのように機能するかを示したからである。他の研究者はこれら2つの概念を過度に拡張してはならないと警告し、またそれらを文化的ステレオタイプに還元してはならないと警告している[31]。この重要な警告は実証研究によって支えられている。たとえば相互独立的な自己観と相互協調的な自己観は個人主義と集合主義の概念の下位カテゴリーであり、一般的な概念である個人主義と集合主義の実証的な測定はあまりうまくいっていない。さらに一連の実証的測定の大規模で多面的方法を用いた研究では、相互独立的な自己と相互協調的な自己の概念には異なる文化の間での妥当性に関して多くの問題があると結論づけられている[32]。

　また、発達的文脈主義とも符合して、自己観は文化の中で変化するし、個人の中でも変化する。すなわち欧米文化の中でも差異があるように(たとえば南欧文化と北欧文化の間の差異)、東洋文化の中でも差異があり、それぞれの文化の中でも相互協調的な人から相互独立的な人まで多様である。さらに、個人の差異は文脈におけるさまざまな発達の要因に基づいて現れる。たとえば現代の日本社会では、相互協調的な自己スキーマは児童期の後期に受動的に獲得され、青年期を通じて内化され、それから成人期に相互独立的な自己スキーマへと再編されることを研究が見出している(おそらく、最近の日本社会において有効に機能するプロアクティブな成人期アイデンティティの形成の一部として再編される)[33]。

　日本の研究によれば、自己発達とアイデンティティ形成についての集合主義的志向性に加え、個人主義と集合主義の両方に価値を置く個人主義的な集合主義(*individualistic collectivism*)という形態が報告されている[34]。杉村和美と溝上慎一の研究では、「個人主義的な集合主義のパターンの青年期の若者たちは、

社会の期待に適応していくという、かつて日本において高い価値をもった適応(「アウトサイドインのダイナミクス」)よりも、自分の欲求と利害を社会の上に投影していく(「インサイドアウトのダイナミクス」)」可能性が示された[35]。杉村と溝上はまた、過去 30 年にわたって、日本の若者の研究において、エリクソン派のモデルが全般的にあてはまることを報告している。したがって、アイデンティティ形成におけるプロアクティビティの恩恵の効果が増幅され、不活性の欠点の効果も増幅される。しかしながら、全体として、日本の若者の間でアイデンティティ探求はあまり広がっておらず、約半数は受動的な自律性(*passive autonomy*)すなわち「弱く曖昧なアイデンティティ探求で、狭い探求であることに加え、強い自己表現を差し控え、自他の違いを強調することを避ける」[36]状態である。とはいえ、このタイプのアイデンティティ形成は必ずしも不活性ではない。それどころか、「他者の期待に合わせ、他者と調和的な関係を保つような、自己と他者の間の感情的結合を強調する文化的文脈の要求に順応している」といえる[37]。

　したがって、日本の若者にとって日本における統合・分化のバランスは発達課題として複雑であり、新しいアイデンティティ領域(*identity domain*)をなしている。実際、アイデンティティ形成の文化間の主要な差異はさまざまな領域の重要性に関わっている。仏教の影響のためか、日本の若者の間では政治と宗教の領域は探求とコミットメントの重要な領域ではない。すなわち、仏教が他の宗教と異なるのは、現実を問うことがスピリチュアリティの本質的部分となるようなできあいの哲学をもたらすところである。若者がこのような考え方へ社会化される場合、その原則に従うことは彼らのプロアクティビティを必要としない。また、日本において、自己－他者関係の問題や個人－集団関係の問題を解決することは、伝統的な集合主義の規範が近代の個人主義の規範と融合していく「歴史的モーメント」[38]の結果として関心を引いている(自尊感情に置かれる価値の文化相対性については、**Box5.3** 参照)。欧米人の間に役割自己と現実自己の間に差異があると想定されるように、日本の若者において公的自己と私的自己の違いが経験される(Box3.2 を参照してほしい)。そうだとすれば、日本の若者は伝統的な集合主義の規範に適合する公的ふる

まいに順応する一方で、日本の若者の私的生活と主観的経験は自己の個人的な構築によって左右されるようになる[39]。この論理と欧米の潮流についての知識からすれば、日本のような国で役割自己と現実自己の間の分裂が増加し、欧米諸国ではその分裂が少なくなるかもしれない。分裂が減っていくところで、真正性をめぐる関心が大きくなるだろう。

Box 5.2　日本社会におけるアイデンティティ形成に影響する近年の変化

　杉村和美と溝上慎一は日本におけるアイデンティティ形成の研究を広く検討し、エリクソンのモデルが日本でどの程度適合するかを評価した[40]。一般的には、エリクソンのモデルは適合したが、重要性に違いが現れた内容領域もあった。日本における集合主義の伝統は今も影響を及ぼしており、人は対人関係をアイデンティティの感覚にとって重要なものとしている。日本においては、個人主義的なアイデンティティ形成の解決策を探求するような人にとっても、対人関係がアイデンティティの感覚にとって重要である。

　しかし、多くの経済発展が日本の集合主義を掘り崩してきた。1980年代の雇用見通しは、今日のようには個人化してはいなかった。90年代前半の深刻な景気後退を経て日本における労働機会は相対的に乏しくなり、若者世代がその影響を被った。すべての労働者にとって、一つの企業や組織に終身雇用される伝統は衰えていった。今日では非正規雇用がありふれたものとなっており、被雇用者の業績は緊密に監視されている。若者の労働者の需要低下は大学への入学の増加へとつながった。過去には、最善の大学への入学のための競争が猛烈であり（今も激しいが）、一度入学してからは学ぶ内容よりもどの大学に入学したかという威信が重要であった。企業は大学から学生を採用し、適した被雇用者を見つけるのに必要なアイデンティティ探求の量を削減していた。その一方であまり威信の高くない大学では、多くの学生が学業に動機づけられておらず、政府からより手段主義的な職業準備を提供するようにプレッシャーを受けている。

　以前の世代にとっては教育から仕事へのトランジションがかなり安定していたので、職業アイデンティティの形成は、それほど個人的労力を必要としなかった。しかし、ここ25年の間に、日本の教育システムは、教育から労働へのトランジションとその後の雇用状況にあわせた変化を経験してきた。

　このような状況から、日本の研究者は、職業アイデンティティの形成をより注意深く検証するようになった。それまでと比べ、職業アイデンティティ

の領域は以前よりも多くの日本人にとって人生のより早い時期に重要となっており、より個人化されている。教育アイデンティティ（*educational identity*）を領域として扱い、教育アイデンティティのスタンスを不活性からプロアクティブまで幅をもって操作的に定義する一連の研究がある。その研究では、伝統的に人びとのトランジションが高度に構造化されている社会、そして「選択」を早期の教育の中での正しい学校へ入るための競争の成果（アウトカム）へと変えてしまう社会では、多くの学生が教育と職業の領域において個人化されたアイデンティティを発達させることが困難となることが明らかにされた。若者の中には、この不安定で個人化された状況を耐えられないものとし、しばしば親の家を決して離れない極端な社会的撤退を経験する「ひきこもり」（*hikikomori*）と呼ばれる者もいる[41]。

Box 5.3　自尊感情に価値を置くのはアメリカの強迫観念なのか？

　自己発達についての研究文献は、自文化中心主義であるとする批判による攻撃を受けやすい。自己発達、そしてとくに自尊感情についての研究は、大部分がアメリカの白人中産階級の青年期の若者を対象におこなわれてきた。そのような研究における潜在的なバイアスには、深刻な悪影響がある。初期の研究は、青年期の女性が自尊感情の問題を抱えているという大きな学術的関心と公の不安を生じさせた。しかし、最近の研究では、そのような知見は主に白人の女性にあてはまることが示唆されている。アメリカの白人女性が、広告が描くような美とセクシュアリティの非現実主義的な基準をモデルとして行動しようとするからかもしれない。

　最近の研究では、さまざまなアメリカの民族集団を検証し、黒人の青年期の若者が白人の若者よりも高い自尊感情をもっていることが明らかにされている。同様に、黒人と白人の若者たちはともに、ラテン系・アジア系アメリカ人やネイティブ・アメリカンの若者たちよりも、高い自尊感情をもっている。特筆すべきは、青年期の女性で若者の早期の不安がある場合、黒人の女性は白人の女性よりも自分の身体イメージについてはるかに満足しているという知見がある（満足している割合は、黒人女性が70%、白人女性が10%であった）。これは、アフリカ系アメリカ人の間で「太りすぎ」であることが、受け入れられているからかもしれない[42]。

　若者の間にある自尊感情についての不安は、個人であること（*the individual*）についての一般的なアメリカ人の強迫観念であるのだろうか（Box 2.1 参照）。確

かに、そのような関心をアメリカの学校に見いだすことができる。そこでは自分自身に価値を見出す若者ほど、学業的にも社会的にも良い結果を出していると想定されてきた。自尊感情の予防接種効果 (*inoculation effects*) が普遍的なものであるとの想定には裏付けがないままである (第8章参照)。それどころか、研究が示すのは、アメリカ社会の特異性である。アメリカは、おそらくはその高度な個人主義のために、自尊感情への関心に関して他の欧米社会とは際立って異なっている。また、青年期の自尊感情に価値を置く点でアメリカと他の欧米社会との間にはギャップがある。このギャップは、自己批判が良き性格の印として自尊感情よりも重きが置かれる日本のような非欧米社会との比較ではさらに大きいものとなる[43]。

　次章では、プロアクティビティの文化差の論点に立ち戻る。後期近代が欧米に影響し、ますます東洋にも影響しているところで、後期近代への適応について考察する。また、第8章ではアイデンティティ形成における文化差も検討する。

結論：エージェンティック・アイデンティティ

　エージェンシーを理解するアプローチは急激に変化している。到達する結論はその研究者の学問分野の想定を反映している。哲学者は自由意志に関する結論に到達し、心理学者はエージェンシーに関する別の結論に到達し、社会学者は社会構造の中の個人の機会への効果について別の結論に到達する。また、各学問分野の中でも、政治やフェミニズムや文化のさまざまな理論的想定にしたがって「エージェンシー」の性格と役割に関する論争がある。多くの学者がただ一つの要因で説明しようとすることに限界を感じている。さまざまな構造とエージェンシーの相互作用が生じるところで、エージェンシーと構造の関係の微妙な違いと文脈に基づいた定式化が必要であり、論争の状況は変わりつつある。構造とエージェンシーの相互作用が含むのは、発達的文脈主義が研究する相互作用である (たとえば、第3部で論じられる適合度 (*goodness of fit*))。また、資源を備えた人が社会階級の移動に関して、どのよう

に社会構造を突破するのかについて、社会学が研究する構造－エージェンシーの相互作用も含まれる。アイデンティティ形成論簡易版によって提起される領域特有のプロアクティビティという一般的概念は、アイデンティティ形成におけるエージェンシーの役割を理解するのに適したアプローチである。さらに、それは変化してきた定義や学問分野の想定の歴史の重荷を背負わされていないのである。

第6章　アイデンティティ資本

後期近代社会への戦略的適応

　人間は文字どおりの意味で社会的動物である。たんに社交的な動物であるばかりでなく、社会のなかでだけ自己を個別化することのできる動物である。

カール・マルクス[1]

　アイデンティティ資本モデル (Identity Capital Model: ICM) は、自我アイデンティティ、個人的アイデンティティ、社会的アイデンティティを戦略的に管理運営する方法を研究する視点となる。これらのアイデンティティの戦略的な運営は、ある社会における労働力——そして、より一般的には成人期——のようなさまざまな制度的文脈に適した資源の「ポートフォリオ」を開発し、運営し、実行することに関わっている。アイデンティティ資本モデルの基本的な前提は次のようなものである。多くの役割と地位がほとんど厳格に帰属されていないような社会(たとえば、前の世代から次の世代へ職業が継承されない社会)では、文脈に特有の資源がとくに重要となる。そして、そのような社会では帰属プロセスにとってかわるような規範的構造はほとんどない。後期近代社会はまさにこのタイプであり、規範構造は弱く、アイデンティティ形成は複雑になり、機能する成人期への通路は不安定になり、さらには居心地の悪いものとなっている。本書ではこのような理由から、後期近代社会に関心を向けていきたい。

　後期近代社会のこのような状況に取り組むため、アイデンティティ資本モデルは初期の社会科学の知見に基づき、統合的で学際的な社会心理学の枠組

みを採用する。基礎となる知見とは、自己呈示におけるアイデンティティ管理のテクニックについての象徴的相互作用論モデル（第1章）、後期近代の社会学的な見方（第2章）、アイデンティティ形成についての発達心理学的アプローチ（とくに、これまでの章を通じて見てきたエリクソンの知見）である。

　アイデンティティ資本モデルは、象徴的相互作用論から（ウィリアム・ジェームズにまで遡る）プラグマティズムの想定を受け取っている。その想定では、人は意味を探し求め、問題を解決し、目標に方向づけられている。人は自分の環境に適応するために障害に打ち勝ち、さまざまな機会を活用する実践的な仕方で能力を用いることができる[2]。

　アイデンティティ資本モデルは、後期近代理論にしたがって、伝統的な規範構造が姿を消し（cf. デュルケムのアノミー概念（*anomie*））、人はリスクと機会に直面しており、自分のアイデンティティを個人化する必要があると想定している。

　アイデンティティ資本モデルではエリクソン派の影響から、次のように想定している。役割型の社会構造から具体的な要求がある人生のさまざまな時期（さまざまな段階）を進んでいくにつれ、人は自分にとって意味のある成長を生み出すよう、自分の人生の葛藤を解消しながら探求していく。成人期において、このような社会構造からのさまざまな要求には、責任ある生産的な多くの役割を想定すること、親密な諸関係を発達させること、そして共同体（ローカルな共同体など）に貢献するといったことが含まれる。

アイデンティティ資本モデルの起源

　アイデンティティ資本モデルは、著者（James Côté）[3]自身がさまざまな文化的な文脈の間と社会構造の障壁をくぐって移動してきた人生経験をもとにしている。とくに、小さい町の労働者階級（工場労働者）から大きい都市のミドルクラス（学術専門研究者）へ移動した経験とかかわっている。ある社会階級の文脈から別の文脈へトランジション（移行）するには、構造的障壁を「突破すること」がしばしば必要になる。このようなトランジションの場合、移動す

る人が言語・態度・習慣そして文化資本（*cultural capital*）の基礎に立って、外集団から判定されるという社会ダイナミクスを理解することが必要となる。新しい形態の文化資本を学習し提示することは、エリクソンがエージェンシーの重要な基礎とした自我総合スキルと自我実行スキルを含み、認知スキルと印象管理スキルを必要とする。これから論じていくように、さまざまな「アイデンティティ市場」の通路を通り抜けるために他の形態の資本（または資源）と結びつく際には、文化資本はアイデンティティ資本の一部をなすと考えられる。

　アイデンティティ資本モデルもまた発達的文脈主義[4]に影響を受けている。アイデンティティ資本モデルの以前のモデルでは、学生の成長についての統合パラダイム（the Integrated Paradigm of Student Development）が開発され、実証的に検証された[5]。学生の成長についてのモデルは、学生たちの個人的な労力が能動的な教育的関与（*involvement*）を通じ、構造の障壁を乗り越えたり打ち勝ったりするとしている。後期近代の社会は社会階級などの不利な状況による障壁を生じさせつづけているけれども、大学のような制度は開放的であり、そこでは発達の労力を適合的な文脈へ適応させ、構造的障壁に打ち勝っていくことができる。

　Box5.1で説明したように、いくつかの構造の障壁が浸透しているため、カナダのような国ではここ数十年の間に重大な変化が起きている。カナダの研究によれば、親の教育水準——収入ではなく——が子の大学進学のもっとも強力な予測指標である。さらに経年で見ていくと、第一世代の大学生（家族の中ではじめて大学に進学する学生）の間で大学進学に有意な増加がある。たとえば1986年から2009年の間、卒業時に25歳から39歳でカナダ生まれの第1世代の大学生は12%から23%へ増加しており、それに対して親の少なくともどちらかが大卒の学生は44.7%から55.8%へと増えている[6]。

　しかし、進学率の改善にも関わらず、多くの国々で最近の大学環境はいまだに「中産階級の経験」[7]となっている。たいていの学生の親は中産階級の中の下位のサービス職業から上位のプロフェッショナル職業についており、たいていの教員は中産階級以上の出自をもつ。不利な出自をもつ学生たちを助ける方法を学ぼうとすると、このような相対的な均質性から次のような興味

深い疑問が生じる。

1. 家族の出自が似たような学生たちの教育成果（アウトカム）や職業成果（アウトカム）に違いが出るのはなぜなのか（成果は、明らかに家族のような社会構造の機会によって完全には決定されない。とすれば何がそれらの成果を説明するのか）。
2. 私たちは、教育ルートを通じて成人期へ向かう中で、人生のチャンスを最大化する戦略について、自分の子どもが相談してきた時に何と勧めれば良いだろう。
3. 教育機会を有効活用し、成功している人から、何を学ぶことができるだろうか。

　1つ目の問いが提起しているのは、個人間の差異という論点で、心理学者にはなじみ深く、社会学者にはなじみの薄い論点である。大学の文脈では社会階級の差異は最小化され、それによって構造の要因の影響は制約されている。そのため、大学生の研究ではエージェンシーのような心理的要因の影響に対する個人の違い（*individual variations*）をより適切に検討できる。初等中等教育や階級障壁が明白ではない社会においてさえ、社会階級間での「教育上の地位競合」が大規模に生じているとすると、中産階級の学生は、事実上、大学レベルでお互いに競合しており、中産階級の階級内の競合に関連する他の変数を検証することが重要となる。

　2つ目の問いによって、ともすれば人の人生を抽象的に扱うことで満足しがちな大学教員に対し、現実の教育成果を問うという論点がもたらされる。たとえば教育専門家が中等教育で脱能力別クラス政策——あらゆる出自と能力レベルの生徒が同じ教室で学ぶという政策——を擁護しておきながら、現実には自分の子どもを私立学校に進学させて「より良い」教育を受けさせて教育から仕事へのトランジション（移行）に結びつく地位競争で有利になろうとすることを私たちは知っている。

　したがって、アイデンティティ資本モデルの目指すことの1つは、出自に

よって定義される学生カテゴリーではなく、すべての学生一人ひとりの究極の幸福への関心という実際的なレベルへ「何が有利で、何が不利か」という論点をもち込むことにある。アイデンティティ資本モデルは、子をもつ親がアドバイスするのに有用である。また、大学から仕事へのトランジションに直面して何をすることが最善であるかと若者に尋ねられた大学教員にとっても有用である。親たちと社会科学者たちは、後期近代の教育システムの批判を示したり、構造－エージェンシー論争の複雑さを指摘したりすることよりも、具体的で明確なことを若者に伝える必要がある。

　最後に3つ目の問いは、アイデンティティ資本モデルの開発と検証の研究プログラムに導く。教育から仕事へのトランジションにおいて地位の競争の文脈に巻き込まれている人に向けて、何が有利になり何が不利になるのかを明らかにし、何がうまくいって何がうまくいかないのかを勧めるようにするべきだろう。重要なことは、この地位競争は必ずしもゼロサムゲーム（*zero-sum game*）ではないということである。ただし、医者のように、求める人の数に対してほとんどの人が訓練を受けられない職業に就こうとする場合は別である。アイデンティティ資本モデルが目指すことは、最適な人－文脈の適合を見つけるためにどうすれば自らの個人的な資源を最適に活用できるかを理解することにある。多くの場合、最良の適合は高い地位のプロフェッショナル職業にはない。この情報は価値ある情報となるだろう。親の地位にかかわらず、最適でない目標を追求してしまうと、かなりの時間と労力を費やすことになりかねない。実際、最良の適合が他のところに見つかる（たとえば、貿易、芸術、工芸など）なら、プロフェッショナル職業の地位をめぐる競争から離れるほうがよい人もいる。アイデンティティ資本モデルは、人が考えなしに実利主義的な目標を追求することを主張するものではないし、人びとが自らを疎外・搾取するキャリアに適合させていくことを主張するものではないことを強調しておく。

アイデンティティ資本モデルの根本想定

　ライフコースのトランジションと機能に対するアイデンティティ資本モデ

ルのアプローチは、アイデンティティの（発達）心理学と（後期近代）社会学の知を統合する。社会学によれば、従来の規範構造と共同体構造を浸食するグローバル経済と政治的変化——より最近では新自由主義的資本主義（*neoliberal capitalist*）——の結果として、後期近代社会（とくに欧米社会）におけるライフコースの個人化が強まっている。第2章で記したように、個人化プロセスは規範的な脱構造化プロセスとして機能する。すなわち、社会が再組織化を経験するにつれ、古い規範は廃れていく。そして、統合的な絆を確立するような共同体を見出すことを含め、人生の主要な決定をする際に自分で取り組ませることになる。個人化したライフコースは、個人的な好みや選択に基づくライフスタイルや価値観を伴う[8]。したがって、後期近代社会で生じる規範的な成熟のコースは、人が自分自身のライフコースを切り抜ける（目標を設定し達成していく）ことに関して自己決定的で自立的な「個人」として発達することを強制している。

　アイデンティティ資本モデルによれば、個人化されたライフコースへのスタンスには個人化不履行から発達的な個人化までの幅がある。第5章で記したように、個人化不履行は最小限の抵抗と労力による抜け道であり、人は何もしないことの結果として自らにもたらされた決定を「受け入れる」。そして今度は、労力の欠如が成人期アイデンティティと共同体での成人期コミットメントの形成の遅れや受動的な形成へとつながる。それに対して、発達的個人化は個人的な成長と人生プロジェクトにプロアクティブかつ戦略的なアプローチをとり、大人の共同体の中の居場所を見つけることへとつながる。個人化不履行から発達的な個人化までの幅を概念化すると、エージェンシーを働かせて構造を突破する「開かれた」発達的文脈（たとえば大学）の潜在的な恩恵を活用するところで、人びとがどれほどアクティブとなるかによってエージェンシーの潜在的な可能性に幅のあることが理解できる。

　アイデンティティ資本モデルはブラックボックスからエージェンシーを取り出す。エージェンシーの能力や構造の中で生じる人と文脈との相互作用を考慮せずに構造を強調する社会学のアプローチよりも、構造的障壁についての微妙な違いを見ることができる。たとえば高等教育の環境における人と文

脈の潜在的な効果に関して、アイデンティティ資本モデルは、そのような文脈が制度の習性や教育の哲学などによって変化する可能性を見ることができる。また、それぞれの環境の中で自己探求や自己発達の機会が変化する可能性についても見ることができる。発達的 - 文脈的な予測では、成長が生じるのは社会階級の出自やそれまでの能力レベルに関わらず、個人が教育環境を自らの特徴に適したものを見つけられる場合である。具体的には、特権のない出自の不利な状況にもかかわらず、大学の文脈と自分が発達的に適合したものと見るならば、アイデンティティ資本を獲得することができるだろう。

　さらに、アイデンティティ資本モデルは、若者にとってアイデンティティを個人化する必要性が潜在的な恩恵とリスクをもたらすことも認める。後期近代社会は(性的志向に関する制約のような)伝統的な規範による制約から多くの自由をもたらす一方で、社会階級などの「古い」構造の障壁と結びついた障害に打ち勝つよう助けるものはほとんど提供しない。

　したがって、誤解のないように、アイデンティティ資本モデルが次のように想定していることを強調しておかねばならない。個人化は、規範による制約からの自由と過去に帰属されたりスティグマとして刻印されたりしたアイデンティティからの自由(*freedoms from*)を伴う。しかし、社会階級上の不利や人種的・性的差別のようなシステムによる障壁に対する自立を追求することへの自由(*freedoms to*)を与えるわけではない──いくつかの国でそのような障壁のいくつかが攻撃されているとしても、そのような自由を必然的に与えるわけではない(たとえば、カナダでは同性婚は 2004 年から合法となっているが、他の地域への拡がりは遅々としている)。

　さらに、個人化する自由は、構造の相対的な欠如(*a relative lack of structure*)のために生じている。構造の相対的な欠如が、深刻な困難となる人もいる。その一方で、障壁によって不利な状況に置かれている人にとっては、階級・人種・ジェンダーをめぐる持続的な社会的障壁はきわめて望ましくない構造(*too much unwanted structure*)となる。規範的な構造における具体的な欠陥には、以下のようなものがある:

- 規範とイデオロギーの消失 (たとえば男性であることと女性であることが何を意味するか [ジェンダー]、親密な関係を構築することについての慣習 [結婚]、自分のセクシャリティをどのようにするかについての手引き)
- 制度の間の結合の分離 (たとえば教育から仕事へのトランジションにおける曖昧さと袋小路)
- 脱構造化する社会指標 (たとえば成人期へのトランジションの間の離家や雇用確保や家族形成のような出来事の共同体からの承認)

　後期近代の文脈においては、規範構造の欠如と昔からの構造的障壁の未解決の重荷とに対処するために個人が奮い起こすことができるような資源が不可欠である。アイデンティティ資本モデルは構造との関連で「エージェンシーのブラックボックス」を開け、次のことを提起している。後期近代の文脈では発達的に獲得された個人的な資源が重要になる。とくに、さまざまな社会的文脈を通じてエージェンシーを働かせて移動し、社会的文脈を切り抜けることを促進するような心理的資源が重要になる。発達のある時点で獲得された内的な資源は、後期近代の文脈と具体的に結びつき、その後エージェンシーを働かせて課題を修得できる。早い段階で課題の修得と結びつく高次の自我の強さは、将来の恩恵につながる挑戦的な課題を実行するのを助けることができる。課題修得と結びついて人生における目的の感覚をより強くもつと長期の計画立案を促進することができ、その後の高次の個人的な目標や職業目標を達成する見込みが増える。**Box6.1** はアイデンティティ形成にマタイ効果 (*Matthew effect*) を適用して、成長－向上効果を説明している。

Box 6.1　マタイ効果と成人期の遅延
　アイデンティティ資本モデルの発達の想定はマタイ効果と対応している[9]。長年の知恵を映し、この用語は新約聖書 (マタイ 25: 29) から取られている。「もてる者はさらに与えられ豊かになるが、もたざる者はもっているものまで取り上げられる。」本質的には、この一節は「富める者はさらに富み、貧しい者はますます貧しくなる」という格言を反映している。
　遅延する成人期へのトランジションにおけるアイデンティティ形成に適用

すると、マタイ効果による予測は次のようになる。10代または20代の前半でアイデンティティ形成問題をプロアクティブに解決することができる人は成人期へとより意識的に移ることができ、自分の成人期アイデンティティからより多くの恩恵を享受する。逆に、10代と20代の前半でエージェンシーに基づくアイデンティティ形成を力強く始めることのなかった人は、成人期のあいだずっとアイデンティティ形成問題に取り組むことになり、適したタイミングで解決していれば得られた恩恵を逃すことになる。鍵となる要因は、大人の役割が利用できるのか、どのように利用できるのか、そして大人の役割を独力で鍛えなければならないかどうかである。

　他の研究から、潜在的な「遅咲きの人」すなわち30代になるまでにアイデンティティ問題で十分に前進しない人は、社会の職業システムと社会構造における感情面での健康と統合に関して、もっとも苦しむことが示唆されている[10]。第8章と第9章で見るように、「創発的成人期」に想定されている恩恵を経験しようとして大人の役割を担うのを遅らす人は、裕福であれば、カウンセリングを要する深刻な問題に直面することもある[11]。

アイデンティティ資本の資源

　アイデンティティ資本の資源は、社会学的な資源と心理学的な資源に分けられる。社会学的な資源はどちらかといえば有形となり、心理学的な資源はどちらかといえば無形である。

　有形の資源（tangible resources）には、両親の社会階級・富・ネットワークに由来する帰属された地位または授けられた地位、具体的な社会関係資本（*social capital*）ネットワークと関連するその人のジェンダーと民族性、その人が獲得した資格証明、仲間ネットワークとプロフェッショナル・ネットワーク、その他の評価の高い指標といった獲得した地位または到達した地位などが含まれる。有形の資源には、地位を象徴[12]するような物質的な所有とエリクソンが印象管理スキルと社会的スキルを含む自我実行能力と結びつけたその人の呈示できる行動パターンが含まれる。たとえばカリスマ性のある人は、良い俳優や役割演技者のように呈示できるのでとくに有利である。Box 6.2は、利用できる選択肢が変化するにつれて地位に基づくアイデンティティの呈示がどのように変化していくかを説明している。

Box 6.2　時間が経過する中でのアイデンティティ呈示：個人的呈示の民主化

　多様で時に矛盾する聴衆の間を動くためには、アイデンティティ資本スキルとしての印象管理を行使することが有益だとする研究もある。文化・社会的な地位のイメージを投影したり、印象管理のために物質的・文化的な対象がどのように用いられるかについて説明するのに、アイデンティティ資本の概念を用いる研究もある。伝統社会では、豊かな人だけが注意深く構築されたアイデンティティ呈示のための物質的な手段を有していた。しかし、後期近代では、文脈にふさわしいイメージを投影するために衣服や宝石類や自動車のような有形の資源を操作し、有形の資源を「望ましい社会的・文化的・制度的領域へのパスポート」[13]として用いている。

　同様に、アイデンティティ資本のアイデアがインターネット上でのアイデンティティ管理を理解するのに有用であると書くブログもある。ブログの著者は次のように記している。

　　インターネット上での階層構造の欠如は、その人がどのように社会化しているか（社会関係資本、文化資本、人的資本とどのように結びついているか）の重要性を最小化している。［そのため］職場で吊るしている称号の量や運転している車の種類や所属している「クラブ」の数といったものよりも、その人の思考の力、その人の知識の力、そしてそれをいかに呈示するかが重要となっている[14]。

　無形の資源（intangible resources）には、自我の強さ、統合的な統制の所在、自尊感情、人生における目的の感覚、批判的思考能力、認知推論能力、社会的視点取得、道徳的推論能力が含まれる。それらはすべて、エージェンシー[15]すなわちエリクソンが自我総合能力と結びつけた文脈固有のさまざまな要素を構成する。無形の属性の共通の特徴は、ばらばらの多面的なトランジションを伴う後期近代ライフコースを通じて、共通に直面するさまざまな障害と機会を理解して切り抜けていく認知能力をもたらすところにある。視点取得スキルと道徳的推論スキルがアイデンティティ資本モデルにおけるアイデンティティ形成にとって重要となる。相互視点取得とその恩恵につながるよう社会的範囲をより広く統合することを促進するからである。そして、有形の

資源がアイデンティティ維持の戦略を支えるのと同じく、これらの自我総合能力が先に同一化した自我実行能力を強化する。

　アイデンティティ資本モデルで最善の場合、個人化する人は、「アイデンティティ投資」によって有形の資源と無形の資源を結合し、後期近代の制度による欠損を利用したり、補ったりする。アイデンティティ投資は、お金、能力、外見、相互作用スキルといった「交換可能な」資源の基礎の上で「自分が何者か」を戦略的に発達させることである。アイデンティティ交換は、具体的な状況における演者の相互承認に関わっている。たとえば教授がある学生に良い成績をつけて推薦状を書き、その学生の達成と潜在的な可能性を承認し、そのお返しに学生がその教授の権威と優秀さを保証するよう支持して称賛する身振りをするといったようなことである。

　有形の資源には、役割のトランジションなどの機会における親の社会階級（この場合、有利な階級）と親の財政援助が含まれる[16]。戦略的に交換可能な資源には、エージェンシーに関する属性、それまで手にしたアイデンティティ資本、情動発達のレベルと認知発達のレベルと同様、ジェンダー、民族性、他の既存の集団メンバーシップなどが含まれる。これらの資源のすべてが資産表として見られ、成人期へのトランジションを含むさまざまな「アイデンティティ市場」に出入りできる。成人期前期の間に、アイデンティティ資本は戦略的交換を通じて獲得されることが実証されている。そのようなアイデンティティ資本には、成人期アイデンティティの解決、社会構造によるアイデンティティの解決、給料・仕事の満足度、望ましい個人的な発達、自分の人生プロジェクトの前進などが含まれる[17]。Box 6.3 は、「監査」目的のアイデンティティ資本の資産表の例を示している。

　最後に、アイデンティティ資本を獲得する最適な戦略を示そう。それは、すでにもっている資源を用いてさらなる資源を獲得していくこと、すなわち自分のアイデンティティ資本を合成することである。ただし、戦略的な行動は模倣やさまざまな文化的条件づけの結果であるため、その戦略を用いていることを自覚する必要があるわけではない[18]。しかし、自分自身の思考と行動について省察すると、それらの戦略についても意識的となる。このような

Box 6.3　アイデンティティ資本の資産表（ポートフォリオ）の監査シート

目標：
職業／キャリア
結婚／家族
社会／組織
ライフスタイル／他
これらの領域における現在の目標到達

資源

有形	無形／機能資本
人的資本：	*印象管理スキル：*
学位	言語能力；方言／アクセント
資格証明	話語
受賞	公的スピーキング（経験／能力）
個人的な才能／能力	知能（認知的／情動的）
職場スキル	
社会関係資本：	*道徳的−倫理的推論能力*
親の教育	共感（エンパシー）
親の豊かさ	視点取得
世代間譲渡に貢献する親との関係	経験の広い社会的範囲
仲間ネットワーク	
文脈的資源（＋／−）	*エージェンシーの能力：*
年齢	自尊感情／自己効力
外見	人生における目的
人種／民族性	自我の強さ（自己／衝動コントロール）
ジェンダー	内的統制の所在
セクシュアリティ	広いアイデンティティホライズン／
	低水準のアイデンティティ不安
	文脈的資源（＋／−）：
	パーソナリティ／性格特性
	（柔軟な）ハイブリッド・アイデンティ
	ティ（たとえば、民族と社会階級）

省察の労力を通じて得られるものは、時が経つにつれて、さらなる交換のための資源となる[19]。

　無形の資源がどのように発達して用いられるかを理解するには、無形の資源が認知－構造的／道徳－倫理的な能力（ピアジェ／コールバーグ）と心理社会的な能力（フロイト／エリクソン）に関して、発達的であることに目を向けることがまず重要である。そして、無形の資源の発達と活用は、社会環境による影響と結びつけて理解される必要がある。大学のような社会的範囲を拡大する環境は、無形の資源の成長と活用を抑制するよりもその成長と活用に寄与する。さらに、無形の資源は人びとに悪影響を及ぼす社会的影響に再帰的に抵抗したり、押し返したりすることを可能にする予防接種のような性質をもつ。このようにして、個人は自分の人生の伝記への著作権、人生の選択への責任をもつこと、自分の力で有意味で充実した人生を創り出すことといった感覚をよりいっそう発達させていく。このような課題が個人化プロセスの中心にある。そのため、アイデンティティ資本モデルは、個人化プロセスに直面している人にとってエージェンシーを理論化する方法となり、実証研究に支えられた理論概念を明確に活用することができる。さらに、無形の資源は、エリクソンの心理社会的な健康と発達の理論にとって根本的な自我総合と自我実行の能力と結びついている。その自我の能力がより先進的な道徳的－倫理的推論と結びつくと、その人の再帰的能力はそれまで同じ集団に属していなかった人との経験を広げる連携に適したものとなる。このような場合、個人のアイデンティティ資本の獲得は他者に利益をもたらし、さらにエリクソンが展望したような倫理的アイデンティティに向けた文化的進化につながる。

　2つの例を示して、アイデンティティ資本と状況とのレリバンス（関連性）の意味を説明しよう。1つ目は大学に入学した一年生の女性の例である。専攻プログラムによっては、女性であることが潜在的な資産となることもあれば、損失となることもある。たとえば、「冷たい雰囲気（男性が支配的な環境）」[20]の専攻では、女性であることでアイデンティティ交渉プロセスを抑制するような状況的損失をこうむるかもしれない。しかし、魅力的な女性であれば、

その損失を中和でき、女性であることを資産とすることもできる[21]。その女子学生が明晰であればあるだけ、その他の属性とあいまって、教員は彼女のことを真剣に考えるようになるかもしれない。レポートやプレゼンテーションの成績評価であれ、学生の潜在的な可能性を開花させる推薦状であれ、彼女をより好ましく評価するような会話へと誘うようになるかもしれない。

　しかしながら、この場合、魅力や明晰さのような有形の資源は必ずしもすべて投資されるとは限らないし、賢明に投資されるとも限らない。学生は間違ったコースを選択するかもしれないし、教員と十分な量の交流をしないかもしれないし、各コースにおける基礎を学ぶことに十分に専念しないかもしれないし、そして適切なスキルを獲得しようとしないかもしれない。そのような貧弱な計画と弱い志望は、目的喪失、低い自尊感情、臆病で不安な状態の結果かもしれない。原因が何であれ、結果は基本的には同じである。自分の資源を交渉・交換するために、特定の文脈で自分の時間と労力を賢明にまたは十分に投資することをしない。そのため、この文脈での関与の結果としてさらなる資産を生み出すことはない。その学生は、大学を卒業しないかもしれず、卒業したとしても成績はふるわず、自己管理や自己動機づけのような人的資本（*human capital*）スキルをあまり発達させずに卒業する[22]。他の卒業生と比べ、彼女のアイデンティティ資本の対照表は平均をはるかに下回り、教育システムから仕事の世界へトランジションしようとする際の競争で不利となる。さらに、困難さを増すトランジションを上手く切り抜けるような付加的な非学業面のアイデンティティ資本の資源を獲得することもないだろう。

　ここまでの例は学生の読者には共感を呼ぶかもしれないが、もう1つの例は教員の読者や専門職の地位を目指す学生にとって個人的な関連性のある例である。2つ目の例は大学教員の職へ応募する新米の博士号保持者に典型的な状況である。Y博士はZ大学で教員の職のための通知が求める資格要件をすべてもっているが、他の数十人もの博士号保持者もまた同じである。アイデンティティ資本モデルの観点からは、採用者と多くの非採用者の違いに関心がある。典型的には、人事委員会は、その大学と部門にもっとも「適合する」候補者を探している。したがって、採用されるかどうかは採用委員の

目から見て鍵となる点に関して「自分が何者か」にかかっている。人事委員
は、最初、はっきりともっとも明白な有形資産を示す候補者の履歴書だけを
見る（暗黙のうちに、人種とジェンダーを知ることになるが、明白には、学位授与機
関、出版物、学会報告資料、コンピュータや統計の特別なスキルなどを示す）。候補
者が面接に呼ばれた場合には、個人的なふるまい、明晰さ、専門職や部門へ
の接触などの有形資産を提示する機会を得る。さらに限られた候補者だけが、
パーソナリティ属性（カリスマ、魅力、自信など）、目標設定とキャリア目標の
点での短期戦略と長期戦略、部門の門番と信頼関係を築く能力などを含む無
形資産を示す機会を手にできる。社会関係資本（*social capital*）のネットワークが
あれば、最初の選抜を通過する。社会関係資本のネットワークは、鍵となる
採用委員の教員との間で、その候補者が学生であった頃や学会など（論文投
稿や電子メール・コミュニケーションなど）のそれまでの活動を通じて構築される。

　この説明を進めるために、Y博士が採用されY教授となったとしよう。彼
または彼女は、それからテニュア（終身在職権）へと昇進を得て学界を移動す
るというヘトヘトに疲れる課題に直面する。このキャリアの段階では、以前
に論じてきたアイデンティティの呈示があるが、今や、Y教授は研究とその
公刊に関する自身のキャリア戦略をとことん追求する能力があることを示さ
なければならない。そして投資戦略が上手くいっていることを示す現在の資
産表（履歴書）を維持する能力を示さなければならない。それらが上手くいっ
ていないなら、その人はより低い目標をもつ（たとえば、パートタイムの講師と
なる）か、目標を変える（たとえば、民間の研究職に行く）かしなければならない。
キャリアの初期局面の間、「自分が何者か」に関する自己呈示戦略は、契約
やコミットメント、その学問分野にふさわしい知性を伴う者であるようアイ
デンティティ呈示するといったことである。暗黙のうちには、自己呈示戦略
はまた「自分が何者でないか」すなわちトラブルメーカー、変わり者や「口先
だけのやつ」ではないことを示すだろう。

　学者のキャリアはアイデンティティ資本のかなりの投資を伴うので、アイ
デンティティ資本モデルの説明にはとくに有用である。学者のキャリアに惹
かれる者なら誰でも、次のことを知ることになるだろう。自分の時間の投資

方法についての一連の長期戦略（採用委員会には誰が座っているのか）と自分の
労力の投資方法についての長期戦略（どの研究プロジェクトがうまくいくか）を
最低限賢明にしたしても、学者のキャリアは困難と曖昧さとストレスを伴う
厄介きわまりないものである。いずれにせよ、アイデンティティ資本モデル
は、アイデンティティが帰属される文脈よりもアイデンティティが交渉され
るさまざまな文脈に具体的かつ一般的（質的かつ量的）に適用できる。

　要するに、アイデンティティ資本の資源をうまく使う際には理想的な集
団・目標・価値・スキルなどに関して「自分が何者か」に投資するのに何が「交
換可能」かを問う。たとえば発達的個人化に取り組むプロアクティブな人は、
社会的地位（例：成人期）、目標（例：財政的自立）、キャリア（例：教授）との関
係で「自分が何者か」について何が「交換可能」かについて省察的である。個
人化不履行の道をとる不活性または受動的な人は、そのような戦略や資源蓄
積について省察的ではない。そのかわり、自分の家族や学校の中の経験、そ
して仲間や大衆文化の経験から強制されるパターンに従うか、盲目的に後追
いしている。次の節では、この交換プロセスをさらに説明しよう。

後期近代アイデンティティ資本の仕事場のポートフォリオ

　この節では、後期近代の仕事場の「アイデンティティ市場」への統合に必
要な資源の資産表を具体化し、アイデンティティ資本モデルの機能を説明す
る。以下の3つの図で、アイデンティティ資本ポートフォリオ（identity capital
portfolio）の構成要素を説明する。3つの図は、アイデンティティ資本モデル
によって把握されるさまざまなスキルセットの場所と重要性を示す。労働市
場は地位を授与する資格証明の獲得に関して、ますますアイデンティティに
基盤を置いており、3つの図は、その労働市場に入る際に、さまざまなス
キルセットがどのように役割を果たすかを示している。かつては職業の業績に
は、「ハードスキル」の資格証明で十分と考えられていた。後期近代の労働
市場においては、競争がかなり激しくなっており、職業カテゴリーに参入し
て良い地位を維持するにはさらなるスキルが必要となっている。

ソフトスキル：エージェンシー＊

スキル

ハードスキル：　　　　　　　　　　　　　　　　ピープルスキル：
認知/運動　　　　　　　　　　　　　　　　　　社会/対人関係

＊自己効力/自尊感情；自己/衝動コントロール；目的・計画
　＝（後期近代における）機能的リソース

図6-1 後期近代の職場における3つのスキルセット

図6-1 は、後期近代の仕事場に求められる3つの一般的なスキルセットを示している[23]。三角形の頂点はアイデンティティ資本モデルで把握された「ソフト」でエージェンシーの（無形の）スキルである[24]。三角形の底辺では、「ハードスキル」と「ピープルスキル（対人関係スキル *people skill*）」が表示されている。ハードスキルは多くの仕事場の役割に従事するのに必要な認知能力と運動能力のことである。ピープルスキルは仕事場の環境で仲良くやっていくのに必要な社会的能力と対人能力のことである。この3つのスキルセットはすべて後期近代の仕事場への統合に必要である。それまでは多くの場合、とくに具体的で反復的な課題に方向づけられているような製造業や貿易の仕事においてはハードスキルがあれば十分であっただろう。現代の仕事場の主流はサービスに方向づけられており、管理職や消費者とやりとりする人の間で、印象管理スキルとともにチームワーク・スキルと交渉スキルが必要となっている。重要なことは、これらのソフトスキル（たとえば、自己効力や目的のような）によって表わされる個人的エージェンシーが他の形態の資本を実行に移すために必要であるということである。

図6-2 は3つのタイプのスキルを資本と資源に結びつけ、図6-1の中核的な三角形を拡張したものである。ハードスキルは人的資本（*human capital*）の

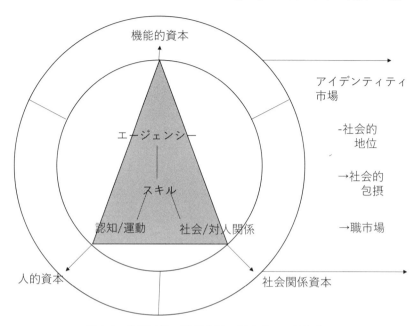

図6-2　後期近代の労働市場に対応する3対資本

一部と関わり、より技術的である。ピープルスキルは、社会関係資本（*social capital*）の本質的な構成要素と見ることができる。これら2つのタイプの資本は三角形の底辺にあり、「機能的資本」は頂点にある。機能的資本はアイデンティティ資本モデルによって把握された無形の資源からなり、それらは後期近代の仕事場へ統合されていくのに必要となる。これらの資源が機能するのは、これらの資源が仕事場の環境への統合を促進する場合である。機能的資本は人的資本と社会関係資本を実行に移すのに必要となる。機能的資本は機能する共同体（社会的包摂）と仕事市場に人を統合する承認された社会的地位を保障することによって、後期近代のアイデンティティ市場において人的資本と社会関係資本を実現させる。後期近代の労働市場の文脈において、この資本の三幅対は*仕事場*におけるアイデンティティ資本を構成する。そして、アイデンティティ資本は機能的資本と同様、人的資本と社会関係資本を含む包括的資源であると考えられる。

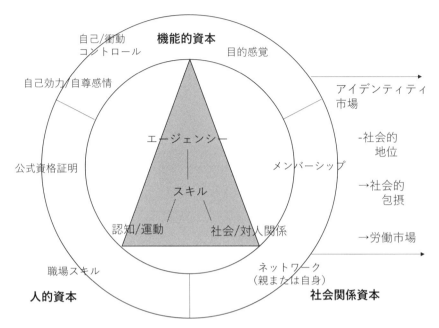

図6-3 後期近代の職場アイデンティティ資本ポートフォリオ

　図6-3は、仕事場におけるアイデンティティ資本を構成する3つの資本の構成要素を具体化することで図6-1と図6-2を仕上げたものである。機能的資本はアイデンティティ資本モデルで把握されたエージェンシーの資源（自己効力、自尊感情、自己調整、目的の感覚など）を構成する。後期近代のアイデンティティ市場は一般的には「社会的包摂」と関係し、具体的には仕事市場と関係しており、エージェンシーに関わる能力、メンバーシップとネットワーク（社会関係資本）、仕事場でのスキルと公式の資格証明（人的資本）が交渉・交換される。同時に、このモデルから「資格付与」されたスキルをもつ人びとが仕事を見つけることができないのはなぜか、構造的要因の罠か、さらには雇用を見つけるのにある社会関係ネットワークが常に助けになるとは限らないのはなぜかといったことも説明できる[25]。

　このモデルを具体的に組み立てるには無形の資源を一般的なソフトスキルと考え、有形の資源をハードスキルとし、政策論争の言葉に変換する方法が

ある[26]。これまではハードスキルを多くもつ人が十分に社会的包摂されていた。しかし、もっとも基本的な職業を除き、仕事市場に出入りする権利をもつには、戦略的にハードスキルを稼働させたり、ハードスキルとソフトスキルを組み合わせたりするためにも、ソフトスキルが必要となる。たとえば教育の資格証明は、従来であれば成功するのに十分なハードスキルの獲得を表わす有形の資源であるけれども、後期近代の労働市場において職業カテゴリーに参入し、有利な立場を保持するにはさらなるスキルが求められるのである。

　スキルセットの資産表を定式化する意図は、「(失業している)被害者を非難する」ことでも、構造的失業と結びつく抑圧のための新自由主義を許容することでもない。その意図は、社会的に排除され失業や不完全雇用にある人、社会的排除に向けられていながらもそれに打ち勝とうとしている人を手助けするためである。このような意図は、アイデンティティ資本モデルの起源から受け継がれるものである。アイデンティティ資本モデルは、上手く資源を交換し、資源を交換しようとして困っている人にその知識を渡す人から学ぶ方法である。スキルセットのアイデンティティ資本モデルの資産表の全体にわたる発達的な含意は次の想定に基づいている。つまり、その「市場」における人が受け入れられるには、正当性を獲得することを必要とする。そしてその正当性は、「社会的包摂」とくに仕事市場への参入をもたらし、キャリア・ラダーを上昇し、さらなるスキル証明書を手にする潜在的な可能性をもたらすような正当性である。

結論：戦略的アイデンティティのさざ波効果

　後期近代社会では古い規範構造と階級・ジェンダー・人種と結びついた社会的障壁がいくらか崩れている。アイデンティティ資本モデルは後期近代社会におけるライフコースのトランジションを理解する1つの方法をもたらす。多くの場合、これらのトランジションで人は自ら選んだ目標に到達するために文脈の中で個人的エージェンシーを行使することが求められる。それがで

きる人には、比例して人生のチャンスも増大するだろう。それができない人は、その程度に応じて人生のチャンスも小さくなるだろう。アイデンティティ資本モデルは、後期近代のライフコースを通じて新しい道筋をどのようにすればうまく切り抜けていけるのかを教えてくれる。この知識に基づいて、アイデンティティ資本モデルは、自分のライフコースを切り抜ける中で困難に遭遇する人、とくに不利な出自の人に向けて助言するのに有用である。アイデンティティ資本モデルは、制度的文脈の間の分離と断片化の影響を改善するような政策を勧告したり、介入を構造化したりする可能性のある枠組みをもたらす。アイデンティティ資本モデルはすでにカウンセリングや学校教育の現場で活用されている。それは、第9章で見ていこう。

　この章では、第4章で考察した道徳−倫理的発達の理論に言及していない。しかし、アイデンティティ資本獲得を単なる「自己中心的な」努力と見る必要はない。事実、次章で見るように、アイデンティティ形成にプロアクティブな人は高次の形態の道徳的推論をする傾向にあり、倫理的知覚に到達している。このような知見のエビデンスはないけれども、このことが何を意味するかを考えておく価値がある。プロアクティブなアイデンティティ形成と道徳 - 倫理的発達の間の共通点になるのは高度な視点取得の能力かもしれない。そうだとすれば、成人期へのトランジションの間に発達的個人化を引き受けてアイデンティティ資本をより多く蓄積している人は、自分に利益をもたらしただけでなく、その人が貢献する人生や共同体にも利益をもたらす。言い換えれば、発達的な軌道（*trajectories*）の一部としてアイデンティティ資本の資源をプロアクティブに獲得している人にもたらされる強さと利点は、彼らが自分たちの活動で道徳 - 倫理的推論を用いることで周りにも恩恵がもたらされる。その結果として、高い水準のアイデンティティ資本を発達的に獲得した人が共同体に多ければ多いほどさまざまな意味（たとえば、経済的、心理社会的）で共同体は繁栄し、そのような人の積み重ねた貢献が自分だけの利益や少数の恵まれた人の利益だけでなく「すべての人に恩恵をもたらす」状態を生み出すことだろう。このような推論の実証は、これまでの発達研究のように、個人レベルで実行できる。また、共同体を比較したり国全体を比較し

たりするようなマクロ・レベルでも実行できる。共同体や国の富・健康・ウェルビーイングは、心理社会的発達の点で卓越している人、そして人道主義的な労力と結びつく生産的な役割を通じて「共通の福祉」へ自らの幸運を分かち合おうとする人が一丸となって取り組むことでもたらされるかどうかという視点から検証することができる[27]。

第3部　成人期へのトランジション
発達的文脈主義を後期近代へ適用する

第7章　自己発達とアイデンティティ形成への最近の科学的アプローチ

成功の80%は、姿を見せることだ。

ウディ・アレン[1]

　エリク・エリクソンは、アイデンティティ形成の科学的研究に広がりをもたらした。エリクソンの研究には、児童期と成人期を結びつける主要な心理社会的課題は、活力ある成人期アイデンティティを発達させることであるという原理が含まれる。心理社会的発達に焦点を当てることで、エリクソンはアイデンティティの社会的な次元と個人的な次元と同様に、心理的な次元を認識し、アイデンティティ形成の包括的で多次元的な理論の種を蒔いた。社会・個人・心理という3つの次元は、成人期の発達の中の親密さ、世代継承性、統合とともに、児童期の発達の中の信頼、自律、自主性、勤勉さを含んでいる。ライフサイクル・アプローチ（*life cycle approach*）は各世代が先行世代と後続世代に対してもつ責務を強調する[2]。この責務によって、個人的なこと「よりも大きな」現象（たとえば、人類の福祉）の重要性がもたらされる。正確には、倫理的アイデンティティの基礎の重要性がもたらされる。

　エリクソンのアイデンティティ形成に関する研究から、科学的探究が生み出されてきた。本書は、エリクソンの業績から心理社会的機能の文脈で相互に関連する3つのレベルを引き出している。(1) 主観的／心理的な要素、すなわち時間的・空間的連続性の感覚とそれに伴う感覚を表わす自我アイデンティティ、(2) 個人的な位相、すなわち個人の間の差異を作る行動と性格のレパートリーに表われる個人的アイデンティティ、(3) 集合的な様相、地域

共同体やより広い社会で承認された役割によって規定される社会的アイデンティティの３つのレベルである。エリクソンにとって、アイデンティティ段階の時期にこれらの３つの構成要素が一体となることが必要であり、そうならない場合にはアイデンティティ危機となる。アイデンティティ危機は、アイデンティティ形成の３つの社会心理学レベルから、(1) アイデンティティの混乱という主観的感覚、(2) 行動における混乱や性格障害、(3) 地域社会やより広い社会における承認された役割へのコミットメントの欠落と特徴づけられる。したがって、アイデンティティ段階の解決策は３つの構成要素が噛み合うと促進される。すなわち (1) 自我アイデンティティの比較的確固とした感覚が発達し、(2) 行動と性格が安定し、(3) 共同体に承認された役割を手にすると促進される。

　そもそものはじまりとして、エリクソンは第二次世界大戦期の戦争トラウマ被害者の間のアイデンティティ喪失を治療している際に自我アイデンティティの概念を考え出した。その当時、戦争トラウマは戦争神経症と呼ばれていた。今日では、PTSD (心的外傷後ストレス障害) と呼ばれているものである。記憶喪失を経験している患者や記憶喪失の中で自分が何者かという感覚を失っている患者を治療している際に、エリクソンにひらめきが訪れた (**Box 7.1** は、トラウマが時間と場所についての知覚のレベルにどのような影響を及ぼすかについての例である)。あの戦争の後、エリクソンはアメリカ国民全体に問題のあるアイデンティティが広がっていく潮流に気がつき、近代社会における大流行と見えた「アイデンティティ危機」について書き記したのである。その後、エリクソンはアイデンティティ障害と「自分たちの中での戦争のために混乱の感覚をもつ深刻な葛藤を抱えた若者」[3] の経験との間に平行関係を書いている。エリクソンはまた、近代の科学技術社会と結びついた変化の激しさや疎外への「通常の」応答と見えるような成人期のアイデンティティ問題についても書いている。

Box 7.1　事故被害者の意識を評価するための緊急の手続き

　時間的－空間的連続性への医療アプローチは、日常の基盤の上に世界で自分自身をどのように経験するかについて、興味深いことを教えてくれる。事故の初期対応者、とくに頭部外傷に巻き込まれた人に対してするように意識の層をはがしていくと、自分を時間と空間に「位置づける」ことの重要さに気づかされる[4]。

　患者に意識がある場合、対応者は患者に (1) 何が起きたか、(2) 今の時刻、(3) ここがどこか、そして (4) 自分が誰かといったことについて質問し、患者の「状態レベル」を報告する。患者は、当面は体調が良さそうに見えることもある。何が起きたかわかってはいないものの、自己知覚的である場合、「レベル3」と報告される。状態がより悪い場合、患者が時間が分からず、何が起きたかわからないならば、「レベル2」と分類される。それまでのこともここがどこかもわからないと「レベル1」と報告される。もっとも深刻な場合はそのような事実がわからず、自分の名前もわからない場合で、「レベル0」とされる。

　この手続きによって、医療チームは外傷の深刻さを引き継ぐことができる。このことから、時間と場所が自己とアイデンティティの感覚にとって重要であることがわかる。「レベル0」と関連するような記憶喪失や深刻な分離は、非常に深刻な医療状況を表しており、その人は主観的に「アイデンティティをもって」いないのである。この状態こそがまさにエリク・エリクソンが研究の初期により広く「アイデンティティ問題」として警告していたタイプの状況である。

　したがって、そのような状況において最初に失われる感覚は、被害者の最近の出来事（何が起きたのか）についての記憶であり、その次が時間の感覚（今がいつか）、場所の感覚（ここがどこか）、最後に自分が何者かについての感覚（自分の名前）である。

　アイデンティティ研究の政治的アプローチと哲学的アプローチをとる研究者には、とくに現代の欧米社会（彼らはしばしばそのような社会を「ポストモダン」と呼ぶ）には、パーソナリティに対する「中核」のようなものはないのだと主張する者がいる（なお、この「中核」という用語が意味するところについてはさまざまな観念が伴う）。しかし、そのような主張は、現代の欧米社会に生きることが、頭を激しく打たれた時の兆候と等しい連続的で幅広い兆候を生み出しているという常識を無視してしまっている。「中核」がないとすれば、最近の出来事を自覚せず、今がいつかも、ここがどこかもわからず、そしてさらに問題なことに自分が誰かもわからずに歩き回っているということになるだろう。

　エリクソンの心理社会的な定式化をどのようにすればすべての文化に適用できるだろうか。エリクソンにとっては、いずれの文化においても、アイデンティティの安定性のもっとも重要な点は、社会的なものと心理的なものとの相互作用であった。人は何らかの活力ある社会的アイデンティティを必要とするのであり、特定の文化に自らを統合していくコミットメントに基づいて実行できる社会的アイデンティティを発達させると、時間と空間の連続性の心理的感覚すなわち自我アイデンティティが育まれるのである。自我アイデンティティの感覚がひとたび確立されると、人は社会的な葛藤や緊張という変動をいっそう和らげ、守られることとなる。この立場は、アメリカ合衆国のような個人主義的で選択志向の人に限らず、すべての文化におけるアイデンティティ形成を説明しているだろう。エリクソンによれば、すべての文化で、人は役割の承認と共同体への統合（コミットメントの保持）に基づいて自我アイデンティティの感覚を発達させることができる。

　この文脈でエリクソンの見方を表現する別の方法は、複数の文脈に応じて発達的に敏感な 3 つの形態の連続性という考え方である。すなわち、自我と自我自体との斉一性の感覚、自我と「他者」との相互関連性、一般に、他者の間で機能する統合の 3 つである。第 1 のタイプの連続性はエリクソンが自我アイデンティティという用語を創り出したときに考えていたものである（時間の経過を通じての自己斉一性の感覚）。連続性の第 2 のタイプはその人と他者の関係性に関わり、その連続性は個人的アイデンティティと社会的アイデンティティの安定性を維持する。自我アイデンティティの領域での不連続性は個人的・社会的アイデンティティの安定性を脅かす。その一方で、自我アイデンティティの強い感覚が有能な道徳的推論スキルと結びつくと、他者との関係が不安定な時期に支えとなる。

　第 3 のタイプの連続性は、ある共同体や集団の構成員の間のさまざまな関係の安定性を表わす。このタイプの連続性は、社会的組織化（*social organization*）と呼ばれることもある。社会的組織化がないと、社会的機能不全となり、後期近代社会の特徴でもあるアノミーと結びつくことになる。このような社会的要因は、人にとって外的であり、一般に、共同体の人びとの間の相互関

係の中にある。共同体の中のさまざまな関係が安定的であり連続していれ
ば、共同体の人びとの個人的アイデンティティと社会的アイデンティティは
保護されている。しかし、共同体のさまざまな関係が不安定で上手く機能せ
ず、アノミーの様相を呈するようになると、人びとの個人的アイデンティティ
と社会的アイデンティティはプレッシャーにさらされ、見直されることとな
る。とはいえ、重要なことは、問題のある共同体のさまざまな関係（「他者―
他者」の連続性におけるさまざまな問題）は成人期へのトランジション（移行）を
経験している人に対する発達上の困難を作りだすということである。このこ
とは、とりわけ「自我―自己」連続性（自我アイデンティティ）の強い感覚をも
たない共同体の若い構成員や、不安定な「自我―他者」関係[5]を深刻に経験
している若い構成員にとって問題となる。**Box7.2** は、ネイティブ・カナディ
アンの若者の間の自殺率の研究にこの原理を適用した説明である。

Box7.2　うまく機能している共同体の防護的な性質：自殺の場合

　多くの国において、先住民の自殺率は高い。しかし、先住民が*文化的*に公
民権を奪われていない国では、奪われている国よりも自殺率が*低い*[6]。地域研
究によれば、伝統的慣習に従う人びとや良い雇用と教育機会をもって部族共
同体で生活する人は、自殺率が有意に低いことが明らかにされている[7]。周辺
化された集団は、集団が社会的・経済的に組織化されていれば、若者のため
に活力あるアイデンティティの感覚を発達させるための土台を保存できるよ
うである。

　この防護的な要因については、ブリティッシュ・コロンビアでネイティブ・
カナディアンの若者を対象とする研究がある。自我アイデンティティの感覚
（この場合、ナラティブ手法を用いて測定された自己と自己の連続性の感覚）と部
族共同体が一貫した制度的構造の形態で「部族アイデンティティ」（他者と他者
の連続性）を維持する程度との間に非常に強い結びつきがある。この研究では、
先住民の若者の間での自殺は、文化的な連続性と統合性の形態を再構成する
ための共同体の労力の逆機能であると結論づけている。この研究では、若者
の自殺を減らす 6 つの防護的な要因を示している。6 つの防護的な要因がすべ
てそろっている先住民の共同体では、調査研究のおこなわれた 5 年間に自殺
がまったく見られなかった。逆に、それらの要因を欠いた共同体では、全国

平均の100倍の自殺率を示したところもある。防護的な要因とは、共同体が(a)伝統的な土地への先住民の所有権を保護すること、(b)一定の自治があること、(c)教育施設を自分たちで運営すること、(d)健康のサービスを自分たちで運営すること、(e)自分たちの警察と消防のサービスを運営すること、(f)自分たちに固有の文化を保存し豊かにする施設を設立することである。

　今や、欧米社会の大人の多くがアイデンティティの不連続性を問題として経験するようになってきている。不安定で弱く構造化された共同体と社会は、個人がアイデンティティを形成・維持することを困難にしている。本書では、ここにこそ、後期近代社会の最大の困難の1つがあると見ている。

後期近代における典型的なアイデンティティ形成の戦略

　個人は、どのようにして後期近代のアイデンティティの不安定化に適応していくのであろうか。個人が保有するアイデンティティ資本を反映した「戦略」の幅という観点から、この不安定化への適応を理解することができる。アイデンティティ資本の重要な要素は、逆境下であっても、プロアクティブでいることである。本章で見てきた実証的なアイデンティティ研究をもとにアイデンティティ形成の戦略を要約して示す。本書では、アイデンティティ形成論簡易版を提供するという目的から、ある反応傾向を共有する人の「まとまり（クラスター）」を表わすのに専門用語を用いることはしない。後期近代社会において個人がアイデンティティ形成と維持においてとるアプローチの幅は、次の5つのアイデンティティ戦略に分類される。わかりやすくするため、これらの戦略に拒絶者（Refusers）、漂流者（Drifters）、探索者（Searchers）、守護者（Guardians）、解決者（Resolvers）と名前を付けた。

　この類型を用い、次のことを説明する。(1) 歴史的にいえば、今日、成人期アイデンティティの形成はますます多様になってきている。(2) 成人期アイデンティティの形成はむしろカオスとなっている。(3) 実質上、すべての人にとって、今やこのプロセスは個人化された「戦略」を伴っており、その

ような戦略は注意深く意識的に計画される場合もあれば、個人の内的な葛藤や資源またはその欠如とともに継続的にもがく場合もある。

　拒絶者は、典型的には、一連の防衛を発展させ、成人期に入ることを「拒絶」する。防衛は一連の自滅的な認知的スキーマを含んでいる。このような認知的スキーマは、たとえば誰かへの依存や制度的セーフティ・ネットへの依存という未熟な行動パターンとなり、身動きできなくする。拒絶の戦略をとる人びとは、30代になってもまだ親と一緒に生活していることがある。職業スキルを獲得することを拒否し、政府からの手当てに依存していたり、犯罪の収益や地下経済に依存していたりする。また、いつまでも成人期以前の状態に留まることを*可能*にする友人たちや集団がいることもある。性格形成に関して、拒絶者は、児童期には社会環境に関与する構造と奨励がほとんどなく、青年期には知的・感情的・職業的に発達させる方法の手引きがほとんどなかった[8]。そのため、拒絶者には大人の共同体に能動的に関与していくための個人的な資源がほとんどない。成人期初期（20代と30代）に、大人の共同体における自分の立場を損なうような数多くの行動をとってしまう。たとえば重篤なドラッグ使用やアルコール摂取に陥ったり、何の障害もないのに安定した雇用地位を維持することをしなかったり、定期的に未熟なやり方（かんしゃく発作のような）で行動してしまったりする。もちろん、拒絶者は欧米の歴史を通じて共同体に存在していたが[9]、ここでの主張は、成人期のアイデンティティ形成の要求を拒絶することが増えてきているということである。拒絶者は、今日では、大人の責任を問う課題に直面したり、真っ当な手段で社会経済的な障壁に打ち勝とうと試みたりするよりも、都心で増えている若者ギャングの1つに避難したり、ドラッグに向かう若者文化に逃れたりすることが多い。

　大人の共同体への統合がない点で、漂流者は拒絶者と似ているけれども、漂流者は自分が活用することができる個人的な資源を多くもっている。個人的な資源には、高次の知能、家族の裕福さ、職業スキルといったものが含まれる。漂流者は、そのような個人的な資源を継続的・連続的に活用できないか、そのことに興味がないようである。漂流者は、順応することは「責任回避」

や「安売り」だと感じているかもしれない。あるいは、漂流者は自分が「あまりにも良すぎて」「規則にははまらない」と感じているかもしれない。理由が何であれ、その結果は多かれ少なかれ同じで、貧弱な衝動の統御、浅薄な対人関係、大人の共同体へのコミットメントメント方法がほとんどないといった成人期以前の慢性的な行動パターンとなる。後期近代においては、成人期アイデンティティの形成への要求に対し、漂流という方法で対応することが増えているようである[10]。

　拒絶者と漂流者の戦略とは対照的に、探索者は正当性のある大人の共同体を見つけることをあきらめていない。探索者は非現実的なほどに高い機能水準を満たす共同体を見つけられていないようである[11]。探索者は、慣習的に、自分自身への不満足の感覚に突き動かされ、この不満足が他者にも投影される。自分自身の中に完璧さを見つけることができず、共同体にも完璧さを見つけることができず、探索者は終わりなき永続的な旅に捕えられているようである。探索者は完璧さを主張する役割モデルを見つけるかもしれないが、完璧ではないところが見つかると、そのモデルに飽きてしまう。また、探索者自身の不完全さは、絶望の感覚を生み出し、他のところに目を向けるよう探索者を駆り立てられていくようである[12]。

　守護者は、拒絶者・漂流者・探索者とちがって、十分に構造化された児童期を経験し、その中で両親や共同体の価値観が完全に内化されている。この構造によって、守護者は、青年期の環境に能動的に関与し、成人期へかなり早く移るための個人的な資源を手にする。しかし、この内化された構造は、その人がアイデンティティ探求に抵抗し、脆弱な状態になったとしても、影響や変化を受けにくい。内化された構造によって、第1に、自分が感情的・知的に成長する発達的な経験を無視してしまう。第2に、親に過剰に同一化してしまい、成人期へのトランジションの間に自分が個として分化することが難しくなる[13]。第3に、大人として、自分自身の連続的なアイデンティティ形成に関して、過度に硬直したものとなってしまう。後期近代では、変化は人生の事実であり、ライフスタイルと意見における大きな多様性に遭遇する。硬直した方法で対処すると、自分自身にとっても、他者にとっても、あらゆ

る種類の困難につながりかねない[14]。伝統的で前近代的な社会は、一般的に、文化的連続性のためにメンバーに守護者のアイデンティティ戦略をとらせ、その一方で拒絶者・漂流者・探索者を分離的な社会化プロセスのアノミー的な帰結としていた。後期近代社会では、拒絶者・漂流者・探索者のほうがますますありふれたものとなっている。

　最後に、解決者は、後期近代社会のアノミーにも関わらず、そして他者が克服しがたいと受けとるような構造的障壁に直面したとしても、後期近代社会のさまざまな機会を利用し、成人期アイデンティティの形成プロセスにプロアクティブに関与する。解決の戦略は、その人の一般的な能力と関心に基づく知的・感情的成熟と職業スキルをプロアクティブに発達させることに関連する。解決の戦略はまた、その人の芽を出す能力を実現するために世界について学ぶことと世界の中から出ていくこととも関連している。もちろん、多くの人が解決者になる可能性があるが、さまざまな理由で抑制される（たとえば、子をもったり、親が教育に投資できなかった場合のさまざまなコミットメント）。しかしながら、そのような制約の中でさえ、通常、ある程度のプロアクティブな関与は可能である。実際、拒絶者や守護者が感じるようなプロセスに引き入れられない限り、解決者の戦略を試みることは後期近代社会においては不可避であり、後期近代社会は解決者型のアイデンティティ形成を積極的に刺激する（たとえば、教育システムの場合、人口のかなりの部分が中等教育を超える水準の教育に進学する）。環境が何であれ、解決者の戦略に傾いている人は自分が成長するよう切望し、自分が活用できる手段はなんであれ活用して成長する。この解決者の戦略への推進力は児童期に内化された構造をもとにしており、成人期へのトランジションの間には、自分の可能性に到達したいという願望と結びついた促進的な動機づけのマインドセットによって解決の戦略が推進される[15]。

　実証分析から、人口特性カテゴリーの違いごとに5つのタイプの割合が異なることが示されている。しかし、社会階級・ジェンダー・民族性のような社会学要因は必ずしもアイデンティティ戦略の性質を理解するのに重要ではない。たとえば漂流者は、相対的に裕福な階級出身で女性、マイノリティ集

団に多い。同様に、解決者は労働者階級出身のマイノリティ女性に多い。前期近代社会とは違い、後期近代のアイデンティティ形成は社会的属性によって制約されてはいない。漂流者や拒絶者のように個人化不履行の戦略をとる人は、どのような社会階級の出自であれ、すでに最下層でないかぎりは、出自となった社会階級を維持することはできないようである。

　実際、社会経済的な障壁に打ち勝って上昇移動するか、自分の両親の高い社会的地位を維持するには、解決者のプロアクティブなアイデンティティ形成の戦略が鍵となる。解決者と守護者は発達的個人化の軌道をとることが多く、社会移動または社会的地位や出身階級の維持に関して、発達的個人化によって恩恵を手にする。言い換えれば、裕福な両親や上流階級の出身であるだけでは、その人の成人期の地位が両親の地位を再生産することをほとんど保証しない。とはいえ、拒絶者・漂流者・探索者がもっとも下降移動を経験する傾向にあり、解決者と守護者が上昇移動や両親の社会的な地位の複製を経験する傾向にある。

　どのようなアイデンティティ戦略がとられようと、後期近代社会の市民は大人としての社会的アイデンティティの形成における連続的な困難に遭遇し、そしてひとたびアイデンティティが形成されればそれを維持する困難に遭遇する。さらに、後期近代社会においては、社会的アイデンティティは、ますますつかの間の不安定なものとなる。成人期を通じて維持される社会的アイデンティティさえ、他者からの承認を保持するために、ある程度の管理が必要となる。たとえば重要な他者との相互行為の中で適切なイメージが作り出されていること（繰り返し創り出されていること）を保障しなければならない。アイデンティティ管理は、親であること（子どものしつけを含む子育ての基準が移り変わる中で「適合」し「良い」状態であること）と同じように、役割にも必要になる。アイデンティティ管理は、職業の専門化（「よく売れる」「自分を売り出す」「冗長さなく」といった状態）と同じように具体的である。社会がますますアノミー状態となり、従来の規範や現代の規範に関する合意が消えつつある中、成人期アイデンティティの形成と維持は後期近代社会のすべての市民にとって困難なものとなっている。実際、このような状態が多くの個人にとっ

てより悪化したものであると信じるにたる多くの理由がある[16]。

　次節では、さまざまなアイデンティティ戦略を促進したり遅らせたりする重要な社会的な文脈を検討しよう。

発達的軌道 (*trajectories*)

　本書のアイデンティティ戦略のタイプ分けから、次のような疑問が生じてくる。自分の人生において得られる利益が戦略ごとにさまざまであるとすると、何が人びとに採用する戦略を決めさせるのだろうか。とりわけ、自分が不利になるような戦略をとってしまう人がいるのはなぜか。たとえば裕福な階級の出身であったとしても、アイデンティティ戦略が不幸な人生や貧しい経済的見通しにつながってしまう時、人生において目標を設定するのを避けたり、困難を引き受けたりしないのはなぜか。本節では、機会や障害をもたらす社会的な文脈に関し、アイデンティティ戦略の基礎を検討する。この検討のためには基礎理論に立ち戻ることが必要であり、第1章の内容を拡張していく。

自己とアイデンティティ

　本節では第1章で論じてきた理論に基づく自己発達とアイデンティティ形成についての実証研究を総合し、個人がどのアイデンティティ戦略をとることになるかを解説する。まず、自己発達から考察していこう。その理由は、成長軌道が生じるのは児童期と青年期であり、青年期以降のアイデンティティ形成の基盤となるからである。それに伴い、青年期後期と成人期前期の間に発達上の変化の最大限の可能性が生じるからである。言い換えれば、自己についての研究がもっとも良く適用できるのは、さまざまな自己の形態と自己概念・自尊感情・自己効力のための基盤が据えられる児童期から青年期前期である。そして、アイデンティティについての研究がもっとも良く適用できるのは、主に青年期後期と成人期前期で、たいていの成人期アイデンティティの総合 (*consolidate*) が生じる時期である[17]。

　発達的には、自己概念は若者が成人期アイデンティティへと総合するさまざまなアイデンティティ要素の積み立てブロックから構成される。この意味では、自己概念は、その固有性と具体性に関して、「アイデンティティ」ではない。アイデンティティは、より全般的であり、より抽象的な信念や価値観に沿って、自己概念や社会的役割や同一化といった具体的要素を総合する。したがって、自己概念は青年期前期から中期青年期の間に総合され、アイデンティティ形成のための基盤がもたらされる。アイデンティティ形成のための基盤において、自己概念は、より抽象的で一般的な社会的コミットメントへと総合される。自己概念の総合は、アイデンティティ研究者が成人期アイデンティティの内容の早期の基盤として研究対象としてきたものである。

児童期と青年期の間における自己概念発達

　第 1 章で論じたように、自己の感覚は児童期を通じて形成され、青年期を通じて潜在的に強化、合併、分化していく。青年期の間の分化は、児童期よりも、抽象的な特性により多くの焦点が当たり、*自己スキーマ*の形成へ達する―すなわち、自己概念を配列し、自己についての情報をふるいにかける認知構造を形成する。自分の自己の感覚を抽象化する能力は成長し向上する可能性をもっている。その一方で、この能力の発達が難しいと、自尊感情や自己効力の問題となってしまう。

　象徴的相互作用論に立脚する実証研究は、自尊感情[18]と自己概念[19]における水準と変化を評価すること、そしてそれらが他のパーソナリティ特性にどのように関連しているかを対象としている。実証研究によって、自己概念が青年期を通じて分化して抽象的となり、自尊感情は全体として強化されることが明らかにされている。それにもかかわらず、自尊感情と自己概念を明確に区別しておくことが重要である。自己概念は質的カテゴリー（たとえば、「私は学生である」）であるのに対し、自尊感情はそのようなカテゴリーの変動的な評価なのである（たとえば、「私は傑出した学生である／良い学生である／平均的な／劣った学生である」）[20]。

　自尊感情の概念は魅力があるけれども、自己概念のさまざまな領域（たと

えば、学生、アスリート、外見)において、自尊感情の*全般的*な測定で青年期の有能さの感覚を正確に評価することができるかどうかについては疑問の余地が残る。実際、アイデンティティ形成プロセスに能動的に関与していない青年期の若者は、これらの自己概念のさまざまな領域を横断して自尊感情を総括していないことが明らかになっている。さらに、分離した自己概念の領域は、各人にとって異なる重要さをもち、この重要さも日や状況によって変わる。それゆえ、自尊感情が(より正確に)具体的に測定される場合と同様、(やや正確さを欠いて)全般的に測定されたとしても、この測定上の問題がしばしば看過されているために、自尊感情の実証研究はそのまま真に受けることができない。

　しかし、実証研究によれば、ライフコースをならして見ると、高校生の自尊感情は平均以下で、大学生と大人は平均で、高齢者は平均以上であり、自尊感情は年齢に伴って増加する[21]。自己概念もまた、一般的に、年齢を通じて明確になり、分化していく。青年期前期から中期にかけて自己概念の明確さは揺れ動くようであるけれども、この揺らぎは、青年期前期の若者のほうが青年期後期の若者よりも矛盾をはらんだ自己概念をもっているためである[22]。青年期の若者は肯定的な経験とともに、異なった文脈がさまざまな主観的反応を引き起こすことを学び、さまざまな印象管理を必要とすることを学ぶ。したがって、青年期の若者は、「本当の自己」と「役割の自己」の間に違いがあることを直観的に知るようになる[23](Box3.2 参照)。

　青年期前期の間に自尊感情の低下が見られるのは全体の一部に限られており、たいていの若者は自尊感情の一貫した水準を保つか増大させる[24]。たとえば「発達のスケジュール通りの」思春期の兆候として、早熟な女性が自尊感情の低下を経験し、早熟な男性が自尊感情の増加を経験する[25]。低い自尊感情は青年期の若者の間の自殺念慮と自殺企図の重要な予測指標となるため、このような揺らぎはやっかいなものである[26]。

　青年期の若者の自尊感情は子どもや大人よりも揺らぎやすく、置かれている状況や対人関係に左右される[27]。そのため、「土台となる自尊感情」と「変化する自尊感情」を区別することが有用である。前者は自分自身の安定的で

全体的な見方を維持するレベルに関わり、後者は状況依存の自尊感情の感覚を説明するものである。

　最後に、自己発達研究の限界を慎重に認めておこう。アイデンティティ研究と同じく、自己発達研究のほとんどは主として白人の中産階級アメリカ人の回答者に基づいている。その結果として、自尊感情の状況への敏感さに関する知見は他の欧米人の回答者に一般化できるかどうかという問題を抱えている。欧米人の回答者の間の違いのエビデンスと自尊感情の発達の文脈的な含意については、次章で検討する。また、自己発達研究では自尊感情の重要性が早くから信じられていたため、いくらか誤解を招いている。最近の研究では、自尊感情が高くても、自尊感情の基礎が非現実的となったり間違ったフィードバックに基づいたりすると、ネガティブな効果をもつことも報告されている。すなわち、とくに教育や職業の能力といった個人的な能力と学業や職務の遂行上の能力に関して、自尊感情が現実的な自己診断に基づいていないと、ネガティブな効果が見られる[28]。第1章に記したように、若者の発達を支援する取り組みでは、自尊感情だけを対象とするのではなく自己効力を対象とすることがより重要である。

青年期と成人期前期における自己概念のアイデンティティへの変容

　アイデンティティ形成へのエリクソン派のアプローチでは、自己概念（と同一化）が青年期にアイデンティティへと変容すると想定する。エリクソン派のアプローチでは、アイデンティティ拡散／混乱とアイデンティティ統合／総合の二極の連続体の観点で捉える。最適な総合は、自我アイデンティティの相対的にレジリエンスのある形成につながり、筋の通った成人期（社会的）アイデンティティのための心理的基礎となる。実際、実証研究では、レジリエンスのある自我アイデンティティをもつ人が高い自尊感情と筋の通った自己概念をもち[29]、自己効力の感覚を抱いている[30]ことが示されている。したがって、アイデンティティ戦略に関して、解決者と守護者が有望な自己発達であり、漂流者・拒絶者・探索者はより多くの困難を経験する。

　子どもは役割モデルへの同一化にたよる傾向があり、そのような同一化は時間が立てば目標やコミットメントのまとまりとなる。同一化は関係的な性質があり、子ども自身の自己概念と重要な他者および一般化された他者の社会的世界とを結びつける。青年期における同一化は、関与の範囲が拡がるにつれて、一般化された他者の見方を拡げる。とはいえ、たいていの人にとってこのような拡がりは青年期を通じて生じるゆっくりとしたプロセスであり、一部の人にとっては成人期前期まで続くプロセスである。その中で、プロアクティブになればなるほど、環境の広い配列の中で自己概念の総合が迅速に生じることになる。

　したがって、たいていの人にとっては、相対的に統合されていない自己概念と同一化のまとまりとともに青年期が始まる。彼らのアイデンティティは拡散している（発端として、または一時的に、漂流者や拒絶者となる）。また、自分の親のアイデンティティへの強固な同一化に基づく自分自身の感覚をもっている人もいる（発端として、または一時的に、守護者となる）。青年期の間に若者は何らかの価値観と信念体系をもち、目標とコミットメントを定める。そのために自己概念と同一化を再編成し、自分のアイデンティティの感覚を強化する。その一方で、自己概念と同一化を再編成し、新しい自己概念や同一化を採用するこのプロセスによって、若者はエリクソンがいうところのアイデンティティ危機に陥り、不安定となる。この危機は探索者の戦略をとると終わりなきものとなるが、うまくいけば解決者の戦略をとるようになる。

　若者にとっては、自己概念のアイデンティティへの再編成は、そのプロセスの中でプロアクティブであるか不活性であるかによって異なったものとなる。ほとんどの若者にとって、このプロセスはどちらかといえば問題をはらむものである。それ以外の若者にとっては、この再編成は主要かつ断崖絶壁の人生イベントであり、長期的な変化能力と不安定性に関わる。エリクソンは、この再編成は深刻で悪化するアイデンティティ危機であり、青年期の疾風怒濤と呼ばれている事態であると説明した[31]。この深刻な危機が青年期の間に解決されると、発達上の恩恵にあずかり、危機を引きずると、その後の発達を狂わせ、多かれ少なかれあまりうまくいかない戦略（漂流者、拒絶者、

そしていくらかは探索者) をとることにつながる。

　実証研究によれば、青年期の若者の少数派だけ (10-20%) が探索者戦略と結びつくようなアイデンティティ危機を経験している[32]。ほとんどの若者は、成人期の大人として効果的に機能するようにアイデンティティ形成プロセスを進む。とはいえ、成人期のアイデンティティ形成プロセスは、今や、かつてよりも長く時間のかかるものとなっている。たいていの若者 (エリクソンが注目した例外[33] とともに) にとって、アイデンティティ形成は主に「青年期」の現象というよりも、(正統な) 成人期にまで延長され、成人期前期に漂流者と拒絶者の割合がますます多くなっている[34]。

　若者が青年期までにアイデンティティ形成に関して何の活動もしないと考える人もいるかもしれない。しかし、実際には何もしないというわけではない。少なくとも自己概念をより筋の通ったアイデンティティへと組み立てることに関しては児童期からある程度能動的でなければならない。第2章で記したように、青年期の若者の約30%だけがアイデンティティ形成において不活性と分類され、10代を通じて「漂流し」、その割合は青年期後期と成人期前期になると25%に下がり、成人期には約15%まで下がる。アイデンティティ形成が長期的に不活性となると、拒絶者のアイデンティティ戦略となる。大人世代はアイデンティティに関して約6人に1人が漂流者か拒絶者であり、その後、重要なアイデンティティ形成の経験をしない場合が多い[35]。

　対照的に、多くの若者は自分の親への連続した (能動的な) 同一化に基づくか (約20%) 価値観・信念・役割・コミットメントのプロアクティブな実験の結果として解決者となるか (10代後半で約20%、20代で30%、30代で50%) して筋の通った (coherent) 成人期アイデンティティへのアイデンティティ総合を何とか成し遂げる。コミットメントに基づくアイデンティティ形成の守護者と解決者のタイプをまとめて考えると、欧米諸国の若年成人の約50%と成人年齢集団の70%が守護者か解決者という筋の通った成人期アイデンティティを総合しているようだと推定できる[36]。

青年期と成人期前期におけるアイデンティティの総合

　エリクソン理論に基づく実証的なアイデンティティ研究の基礎には、次のような想定がある。成人期アイデンティティを形にしようとしながら、アイデンティティ段階にどれだけ能動的に取り組むかによって青年期の若者に違いが生じる。直観にそぐわない専門用語を使うよりも、以下の用語を用いることで青年期の若者と若年成人がアイデンティティ形成の課題にどのように取り組んでいるかを説明できる[37]。

- プロアクティブ (*proactive*) アプローチ (解決者)：計画や目的をもち、人生の先を見越して考える意志をもち、それによって将来の可能な自己とアイデンティティを探求・実験する
- 能動的 (*active*) アプローチ (守護者)：行動指針へのコミットメントの意志を含むが、探求と実験は伴わない
- 反応的 (*reactive*) アプローチ (探索者)：必ずしも人生の先を見越すことはないが、探求と実験を含む
- 不活性 (*inactive*) アプローチ (漂流者・拒絶者)：先のことを考えたり、実験や探求、コミットすることをためらうことが特徴[38]

　実証研究から、アイデンティティ形成の4つのアプローチに重要な個人的な差異と社会的な差異があることを突き止められた。ただし、4つのアプローチは発達上の階層性をなすものではない (不活性からプロアクティビティに発達することがよく見られるパターンであるけれども、必ずしもそうする必要があるものではない)。さらに、研究によれば、アイデンティティ形成の可能なさまざまな領域 (職業問題、宗教信念、政治的学習など) のすべてで同時にプロアクティブであるような人はほとんどいない。アイデンティティ形成の実験がうまくいかないこともあるため (職業上の計画が失敗するなど)、プロアクティビティが常に長期的なコミットメントとなるわけではない[39]。アイデンティティについての研究は自尊感情についての研究と同じく、構成概念の「全般的な」測定は具体的な領域の測定よりも信頼性に欠けるという難点に悩まされる。

それにもかかわらず、具体的なアイデンティティ領域へのアプローチよりも
課題全体の「全般的」なアプローチを試みる研究がおこなわれ、次のような
アイデンティティ活動へのアプローチの「ポートレート（肖像画）」が示されて
いる。

- プロアクティブ・アプローチをとる解決者の青年期の若者と若年成人は、
  他のアプローチをとる人たちと比べ、次の特徴をもつ：高いレベルの
  個人的エージェンシー[40]、高い達成動機、神経症と防衛メカニズムの使
  用は低く、頑健な認知プロセス（ストレス下で良く機能的であること、バラ
  ンスのとれた思考をすること、計画的であること、高いレベルの道徳的推論と
  自我発達を示すこと）[41]、良い対人関係スキルと成熟した対人関係（親密さ、
  自己開示、もっとも安全な愛着）[42]。彼らはまた、家族や友人と力強い関係
  をもち（仲間内の圧力には抵抗することができる）、自己効力感をもち、よ
  り再帰的で自信がある[43]。自己発達研究の知見に加え、彼らの自尊感情
  は内的な自己調整の能力があるため、文脈の影響に対して安定的でひれ
  伏すことが少ない[44]。
- アイデンティティ形成において、単に能動的であるだけの守護者の若者
  はプロアクティブな人と比べ、順応主義で忠実な志向性と結びついてお
  り、発達の複雑さの程度が低く、専制的・閉塞した心・厳格さ[45]、そし
  て親への過度な同一化[46]といった傾向を示す。
- 反応的な人は疾風怒濤[47]と呼ばれる行動を示し、不安と不確実さがもっ
  とも高い[48]。それにもかかわらず、彼らは高い水準の批判的思考や他者
  に開かれた姿勢を示し、探索者の戦略と結びつき、意思決定で多くの選
  択肢を生み出す[49]。
- 最後に、アイデンティティ形成において不活性な青年期の若者と若年成
  人──すなわち漂流者と拒絶者は、低いレベルの機能の特徴を示す。彼
  らは、アイデンティティ発達を妨げる数多くの問題のリスクがもっとも
  高い[50]。適応能力に関して、自尊感情が低く、（大学環境のような）新しい
  環境に適応するのが難しく、より自己中心的である。認知的には、組織

化されていない思考、外的な統制の所在、遅延傾向と問題の防衛的回避を示し、道徳的推論と自我発達の測定でもっとも低い得点となる[51]。ある発達上の挑戦にまで到達できない時や、コミットメントの形成を妨げる障害に直面する時の一時的な小休止として不活性を経験し、その後で切り抜けられる若者もいないわけではない。とはいえ、多くの場合、不活性はアイデンティティ形成の永続的なアプローチとなってしまうようである。

アイデンティティ形成を類型化する本書のアプローチは、エリクソン派のアプローチよりも複雑である[52]。このような複雑さは、実証的なアイデンティティ研究が発達以外の要因をうかつにも取り入れたからかもしれない。明確さのため、そして自己発達研究と道徳的推論研究の整合性を保つため、次章ではエリクソン派の連続体アプローチに沿って研究を総合していく。このアプローチは、暗黙の想定として、不活性なアイデンティティ形成とプロアクティブなアイデンティティ形成とを対極に配置し、その連続体の中央に反応的な形態と能動的な形態を位置づけている。次章では、このアイデンティティ形成の不活性・プロアクティブの連続体について、文脈による違いを検討する。

結論：プロアクティビティの発達上の恩恵

アイデンティティ形成に関する科学的研究は、ここ50年の間に数千もの研究論文を生み出し、急速に発展している。その結果、この研究領域へのアプローチは学びはじめの者をひるませるし、さまざまなアプローチと知見のすべての微妙な違いを把握しようとする専門家にも重い負担をかける。この章では自己発達とアイデンティティ形成において不活性であるかプロアクティブであるかについて類型化し、アイデンティティ形成を理解する簡潔な方法を示してきた。どのように説明するにしろ、プロアクティビティは後期近代社会でより効果的に機能するための鍵となる。しかし、児童期に形成さ

れたパーソナリティ構造と同様に社会構造上の障害によってプロアクティブに機能する能力を制限されている人もいる。また、パーソナリティがプロアクティブにアイデンティティ形成にアプローチするのにより適したパーソナリティの人もいる。次章では、具体的な社会構造の文脈と対人関係の文脈に関して、アイデンティティ形成におけるプロアクティビティがどの程度向上するか、または遅らせられるかを検討しよう。

第8章　後期近代社会におけるアイデンティティ形成の諸文脈

　　だいたい17歳のパンク・ロック好きの子どもが俺のことを用済みだ
と言っても責めやしない。よくわかるよ。たぶん、もう少し大きくなった
ら、ロックンロール・アイデンティティを正しく生きる以外のことも
人生にはあるんだって気づくだろうね。

　　　　　　　　　　　　　　　　　　　　　　　　　　　　カート・コバーン[1]

　研究の最大の挑戦は、社会的な文脈が人の発達にどのように影響するかを
理解することであろう[2]。問題は、発達についての心理学アプローチがもっ
とも広い意味での「社会的なもの」を十分に理論化していないことにある。
これまでの研究では、主として、家族の出自や教育環境などの直接的な文脈
変数が用いられてきた。最近では、とくに文化・民族性・ジェンダーといっ
た公共政策の重要な課題を占めるより一般的な問題に関心が向けられている。
しかし、「民族性」と「ジェンダー」は、それ自体では、社会的な文脈ではない。
むしろ、それらは他者からその人に帰属された社会的アイデンティティであ
り、社会的に構築された文化的な文脈の中で特定の意味を帯びるものである。
さらに、社会的アイデンティティを経験する個人は、さまざまな文脈で社会
的アイデンティティについての異なった主観的経験をする。社会的アイデン
ティティの場合は、民族性やジェンダーといった要因とともに文脈がアイデ
ンティティ形成プロセスの一部であり、文脈はアイデンティティ形成プロセ
スと不可分である。
　さらに、社会的アイデンティティのさまざまなカテゴリーは、とくに社会

階級が加わる場合、混ざり合って複雑な交互作用効果を生み出す。民族性・ジェンダー・階級は、変数と見れば、多重カテゴリーであり、その結合効果は乗数的なものとなる。たとえば、民族性と階級が3つのカテゴリーに限られていたとしても、ジェンダーが2つのカテゴリーである場合、18の具体的な社会的アイデンティティを調査する必要があるだろう（すなわち、2ジェンダー×3民族性×3社会階級＝18個の具体的な社会的アイデンティティのカテゴリーがあることになる）。

　そのため、文脈のすべての結合効果を検討する研究は現実的には不可能である。それが多重文脈の同時効果を検証する研究がほとんどないことの理由である。本章では、研究報告がある場合には、多重効果を検討し、各文脈の影響を分離して検討する。また、アイデンティティ形成研究と自己発達研究で研究の対象となる文脈が一致するわけではない。あらゆる文脈効果について、数多くの研究を考察しようとすると、あまりにも複雑で断片的となる。本章では、アイデンティティ形成研究の収束点を含めるため、不活性かプロアクティビティかの次元に関係するアイデンティティの研究だけを扱う。

　同様に、自己発達研究のレビューもアイデンティティ型エージェンシーに関わる研究に焦点を当てる。それらの研究は自尊感情と自己効力に関連しており、自尊感情と自己効力は、第6章で考察してきたアイデンティティ資本モデルによって把握されたエージェンシーの2つの鍵となる側面である。

自分が何者かと自分自身についてどのように感じているかに関する社会的影響

民族性 (ethnicity)

　民族的アイデンティティの研究は、後期近代社会の多文化的性質もあってか、アイデンティティ研究の盛んな領域の1つとなっている。後期近代社会はグローバル化が進み、リベラルな移民政策がとられることが多く、民族集団のさまざまな結合と置換が生じ、人種混合の中で社会をますます違いの際立ったものとしている。

　残念なことに、民族的アイデンティティについての初期の研究は良いス
タートを切れなかった。初期の研究では、回答者が自分の民族集団の「メン
バーシップ」を選び、それを民族性と操作的に定義し、民族的アイデンティ
ティ形成への社会的文脈の影響を研究しようとした。しかしながら、自分で
選んだ回答の集団メンバーシップをその人の民族性とみなしてしまうと、民
族性と民族的アイデンティティを区別できず、アイデンティティの社会的次
元と心理的次元が混同されてしまう[3]。

　何が問題なのか。その説明は、ブリティッシュ・コロンビアの先住民の若
者が自分の民族性を何であると考えているかを調べた研究に見ることができ
る。研究では、ある時点から次の時点へと縦断調査がおこなわれ、かれらの
半数だけが一貫して先住民であると自己同定した。このような矛盾は、アメ
リカのヒスパニックの若者にも見られる。興味深いことだが、第7学年と高
校の各調査時点で一貫して自分の民族性を先住民であると自己同定した若者
たちは、自己同定が変化した若者たちと比べ、学校を中退する傾向にあった。
研究の著者らは、このような調査結果を説明するのに四苦八苦し、自分のこ
とを先住民と一貫して自己同定した若者たちはアイデンティティ形成におい
て不活性で、アイデンティティ形成のさまざまな位相を探求してはいないよ
うだと指摘するだけであった。彼らの調査データは、このことを確かめるこ
とができるものではない。研究は、民族的な自己同一化が一見したところよ
りも複雑であることを強調している。また、多くの人びとは、民族的な起源
が自らのアイデンティティのかなり重要な側面となるほど、自らの人種上の
起源と強く同一化してはいないという事実も強調されている[4]。このことは、
スティグマを貼られていない民族集団や十分な経済への参入から排除されて
いない民族集団にあてはまるのと同様、社会の多数派集団の構成員もあては
まる。

　人種的・民族的なアイデンティティ形成の尺度の開発が進められてきた[5]。
青年期の発達研究において、多重集団の民族的アイデンティティ尺度（MEIM:
the Multigroup Ethnic Identity Measure）がもっとも広く用いられている[6]。MEIM は、
ある集団への帰属感覚の自己同一化、民族的な肯定と帰属、民族的「アイデ

章の Box 7.2 で強調したように、ネイティブ・カナディアンの若者で、部族共同体で良い雇用と教育機会をもって生活している若者の自殺率は有意に低い。自殺は人生に目的と意味を見出せずその存在を終わらせようとする欲望という社会的アノミーのもっとも害のある効果である。周辺化された集団であっても、若者に活力あるアイデンティティの感覚を発達させる集団であれば、自殺を緩和できる。**Box 8.1** は、アイデンティティ資本モデルを民族性の領域に適用して説明したものである。

Box 8.1　アイデンティティ資本と倫理的アイデンティティの管理

　アイデンティティ資本モデルは個人的アイデンティティ形成と社会的アイデンティティ形成の領域で適用されている。倫理的アイデンティティの管理についての質的研究が行われた。南アジア系カナダ人の若者についての研究では、話し相手の民族性に応じて茶色の肌を上に見るか下に見るかを戦略的に選び、どのように利用できる「倫理的アイデンティティ資本」を用いているかを観察した[24]。彼らの民族的アイデンティティが多元的で柔軟であり、多文化的文脈で自分の個人的な来歴と文化的愛着を媒介するレジリエンスとエージェンシーをもっていると結論づけられた。別のカナダの研究は、カナダの多文化移民サービス組織におけるスタッフのアイデンティティ資本の展開を検証した[25]。研究者たちは、彼らがクライアントや同僚や管理者との相互行為におけるコミュニケーションの断片や手法を結びつけていることを明らかにした。そして、さまざまなアイデンティティ資本が挨拶やボディ・ランゲージを通じた印象管理の一部として戦略的に配置されていると結論づけられた。同様に、アメリカの研究では、黒人と白人の２つの人種からなる若年成人たちが多人種的「アイデンティティ市場」におけるアイデンティティ資本の資源をどのように活用しているかを調査した[26]。最後に、イギリスの研究は、ゲオルグ・ジンメルの異邦人の概念を枠組みとして用いて国際的に移動する学術知識人の立場を検証するために多国籍のアイデンティティ資本の概念を調査した[27]。異邦人とは、特定の集団にコミットせず、その集団と構成員に対して距離のある客観性という特別な形態をもっている人のことである。研究では、巡回する知識人が社会関係を強化し維持するために数多くの汎用的能力を用いてさまざまなエスノナショナルな集団とプロフェッショナルな文脈の間で移動していると論じられた。

ジェンダー

　ジェンダーに関して、研究で広く合意されていることがある。現代の欧米社会の若者の間には、自我アイデンティティの全体的な感覚を総合する仕方と時に関して、男女に有意な違いはない。言い換えれば、ジェンダーを研究する科学者たちは、アイデンティティの心理的プロセスがどのようにまとまるかといつまとまるかについて意味のあるジェンダーによる違いはないと合意している[28]。

　対照的に、ジェンダーによる違いが見られる領域もある。具体的なアイデンティティ*領域*や異なる個人的アイデンティティと社会的アイデンティティを表わすアイデンティティ問題の内容領域などである。女性たちは、セクシュアリティの領域[29]、家族・キャリアの優先順位をつけること[30]、友情[31]といった領域でよりプロアクティブにアイデンティティ形成を経験するが、職業・宗教的信念・性役割・価値観・恋人との交際などではそうではない。言い換えれば、女性たちの多くは、対人関係に関わる問題を探求しており、それによって男性よりもアイデンティティ形成の幅が広がっている[32]。

　同様に、社会的アイデンティティのレベルでも、後期近代社会で支配的となっている公私の次元(たとえば、家庭vsより広い社会)にあわせ、ジェンダーによる違いが生じている。社会化課題に関しては、男性よりも女性のほうが、自分のアイデンティティを形成する際に公私の両方の領域で問題に取り組んでいる。職業の文脈を含む公的領域に進出する女性たちは、「私的なもの」と「公的なもの」のバランスをとる必要があり、人生のパートナーである重要な他者と一緒にそのような問題を切り抜けていく[33]。それに対して男性の多くは公的領域と私的領域を相互に関連させたくないようであり、公的領域のほうをより好むようである。まさにそのようなつながりを感じるとき、男性は公的領域と私的領域を明白に別のものとして扱う。これらの理由から、公私の両方の領域に参加してアイデンティティ形成しようとする女性たちにとって、現在のアイデンティティ形成は複雑になっているようである。そのため、彼女たちのキャリアの軌道に多くの中断が生じ、成人期アイデンティティの全体的な感覚において重要となる社会的役割に柔軟さが求められる

（たとえば専門職や職業役割とともに親としての役割をバランスすること）[34]。

文　化

　アイデンティティ形成における文化の間の違いをめぐる理論について、第5章で広く検討した。そこでは、個人主義の文化と集合主義の文化では、個人的エージェンシーを働かせることに関わって、相互独立的自己観と相互協調的自己観の間にある違いに着目した。ここでは、自尊感情と自己効力における文化的な違いについての研究に焦点を当てる。Box5.3で記したように、自己発達の研究では多くの研究が主としてアメリカでおこなわれているため、自文化中心主義、とくに「アメリカ中心主義」の批判を受けやすい。研究は白人中産階級の若者が調査の対象となっていたため、アメリカの若者を対象におこなわれる研究の焦点が狭いことにも批判が向けられる。第5章で記したように、若者のうち女性が自尊感情の問題を抱えることが懸念されてきた。最近の研究では、女性の自尊感情の問題は、広告に描き出されるような美やセクシュアリティの非現実的な基準を追って自分の行動をこしらえようとするような場合、白人女性が主に問題となることが示唆されている。

　高い水準の自尊感情が重要性だというこのような不安は、1960年代にとくに学校で始まった「自尊感情運動」の結果かもしれない[35]。この運動は、若者が自分に価値を認めれば、彼らの学業達成と仲間関係が良くなるだろうと想定されていた。残念なことだが、自尊感情と行動の関係は、それほど単純ではなかった。たとえばここ数十年の中学と高校の中等教育段階で、学生が学業に打ち込むように仕向けるため、教師たちは学生の自尊感情にねらいを定めてますます高い成績を出すようになっている（そのため、意図せざる結果として、成績のインフレーションを生み、それが他の問題を生み出す波及効果もあった[36]）。しかし、自尊感情と学業達成（成績）との関係についての最近の研究では、その2つの間に弱い統計的関係しかないことが明らかになった[37]。成績と自尊感情の間の原因と結果を検証した研究から、成績が高ければ、一時的に少し自尊感情を高めるかもしれないが、この自尊感情の少しの増加はその後の成績に効果をもたないことが明らかになった。

　実際、自己効力と自尊感情の両方を同時に検証した研究では、自己効力を統計的分析に含めると、学業達成への有意で実質的な効果が見られるが、自尊感情はまったく有意な予測を示さないことが明らかになった[38]。言い換えれば、自己効力を統制すると、自尊感情は学業達成とまったく統計的に関係しない。また、自己効力の低い人が学業期待(アスピレーション)を低下させ、抑うつのような内在化問題を含む問題のある行動を示す。自己効力の低下が抑えられないと職業期待(アスピレーション)も低くなる[39]。最近の研究では、教育の介入によって低い自己効力のネガティブな効果を反転できることが示されている[40]。したがって、自己効力を高めることなしに自尊感情を高めようとする教育上の注力は大きな間違いとなっていたようである。

　それまでのスキルを示すパフォーマンスが学業の動機づけを高め、そのような動機づけが将来の達成を高める。このように、自己効力は望ましい学業成果(アウトカム)を生みだすように働くようである[41]。高いレベルの自己効力をもつ人びとは、自分のパフォーマンスをモニターして粘り強く課題をやり遂げる。パフォーマンスのモニタリングと粘り強い課題遂行の2つの活動は、さらに良い成果を生む活動である。それにもかかわらず、学校環境や教育経験によっては学生の自己効力感を弱らせるものもある。初等学校から出ていくトランジション(移行)では、支えてくれる教師と出会わず、効果的な成績評価方法が用いられないと、学生の自己効力を弱らせる。個人の習得よりも集団の競争を強調する教室環境も、学生の自己効力感を弱らせる。目標を設定し、学生個々人の課題習得に焦点を当て、その目標に到達しようとする試みを支える学習環境があれば、学生の自己効力が高まる。このような学習環境を支える進歩的な教育哲学は最善の成果を生み出すだろう[42]。

　自己効力についての研究は、その始まり以来、異文化間の差異というより広い問題を報告している。学業達成、職業到達、感情的自立といった領域において、(アジアの)集合主義の文化の青年期の若者は、(欧米の)個人主義の文化の若者よりも、自己効力の信念が弱いことが明らかになっている。このような知見は学業達成の領域についての直観に反する。なぜなら、アジアの学生は欧米の学生よりも良い学業達成をしているからである[43]。

この逆説についての1つの説明は、集合主義の社会が(a)規範志向であり、(b)教師と学生の間により大きな権力の距離があり、(c)学生が不確実性を減らすよう動機づけられており、「外的な基準」との関係で自分の業績を判断するからというものである。外的な基準には、家族や学校からの明確な規範とルールと同様、集団内フィードバックや権威からのフィードバックがある。したがって、成果は(効力のある)自己に帰属されることは少なく、課題の性質と課題が実行される文脈に帰属されることが多い。それに対して個人主義の社会では、規範志向はより弱く、教師と学生の間の権力差はより小さく、学生は不確実さを減らすことにそれほど動機づけられてはいない。その結果として、業績についての規範の弱さを補うために、成果の原因が自己にあると帰属することになる。欧米の学生たちは自分の業績を「内的な基準」との関係から判断する傾向があり、自分自身のこれまでの業績を省察することに関与している。自分に効力があるという信念は(a)業績についての規範が曖昧であり、(b)個人化が「強制的」であり、(c)状況の成果を決定する際に個人的エージェンシーがいっそう重要となるような(欧米の)社会的な文脈においてとくに重要となる。

社会階級

残念なことだが、理論の定式化と常識による理解があるにもかかわらず、アイデンティティ形成における社会階級の差異を評価する実証研究はほとんどない。実証研究の土台はないものの、研究者たちは次のように想定している。さまざまな差別と不遇は恵まれない境遇の人びとのアイデンティティ形成を妨げ、中産階級以下の人はみな特別で深刻な問題に遭遇する。理論モデルはあるものの[44]、この想定を検証できるような、もっとも深刻な経済的に不利な人びとを調査するような包括的な研究はない[45]。おそらくは年若くして学校を離れる貧しい若者を研究することが難しいためであろう。それに対して学校システムで主流を占めている若者に対する研究のほうがはるかにたやすい。

大学生を対象に社会階級の差異を検証した研究がわずかにある。アメリカ

の大学生についての研究では、エリート大学に通う低収入の学生と同じ大学の裕福な学生とを比較した。裕福な学生のほうが地位を意識しており、自分の将来展望にとっての構造的な有利さを自覚していることが明らかになった[46]。それに対して低収入の学生たちは社会経済的な出身階級がスティグマとなることを軽視してしまっていた。この研究はまた、エリート大学に通う低収入の学生と州立大学に通う低収入の学生を比較している。同じ低収入でも、エリート大学に通う学生のほうが州立大の学生よりもアイデンティティ管理に取り組んでいることが明らかになった。州立大学の学生は裕福な学生たちとの社会階級の違いにほとんど遭遇することがないのに対し、エリート大学に通う低収入の学生たちは社会階級の違いに毎日のように直面し、違いをはっきりと経験している。この結果は民族的アイデンティティについて先に論じたことと対応している。他の集団との地位の差異を「強調する」ような状況に遭遇する民族集団のメンバーのほうが、アイデンティティ形成にさらに取り組むことになる[47]。興味深いことだが、エリート大学と州立大学の両方とも、低収入の学生は親の裕福さをあてにすることがなかったためか、裕福な学生よりもプロアクティブなアイデンティティ形成に取り組んでいた。

　あまり裕福でない階級出身の学生のほうがプロアクティブに行動していかなければならない。このことは、あまり豊かでない階級出身の学生のほうが成人期アイデンティティ形成に関してより早く「成長する」ことを明らかにした他の研究によっても支持されている[48]。鍵となる要因は、両親が子どものために延長したトランジションを財政支援しようとするか、また細かく子どもの人生を管理しようとするかの程度にかかっている。若年成人(とくに男性)が高等教育を通じて自分で生計を立てなければならないとき、成人期アイデンティティの問題を早く解決するし、大学でより良く解決する[49]。あまりにも親が干渉すると、子どもは子どものままでいることになり[50]、高等教育がもたらす教育機会と発達機会を活用する責任に関するモラルハザード(*moral hazard*)が引き起こされる。

　アイデンティティ形成における社会階級の差異を調査する研究が見られないのとは対照的に、社会階級と自尊感情の関係を調査する研究は多い。社会

経済的な地位 (Socio-Economic Status SES：若者の父親の学歴と職業に基づいて測定される) に関する初期の研究は、社会経済的な地位が児童期の自尊感情と関係がないものの、青年期に (ネガティブな) 関係が現れ、成人期には強化されることを明らかにした[51]。この結果は、子どもは社会経済上の有利・不利を自覚していないが、青年期に自覚的となり、成人期には十分に自覚するからだと説明されている。

　最近の研究では、子どもの自尊感情と青年期の若者の自尊感情に影響を及ぼす下層の社会階級の日常の状況を調べている (たとえば裕福かどうか、父親が失業しているかどうか、近隣の状況はどうかといったことを調べている)。子どもよりも青年期の若者のほうが日常の状況が自尊感情に及ぼす影響が大きい[52]。社会階級は特別な「隠れた虐待」である。マイノリティの民族集団といった他のスティグマを貼られた集団と異なり、社会階級の不利については集団よりも個人が非難されることが多い。民族集団のメンバーシップは自尊感情の源として構築されて防護的となることもできるし、集団のポジティブな面と同一化して自尊感情を保護することもできる。民族集団の若者であれば同じ集団の他者に援助を求めることもできるかもしれないが、貧しい若者は、貧しい生活をしている他者に援助を求めることはできない。その結果、貧しい青年期の若者は、経済環境のせいなのに、他者ではなく自分を非難するようになる[53]。アメリカのように「階級がない」と公には広く信じられている社会において、このような状況はより深刻である。

　研究は社会階級が自尊感情に対して及ぼす効果を検証しているが、自己効力に対して及ぼす効果は十分に検証されていない。とはいえ、子どもの自己効力と青年期の若者の自己効力に対する社会階級の効果は親の行動によって媒介されること、収入の低い両親のほうがその子育てにおいて学業達成と職業達成を奨励しないことが明らかにされている[54]。さらに、研究は低い社会階級の出自の子どもと青年期の若者が、彼らの労力と能力が十分に報われないであろうと感じ、社会の機会構造の中で将来とチャンスについて悲観的であることを明らかにした。自己効力の研究から、自己成就的予言 (*self-fulfilling prophecy*) のとおり、彼らが自らの経済状況を改善しようと抱くどんな教

育期待（アスピレーション）も職業期待（アスピレーション）も、反対方向に影響する[55]。

特別なニーズの若者

　自己とアイデンティティについての研究の多くは学校教育の中の主流派の若者を対象として調査されている。しかし、常識的な仮説とし、身体障害・心的障害・学習障害といった特別なニーズをもつ若者たちと養子のような家族由来の問題をもつ若者たちのアイデンティティ形成は、多数派の若者とは異なった困難に直面するだろう[56]。

　特別なニーズをもつ若者についての実証研究は不足しているが、常識的な理解と食い違う知見が明らかにされている。たとえば養子の青年期の若者とそうでない若者との間にアイデンティティ形成における違いが見られなかったという研究がある[57]。対照的に、養子となった子どもの適応についての臨床研究の多くは、そのような子どもがアイデンティティ障害や自尊感情問題を含む数多くの発達問題を経験すると報告している。

　さらに、民族的アイデンティティ形成の MEIM モデルの3段階と同じようにポジティブな障害アイデンティティを発達させる若者もいる。彼らは障害を成長のためのポジティブな資源として構築し、ポジティブなアイデンティティを発達させるようプロアクティブに探求と実験に取り組むことでポジティブな障害アイデンティティを発達させている[58]。この自己成就的予言効果は、LGBT の若者を含むスティグマを付与された社会的アイデンティティを伴うすべての若者にあてはまるだろう。

　この自己成就的予言効果の良い例として、「デフフッド（耳が聴こえないこと）」の容認を主張する聴覚障害の若者についての最近の研究がある[59]。デフフッドは聴覚障害の文化の集合的遺産に基づくポジティブなアイデンティティを表わす。聴覚障害の文化の価値を低くする「聴覚障害差別者」と戦いながら、この遺産に同一化することで誇りとポジティブな自尊感情を手にする。若者の発達へのアドボカシー・アプローチにおいて、聴覚障害者の共同体は社会に対する欠落ではなく資源として見られるようなマイノリティ集団

となっている[60]。この研究によって、聴覚障害の若者がよりプロアクティブになるのを支える上で、自尊感情に加えて自己効力を育むことの重要性が明らかにされた。

> 　親たち、教師たち、カウンセラーたちは、自尊感情よりも能力に光を当てるべきである。聴覚障害の子どもたちには、能力の高くない領域で非現実的な期待を奨励して自尊感情を高めようとするよりも、自分が何が得意かを知り、それを促進することが必要である。さらに、聴覚障害者の共同体は、聴覚障害者の教育において、プロアクティブで権威ある役割を果たさなくてはならない。聴覚障害の子どもたちは成功している聴覚障害の大人を役割モデルやメンターとする必要があり、彼らと彼らの人生経験をそのカリキュラムに反映させる必要がある[61]。

　アイデンティティ研究と同じく、自己発達の研究も、調査は主流派、とくに通常の学校教育システムの主流派を対象としてきた。若者の特別なニーズには多くのタイプがある。そのタイプがそれぞれ研究の領域をなしているため、この集団の若者を一括りにはできない。さらに、聴覚障害のように、いくつかのカテゴリーの中では、一般化が困難なほどニーズに重大な違いがある。その結果、特別なニーズの若者の自己発達を「集団」として体系的に検討した研究が見られない状況になっている。

　特別なニーズの若者のさまざまなタイプを研究することに関連して、実践的な問題として、認知の障害からくるコミュニケーションの問題やアセスメントの限界がある（心的年齢のため、質問文が理解できなかったり、いくつかのタイプの質問項目に答えられなかったりする）。さらに悪いことに、聴覚障害に関わる医学領域では、青年期や成人期初期を研究の領域としておらず、研究が手薄になっている[62]。

　主要な研究から考えると、一般的な標準の仮説は次のようになる。（発達障害[63]のような）特別なニーズのある若者と（養子の子どものような）家族由来の問題のある若者は、高次の自尊感情やポジティブな自己概念の維持に関し

て、多数派の若者とは異なる困難に直面する。自尊感情に関する研究では、ある種の認知的損傷が身体的外見に由来するネガティブな自己概念から若者を守ることもあると示唆されている。個人的エージェンシーについては、青年期と成人期前期の間に発達障害のある若者にとって、自己効力感が早くに発達することがスキルの発達の予測となり、今度はそれが自己効力を育むことが示唆されている。自己効力感が高まれば、雇用機会を含むライフコースのより良い成果を生み出す。アメリカにおいて、（多数派の若者では41%に対し）発達障害のある若者の約30%が中等教育以降の教育に進学することから、発達障害のある人びとにとっての機会は改善されているようである[64]。

　特別なニーズのある若者の自己効力に関する研究は自尊感情に関する研究よりもさらに手薄である。自己効力は主として領域固有のものであることから、研究のデータベースを構築することが遅れている。その結果、自己効力の数多くの領域との関係で特別なニーズのタイプが多すぎて、この重要な研究テーマの研究がおこなわれていない状況にある。

　しかし、1つの領域で、直観に反するような深い事実を示す研究がある。学習障害（LD）のある若者の自己効力についての研究で、そのような若者がしばしば非現実的なほど高い自己効力をもつことが一貫して明らかにされている。すなわち、そのような障害のない学生と比べ、学習障害のある学生は自分がライティングやスペリングやリーディングでできることを一貫して過大に評価することが明らかになった。この領域の研究者は、学習障害のある若者が「そのようなスキルに欠け、そしてその自覚もない」または「自分が知らないことを知らない」し、そのことを理解するための省察的判断の力が欠けていると結論づけている。そのような過信の結果として、学習障害のない学生ほどには、リーディング課題やライティング課題に労力をかけず、勉強せず、時間をかけないことになる。学習障害のある学生の教師は、そのような過信に対処する必要がある。しかし、自己効力信念は現実主義的な基礎をもたねばならず、単に褒めたり励ましたりするだけでは役に立たない（事実、すでに示したように、非現実主義的なレベルの自尊感情を生み出している場合、賞賛は学生たちを傷つける場合もある）。学習障害の学生が自分のスキルについて省

察的になる方法、自分のスキルのレベルについての現実主義的な自覚を維持する方法を教師とカウンセラーは理解しなければならない。そうすれば、学生たちは、そのようなスキルのレベルを上げるのに必要な労力に目を向けるようになるだろう[65]。

自分が何者かそしてそれについてどのように感じているかに 対して、家族と友人がどのように影響を与えるか

家庭環境

　家族に関する研究の多くは、両親が子どもにどの程度心理的自律性（*psycholigical autonomy*）を授けるかという育児スタイル（*parenting style*）に焦点を当ててきた。心理的自律性とは、自分の力で考えること、自分の可能性と社会的機会を探求することを意味する。この育児スタイルは子どもに親切な手引きをもたらすと同時に、さらなる自立をもたらす。研究では、成長していく間に心理的自律性を与えられた人がもっとも発達的成果を示すことが一貫して明らかにされている[66]。

　育児スタイルの研究で広く知られた実証モデルでは、育児行動を敏感さと要求度の2次元で分類する[67]。敏感さは親が子どもの信号・欲求・状態を感受することで、要求度は子どもの成熟についての親の期待であり、子どもがそのような期待を満たすよう親が要求することである。2つの次元の「有無」をかけあわせ、4つの育児スタイルが作られる[68]。権威ある民主的な（*authoritative*）親は敏感かつ要求もする。全体として、権威ある民主的な親の行動は子育てにおける心理的自律の発達を促進する。対照的に、専制的な（*authoritarian*）親は服従を求めるが子どもの感情にはあまり敏感でない。甘やかしの（*indulgent*）親は要求せず、子どもの欲求にかなり敏感である。無関心な（*indifferenct*）親は敏感さも要求もない。甘やかしと無関心の育児スタイルはともに、より世間一般的には迎合の（*permissive parenting*）育児と呼ばれる。

　アイデンティティ形成と自己発達の研究では、ポジティブでプロアクティブな発達を生み出す育児スタイルがあると報告されている。親としての温か

さと支援といった敏感さの行動は、激励と親交と同じく、プロアクティブな
アイデンティティ形成と肯定的に結びついていることが明らかにされてき
た。しかし、過剰なほどの敏感さから、親としての温かさと支援が個性化
(*individuation*)における問題となってしまうと、プロアクティブなアイデンティ
ティ探求が妨げられることもある。また、適度な要求(より民主的な育児)は、
ポジティブなアイデンティティ探求を促進するが、親が青年期の若者の行動
を過剰に統制してしまうと、アイデンティティ探求が妨げられることもあ
る[69]。

　権威ある民主的な育児は自立した問題解決と批判的志向を奨励し、若者が
プロアクティブな考えの探求に取り組むための機会をもたらすため、アイデ
ンティティ形成の成果にとってもっとも好ましいタイプの育児である。育児
スタイルと青年期の若者がとる対処方略との関係を評価した研究では、権威
ある民主的な親によって社会化された若者たちは向社会的な(*prosocial*)アイデ
ンティティ形成と結びつく適応的で課題志向の方略をとるようになることが
明らかにされた[70]。過剰にコントロールされているか不十分なコントロール
状態にある若者は不活性なアイデンティティ形成の特徴をもち、課題と無関
連な行動または受動的な行動に取り組む傾向にある。迎合スタイルをとる親
に育てられた若者は自己調整するように社会化されず、その結果、いっそう
の衝動性、自己信頼と仕事への志向性が低くなることが研究から示唆されて
いる[71]。

　予想されるように、専制型の親はプロアクティブに考えを探求していくこ
とや自立的に問題解決していくことを妨げ、親のコントロールと手引きに疑
問をもたずに依存することを促す。青年期の非行女性の研究では、母親が娘
のポジティブなアイデンティティの宣言を承認しなかったり、娘のアイデン
ティティについてのポジティブな主張を非難したりすることが明らかにされ
た。親からの一貫したネガティブなフィードバックや曖昧なフィードバック
は敏感さの欠けた関係を反映しており、アイデンティティ探求を励ますこと
はない[72]。

　要するに、専制型の親によって過剰にコントロールされている若者や迎合

型の親によって不十分なコントロール状態にある若者が考えの探求と行動の自己調整を実践するための奨励と機会が十分でない。その結果、個人的な目標に関する問題解決に対して、不適合な方略をとることになる。共有された愛着と個人としての受容といった適度な結びつきが、青年期の若者にプロアクティブなアイデンティティ形成のための心理的な基盤と安全をもたらすことが研究によって示唆されている[73]。それに対して、親による拒絶と心理的な撤退を映し、親との愛着の結合が弱かったり、コミュニケーションが乏しかったりすると、アイデンティティの探求と実験にとって、親子関係による心理的な土台が安全さに欠けたり、締め付けられたりする。さらに、親子間の自己／自我境界をぼやけさせ、個人性（*individuality*）の家族の寛大さに制限をかけるような極端な愛着はプロアクティブなアイデンティティ形成を妨げる。

　自己発達に対する育児の効果に関する研究では、子どもと青年期の間の高い自尊感情は家族からの受容と温かさと同様、権威ある民主的な育児と結びついていることが明らかにされている[74]。また、青年期の若者の個人性（*individuality*）と親とのポジティブな関係の両方の積極的な促進が、ポジティブな自己発達と結びついている[75]。最後に、シングルマザー家庭の青年期の若者について、とくに若者とシングルマザーが相対的に若い場合に自尊感情が低くなるが、権威ある民主的な育児スキルがあれば、明らかにこの効果を埋め合わせることができている[76]。

　家族と自己効力に関する研究は、自尊感情に関する研究ほどには広がっていない。しかし、子どもと青年期の若者の自己効力は、その親のモデルによって影響されることが研究によって合意されている。親自身に自己効力がある場合、その子育てが自己効力のモデルとなるだけでなく、自己動機づけと能力を構築する方法についての情報も伝える。そして子育てで、要求が高くても現実的な困難を与える権威ある民主的な親であれば、そのような困難を通じて相談に乗り、高いレベルの自己効力を生み出す[77]。

　子育てスタイルの知見について、4つの育児スタイルの基礎モデルへの批判をふまえ、理解しておく必要がある。たとえばこのモデルが示唆するよりも子どもと親の間には互酬的な影響があるという批判や子どもが親との関係

をどのように築いていくかについてはいまだ調査中であるという批判があ
る[78]。わがままで反抗的な子どもに対して厳然とした親であろうとしても効
果がないかもしれない。なぜなら、子どもは議論しようとはしないであろう
し、高次の段階の道徳的推論や視点取得に取り組もうとしないだろうからで
ある（第4章参照）[79]。育児モデルへの批判として、表向き手引きを提供しよ
うとする親がさまざまな監視の実践を用いるのに対し、それを回避して出し
抜こうとする子どもが用いる戦略が研究されている[80]。これらの親の監視と
子どもの回避の実践は権威ある民主的な育児スタイルについての尺度の得点
が高く、はっきりとしつけの良い子どもの間においてさえ見られる[81]。明ら
かに、双方向の影響関係は統計的に扱うのが難しい。若者を親の実践によっ
て形成されるタブラ・ラサと概念化して研究を実行するほうがたやすいだろ
うが、そうしてしまうと育児実践の効果についての包括的な理解は損なわれ
てしまうのである[82]。

仲間の影響

　アイデンティティ形成論簡易版の想定では、アイデンティティ形成におい
て不活性な人は自分で意思決定することを避ける傾向にあり、自己決定する
行為よりも状況からの要求をあてにする。外的要求に従う傾向があるため、
彼らは、仲間の圧力にたやすく影響されやすい[83]。仲間の圧力が常にネガティ
ブな結果となるわけではない。しかし、アイデンティティ不活性な青年期の
若者は健康リスクと結びつく非行や反社会的行動への仲間の誘いに抵抗する
エージェンシーの資源をほとんどもっていない[84]。大人の役割につながる活
動を避けるため、成人期へのトランジション（移行）を延期し、若者の大衆文
化に過度に入れ込むようになる傾向もある[85]。

　若者の自尊感情はまた、とくに身体的魅力のような人気の問題に関して
仲間から受容されるかどうかに左右される脆さがある[86]。予想されるように、
協力的な仲間関係をもつ若者は、高い自尊感情をもつ[87]。自尊感情の脆弱さ
は成人期へのトランジションの間の重要な問題である。とくに、ネガティブ
な影響や操作的な影響から保護するため、若者にとって重要な指導と指示が

できる人によって世話される必要がある。

　最近の研究では、「仲間主導プログラム」が、ポジティブな健康促進行動とともに、自尊感情を強めることを明らかにしている。このような仲間主導プログラムは、青年期の若者が仲間とともに有能さや成功を感じる集団的な機会とカウンセリングの機会をもたらすようにデザインされている。そして若者が効果的な対処方略を発達させ、ソーシャル・サービスを受けるのを助ける。最終的には、青年期の若者は、高いレベルの自己効力の恩恵とともに、仲間関係で自己効力を感じるようになる。良い仲間関係に由来する相互的なソーシャル・サポートと計画された仲間による主導権に由来するソーシャル・サポートは、青年期の若者にとって、現代の欧米社会における「10代の若者」の役割につきまとうネガティブなステレオタイプと社会的排除に対する予防接種となる[88]。

　仲間は支援と奨励さらには模倣を通じて、自己効力のお互いの関係に強力に影響を与えあう。仲間はお互いの成功（そして失敗）を観察し、それらを間接的に経験する。この効果は、青年期の若者が動機づけや能力の同じような仲間たちとつきあう傾向にあるという事実によってさらに強いものとなる。したがって、個人の能力は学業成績を押し上げる場合のように、仲間集団の他の仲間にもポジティブな効果を生み出す。逆に、あまり能力のない仲間は、たとえば学業成績を引き下げるように、仲間集団の他の仲間の自己効力を減らしてしまう[89]。

アイデンティティ形成は教育経験によってどのように影響されるか

　大学に進学することは、アイデンティティ形成を含むパーソナリティ発達に大きな影響をもつと広く想定されている。ここ数十年にわたって、研究者たちは、大学の環境が人間の発達のさまざまな形態をどのように刺激するかを調査してきた。初期のアイデンティティ研究は、大学生のうち、プロアクティブなアイデンティティ形成に取り組む学生の割合が、1年生（約20%）から4年生（約40%）へと2倍になることを示唆している[90]。しかし、アイデンティ

ティ形成研究を広く検討すると、この成熟効果を説明するのに用いられている統制要因がほとんどないという結論となった（すなわち、大学非進学者の間で、通常の成熟プロセスの結果として比較できるアイデンティティ形成が生じているかどうかが不明である）。そのため、アイデンティティ形成について、他の要因を外して直接的に大学に進学したことに帰属できる広範囲に及ぶ（主効果の）エビデンスは決定的ではない[91]。中等教育在籍の間のアイデンティティ形成についても同様である。変化のエビデンスはあるが、どれくらいの変化が成熟の結果として生じているのか、他の効果なのか、どれくらいの変化が教育文脈に帰属させることができるのかといったことはまだ確定していない。

　したがって、成熟効果のように競合する説明を考慮すると、大学進学によるアイデンティティ形成への明白な効果はほとんど見られなくなった。その理由は、大学在学中、アイデンティティを下から支える根深い特徴が変化に抵抗するためかもしれない[92]。また、このようなさまざまな要因がたいていの高等教育機関では注力の対象とならないためかもしれない（一方で、認知変数は直接的な対象となり、この領域における変化についての決定的なエビデンスが存在する）。実質的なアイデンティティ形成の変化への期待は非現実的なのかもしれない。

　アイデンティティ資本モデルに基づく研究は、教育の問題に光を当てる。後期近代の文脈は、ゆるやかな規範構造を特徴とし、個人化された適応戦略の可能性を開く。このような後期近代の文脈において、アイデンティティ資本モデルはアイデンティティ型エージェンシーの重要性に焦点を移す。アイデンティティ資本モデルでは、教育の文脈と学生の間の潜在的な相互作用（すなわち、発達的文脈主義によって想定されるような人－文脈の間の相互作用）に目を向ける。たとえばアイデンティティ形成においてエージェンシーを働かせる大学生は、大学やその後、大人としての主観的な感情をより多く経験し、大人として扱われることが多い。このような経験の獲得は、その後の大人の共同体への統合と結びつき、成人期を通じて引き継がれる職業上の恩恵とも結びついている[93]。

　同様に、イギリスでの研究[94]は、後期近代社会における教育制度の影響

を理解するのにアイデンティティ資本モデルを用いている。これらの研究
は、1946 年、1958 年、1970 年のそれぞれの年のある一週間に生まれた人び
とを対象とする British Birth Cohort Studies のデータを分析した。主要な研究
知見は次のようなものであった。1970 年生まれ以前の世代の教育から労働
へのトランジションは職業機会と主流構造によってかなりの部分が左右さ
れていた。最近の世代 (1970 年生まれ) は、それまでの世代以上に無形のアイ
デンティティ資本の資源が必要となっている。それまでには、雇用展望は
エージェンシーの性質とはかなり独立に構造化されていたが、最近ではト
ランジションを成し遂げようとする際にエージェンシーの特徴をもってい
ることが必要になってきている。この研究では、過去には、トランジショ
ンはエージェンシーの特徴 (リテラシーや数的能力のような基礎資源を含む) と独
立している場合が多かった。今や、鍵となるエージェンシーの特徴をもて
ないと、ますます労働力からの排除と労働力への不安定な参加に直面する
ようになっている。

　若者は、最年少の場合、16 歳でフルタイムの教育を離れ、かなりの期間ニー
ト (NEET：Not in Education, Employment or Training) となる場合がある。若者が教
育から労働へのトランジションに対してプロアクティブに取り組む必要が増
えており、イギリスでの懸念事項となっている。それに応じて、イギリスの
研究者は、仕事へのトランジションと成人期へのトランジションの両方で若
者を助けるため、有形・無形のアイデンティティ資本を補償し、リスクの高
い集団に的を絞ってカウンセリングすることを求めている[95]。

　同じような結果がアメリカでも報告されている。将来の被雇用者の間で計
画能力が求められるため、アイデンティティ資本モデルは、「現代の組織に
おけるキャリアパスの失業や非統合によって引き起こされた先導構造の欠
陥」[96]を概念化するのに有用である。そして、「キャリア発達における計画能
力がその人の可能性の実現と高度の社会適応と関連しており」、アイデンティ
ティ資本モデルの想定が確かめられている。計画能力の鍵となる成分は意思
決定のための「ライフスキル」と呼ばれるものである。後期近代の社会では、
自分の人生を調整する中でなされる選択や自らのアイデンティティを「設計」

する際の選択が重要となる。この選択の重要性を考えれば、教育システムにおいてさえ、このライフスキルのための公式・非公式の準備が実質的にまったくないことは注目すべきことである。**Box 8.2** は、若者に対するライフスキル・カリキュラムに「選択への教育」を含み、この問題と可能な解決に関する社会的・歴史的な観点を示している[97]。

Box 8.2　選択のための教育

およそ1世紀前、著名な人類学者マーガレット・ミードは、欧米社会は若者の成長にあわせて公式の「選択のための教育」を若者に提供する必要があると論じた[98]。(1920年代の)近代の欧米社会と比較して、前近代の社会(とくに当時彼女が研究していたサモア文化)では、若者は、適齢になっても、将来の成人期アイデンティティの具体的内容に関する選択がかなり少ない。若者は、競合する宗教や政治哲学や目がくらむほど幅広い大人の職業の間で選択する必要はなく、若者の生活から多くの葛藤が取り除かれている。前書で検討したような初期の個人化プロセスを見て、ミードは、前近代社会と対照的なアメリカでは、若者が数多くの宗教・政治・職業の選択肢から独力で選択することが実質的な要件となっていると記した。

もちろん、今日の教育問題に対する解は数々の問題を抱える前近代の社会形態に戻ることではなく、そのような問題に対処することを現実に助けられるような新しい社会形態に進むことである。ミードの分析が示唆していることは次のことである。人は好機の選択のための本来の能力を有していないようである。そのため、選択と個人化に基づいてではなく、アイデンティティが帰属されるような部族社会にある基準線の観点から、現代の挑戦を考える必要がある。それどころか、どのように選択するかを教えてもらう必要がありそうだ。さらに、今や、成人期の伝統的モデルは人びとに自律的で自己決定的な行為主体(エージェント)であるべしとプレッシャーをかけてくる新自由主義的な市場政策による経済的変化に侵食されており、不履行の選択をすることにさえ、手引きがほとんどないありさまである(Box 2.1 も参照)。

ミードは、幻想上ではなく、現実の選択のための自由を作り出す方法として若者の批判的思考の発達と外集団の寛容さを提唱した。1920年代のアメリカという選択の自由に高い価値が置かれていた社会においてさえ、現実の状況として、選択の自由は、しばしば、ふつうの市民が見破ることのできない幻想であった。ミードの言葉では、若者たちは「何を考えるかではなく、どの

ように考えるかを教えられなければならない」、そして彼らや他者にとって利用できる選択について、思考を曇らせるような「偏見によって妨害され」てはならない[99]。

　非省察的な思考に基づく選択は、その人の人生において重要となるその選択の有効性を制限してしまう。偏見に基づいた選択は、その人の社会的範囲の広がりを制限し、また他者の人生の機会に対する障害を作り出し、他者の人生における選択の有効性をも制限してしまう。ミードはこのように助言し、ポスト慣習的道徳（コールバーグ）や倫理的アイデンティティ（エリクソン）と関わる教育心理学と発達心理学のその後の思考の予兆を示していた。選択が低次の認知・道徳・倫理をもとにしていては、プロアクティブでエージェンシーを働かせる行為が社会構造上の障害を打ち破る可能性が消失する。したがって、不利な状況にある人が社会構造上の障害を打ち破るための個人的な資源を備えないならば、逆境を超えることは期待できない。そして、社会構造上の障害が突然魔法のように取り除かれたとしても、制約された条件下で人生を生きてきた人はそのような制約のない環境で機能するために必要なエージェンシーの資源をもっていないだろう。

　ミードの研究以降、自由選択のイデオロギーが社会を通じて世界に広がっているが、若者に大規模に批判的思考と寛容さを教える教育手段は発達していない。そのかわり、今日では、一部の人（若者）だけがこのような属性を発達させている。それらの属性は一人で発達させることが多く、時には表面上人生について教える大人の中で愚鈍さと偏見への反逆として発達させることもある。20世紀には、教育の知恵と技法の発達が実を結ばず、もしかすると21世紀になっても実を結ばないかもしれない。それらが実現するなら、有能で目標指向的で倫理的に責任感のある市民たちの間で社会的結束が創出され維持されるような進んだ社会を期待することができる。

アイデンティティ資本と大衆高等教育

　ここで、アイデンティティ資本モデルの詳細について徹底的に検討する価値があるとする3つの理由がある。第1に、すでに見てきたように、アイデンティティ形成についての一般的研究では、学校の文脈による影響について十分に明らかになっていない——学校は、学生のアイデンティティ形成のための「すべての人に恩恵をもたらす」ようには見えない（統制変数を考慮に入れ

ると統計的主効果もない)。第2に、アイデンティティ資本モデルのエビデン
スによれば、学校は「一部の人びとに恩恵をもたらす」──あるタイプの学
生はある文脈で発達上の利得を手にする(ある文脈で、ある学生たちが恩恵を得
るような交互作用効果がある)。そして第3に、アイデンティティ資本モデルは、
一般的にアイデンティティ形成を難しくする影響を探すため、より広い社会
的文脈──後期近代──を吟味するよう求める。そして、学生が利得を得る
ためにアイデンティティ型エージェンシーを活用することが求められる。

　したがって、アイデンティティ資本モデルは、教育システムの問題のある
性質のために、現代学校システムではアイデンティティ形成が活発にならな
いと示唆している。後期近代社会では、学生は高等教育環境の大衆化の困難
に直面する。高等教育は、一人あたりの学生の財政援助は減らされつつ、若
者世代のかなりの割合を高等教育に包摂するよう拡大している。大衆化の影
響は多くの人──気乗りしない人びとさえ──を学校に長い期間押し込むこ
とにある。大衆化の帰結として、多くの学生への教育・財政・感情的支援が
低水準になってしまう。この大衆システムの中の多くの学生にとって、教育
は「変革的」ではなく、ただ単に「現状維持的」であるだけなのである[100]。

　多くの国で、大衆高等教育システムが成り立つことで、大学の管理運営
と学生の募集の両方について、効率性とアカウンタビリティに基づく大学
レベルの「ビジネスモデル」が開発されていった。この大衆システムにおい
て、大学生はしばしば「消費者」として扱われる。また、多くの若者が親の
圧力や貧弱な若者労働市場や資格のインフレという状況に置かれている。資
格のインフレとは、いったんより低い教育の段階の人によって仕事が満たさ
れてしまうと、後続する世代の学生が仕事のためにより高度な質の保証を獲
得しなければならなくなる状況である。このような状況のため、大学に進学
することは外的要因によって「押し出されている」。また、このような状況は、
後期近代において、他の商品で共通して扱われているように、「教育」が「消
費される」何かであるようなサインを学生に送ることになる。学生たちは高
等教育を発達的個人化に取り組む機会としてみなさなくなってしまい、単純
に個人化不履行の方略をとるようになる。

　教育における「消費者としての学生」モデルは、知性の受動性とエージェンシーの受動性を促進する。「サービス」されることを期待する学生の場合、学業上の能動的な関与(engagement)を促すエージェンシーに関する双方向の関係の教育環境において、「中ほど」までしか適応しようとしない。教育をサービスされ消費される何かと見てしまうと、学習の吟味・自己規律・経験の習得に基づく内発的な「プル型」の動機づけとは反対の享楽的で外発的な参加への動機づけが促進される。そのような教育システムでは、多くの学生にかなりの程度のアイデンティティ型エージェンシーを育むことなどできはしない。このような問題は別の 2 冊の著書で考察してきた[101]。

　アイデンティティ資本モデルでは、最適な発達はその人とその文脈との間の適合を必要とするという発達的文脈主義の前提に基づいている[102]。アイデンティティ資本モデルにとって、大学の文脈の調査から見えてくることは、大学生の多くがオマケのような少しの労力しか払わないか、自分の学業をパートタイムの活動のように扱う中でほんのわずかの学生だけが学業に十分に打ち込んでいるという事態である。カナダやアメリカやイギリスの多くの大学では、この「撤退(disengagement)の文化」が黙認されている。撤退の文化は、大学におけるアイデンティティ資本の獲得に対して個人化不履行の戦略を奨励し、エージェンシーを働かせるアイデンティティ形成または統合的なアイデンティティ資本の活用や助成を奨励しない。この撤退の文化にしたがって大学を卒業しても、（価値の剥がれた）証明書の保有を除いては高等教育から最小限の恩恵しか受けられないだろう。

　大学での学習の文脈に適合度の概念を適用して、大学生が大学教育に対してとる態度についての研究がおこなわれた[103]。研究では、人－文脈の相互作用(person-context interactions)に目を向けている。大学での学習の文脈は、学生の動機づけと行動が重要で、大学環境がどのように経験されるかを決め、大学環境からどのような恩恵を得られるかを決める。具体的には、高等教育での学業にエージェンシーを働かせる方法で——自身の個人的な発達と知的な発達を高めることを最優先の目標とし——取り組む人は、大学教育の文脈と彼らのメンターを好ましく経験しており、社会経済的な出身階級に関わら

ず、成績と学習について良い成果を上げていることが示唆された。エージェンシーを働かせない方法——不活性なアプローチまたはおざなりのアプローチ——はこのようなポジティブな経験と成果に結びつくわけではない。実際、親からのかなりの財政的支援のように、過剰な親からのプレッシャーはネガティブな影響をもつ（親が教育のためのお金を出している場合には、その学生はそれほど学業には取り組まない）。

　大学進学への学生動機（SMAU: the Student Motivations for Attending University）という質問紙が開発され、5つの「プル型・プッシュ型」の動機づけ要因について大学進学への理由を測定している。この尺度の開発では、大学生が大衆化された大学で経験する恩恵ある人−文脈相互作用にそってさまざまな動機づけと結びつく無形の資源を明らかにしてきた。

　この研究が明らかにしたのは、2つの「プッシュ型」の動機づけが現代大学生の間で学習への共通かつ受動的なアプローチとなっていることである。その2つとは、自分の親を喜ばせるために大学に進学するという「期待駆動型」動機づけと他の選択肢がなく進学し、学業からほとんど得られるものがないという「責務不履行型」動機づけである。受動的なアプローチは、一般に、獲得されたスキルや成績によって測られるような学習についてのネガティブな成果を示す[104]。

　大学生によってとられる能動的な「プッシュ型」アプローチは、「キャリア主義・実利主義型」アプローチ、「個人的発達・知的発達型」の動機、「人道主義型」動機づけの3つである。自分の個人的な発達と知的な発達に最優先で投資する人が、単にキャリアの投資をしようとする人よりも多くのアイデンティティ資本を得ることになる。3つの能動的動機づけのうち、「個人的発達・知的発達」動機づけが学術スキルの獲得や高い成績を得ることに関してもっとも有益であり、「キャリア主義・実利主義」アプローチではそれよりも利得は少ない[105]。

　この高等教育研究は、エージェンシーの投資の役割を明らかにした。すなわち、発達にとってエージェンシーが重要であること、そしてこれらの発達はアイデンティティ資本のさらなる発達につながるということである。たと

えば学術スキルは発達的個人化と結びつき、成績や資格証明は職務のより高い領域へ移る際に必要となる。エージェンシーの投資におけるつながりは下のように描くことができる。

　　エージェンシー→能動的動機づけ→学業へのエンゲージメント→スキル／成績など→さらなる機会（より複雑な形態のエージェンシーを行使するチャンスを含む）

　アイデンティティ資本モデルは発達的文脈主義に基づいており、ポジティブな成果は学生が大学進学の際に抱く動機づけと彼らが大学で出会う学習環境との間の適合度によって予測される。アイデンティティ資本モデルは、エージェンシーの概念に加え、適合度の命題にも関連をもっている。個人的エージェンシーには個人差があり、自分の個人的な発達と知的な発達に能動的に参加することによって学習環境との適合度が潜在的に影響を受ける。この研究はまた、アイデンティティホライズン（地平）とアイデンティティ不安を具体的に把握することにつながる。アイデンティティホライズンは狭いものから広いものまである。広いアイデンティティホライズンは、将来の可能なアイデンティティを教育と仕事の文脈にさまざまに投影していくことを含んでおり、それによって自身の社会的範囲を潜在的に広げていく。アイデンティティ不安は、プロアクティブなアイデンティティ形成と結びついた変容を経験することへの恐怖や現在の「コンフォート・ゾーン」を超えていくことへの恐怖、とくに児童期の友だちや家族という限られた社会的範囲を脱していくことへの恐怖と関わっている。高校生と大学生に見られるアイデンティティ不安を測定するのに用いられる質問は、「さらなる教育に進む場合、『自分が何者か』について混乱するのではと恐れる」、「自分と一緒に育ってきた人との間に緊張を生み出すかもしれないので、さらなる教育に進むをためらう」といったものである[106]。
　このような概念の実証分析は、「アイデンティティホライズン効果」を支持している。このアイデンティティホライズンが狭いことの効果として、第

一世代の大学生や大学院生（それぞれ、その両親が大学学位をもっていない、大学院や専門職の学位をもっていない学生を意味する）、とくに親の奨励のない人は自分の将来の教育と職業の地平（ホライズン）が限定されているように感じる。アイデンティティホライズンが限定されている人は潜在的なアイデンティティの変化についての不安を経験する。今度は、このような不安から財政コストを高騰して見積もることになり、将来の教育計画についてなかなか決定しないことになる。最終的に、学業を進める能力がある可能性があっても中等教育後の教育にまったく進まない学生が出てくるし、また大学院教育を考えない学生が出てくる。

　アイデンティティホライズンのモデルは、学生や親たちによる教育計画の研究に適用できる。制限されたアイデンティティホライズンの効果と結びついたさまざまな問題に取り組む可能なプログラムの評価に適用できる。アイデンティティホライズン・不安の根深い性質を考えれば、とくに親が中等教育より先に進学していない学生の場合、遅くとも高校の初期にアイデンティティホライズンを広げる介入を開始するべきである。もちろん、高等教育を受けなくても、幸福になることもありえる。そのため、そのような人びとを彼らにとって適合しないところへ「押し出す」ことのないよう注意しなくてはならない。実際、研究が示すように、高等教育環境へと学生を押し出すことはその学生に関わるすべての人にとって逆効果になることもありうる。

　ここでの忠告は、制限された地平の人やアイデンティティ不安に陥りがちな人（そしてより低いレベルの無形のアイデンティティ資本の人）を手助けするべきであり、彼らのアイデンティティ形成においてプロアクティブとなり、社会的範囲を拡大するようにポジティブな学業の自己概念を発達させられるように手助けするべきというものである。そうすれば、彼らの教育経験が、単に「現状維持」であるより「変容的」となるだろう。このような研究知見と忠告は、アイデンティティ型エージェンシーが相対的に安定し深く根ざした傾向性であり、人生の早い時期から形成されているという他の研究知見と整合している[107]。そして中等教育後の段階でそれを育もうとしてもあまりにも

遅いという他の研究知見と整合している。それらはまた、読解力の弱い子ど
もたちへの介入に関するマタイ効果に基づく教育研究とも整合している[108]。
そのような介入が早くおこなわれればおこなわれるほど良い。読解力のある
子どもはその能力と実践からさまざまな波及効果を経験できるが、読解力の
弱い子どもはそのような発達的経験を逃すことになる。読解力の弱い子ども
はその後の人生でも読解スキルがないことを補うことができないかもしれな
い。発達への必要性から「読み方を学ぶ」ことなく「学ぶために読む」ことに
追われ、さらに仲間たちに遅れを取るかもしれない。要するに、マタイ効果
がすべての文脈でゼロサムであるとは限らない。みなが「読解力豊かな者」
となれない理由はなく、アイデンティティ型エージェンシーにおいて「豊か」
になれない理由もないのである。

　Box8.3 は、アイデンティティ資本モデルの研究で測定されたアイデンティ
ティ型エージェンシーのさまざまな構成要素を示している。学校を通じて低
いレベルのエージェンシーが進展していくことと、労働の中で後期近代社会
においてより不安定になっていくことに光を当てている。

Box.8.3　アイデンティティ型エージェンシーのタイプとレベル
　アイデンティティ資本モデルは、多次元エージェンティック・パーソナリ
ティ尺度 (Multi-Measure Agentic Personality Scale：MAPS)[109] を用いて測定されるア
イデンティティ型エージェンシーによって実証的に評価されてきた。MAPS
は、一般的に自尊感情、人生における目的、内的統制の所在、自我の強さと
呼ばれる性格特性の測定項目が合成されている尺度である。各特性を測定す
る項目はそれぞれ、次のような内容となっている。「人は、たいてい、私の考
えについてきてくれる」、「私の人生は、刺激的な良いことでいっぱいである」、
「私が経験する出来事は、私自身がしていることである」、「私は難しく挑戦的
な状況を楽しんでいる」。このような項目を組み合わせることで、個人主義
的な後期近代の高等教育文脈にとって重要なアイデンティティの資源 (*identity
resources*) にとくに適用できるアイデンティティ型エージェンシーの有益な測定
ができる。
　アイデンティティ型エージェンシーにとって、このような特性がもつ重要
性を理解する必要がある。以下では、重点項目のそれぞれを相対的に低い水
準で経験することがどういうことになるかを説明している。

- *自尊感情*の低い水準での経験は、文脈退避 — 成熟と責任の階段を上がることができるに価するとは感じられない状態になる
- *人生における*目的*の低い水準での経験は、内的な潜在能力と欲求と外的な機会との間に結びつきが欠けている状態になる
- *内的統制の所在*の低い水準での経験は、他者からの指示と手引きを待つ状態になる
- *自我の強さ*の低い水準での経験は、課題をやり遂げることができず、焦点を欠いている状態、錯乱する脆弱性と即時の衝動充足への欲求がある状態になる

プロアクティビティが成功する成人期のアイデンティティにとっての規範となっているような文化では、各項目の得点が低く、低水準のアイデンティティ資本しかもっていない場合、成功できないことは明白である。これまでのところ、この尺度はフィンランド語・イタリア語・日本語・トルコ語に翻訳されており[110]、すべての版で信頼性と妥当性は許容される水準を示している。

結論：プロアクティビティと文脈

　アイデンティティ形成の研究結果と自己発達の研究結果はともに一貫して、後期近代社会の文脈でプロアクティビティがさまざまなポジティブな発達と結びついていることを示した。プロアクティブなアイデンティティ形成は目標設定と社会的コミットメントにつながっていく探求と実験と結びつき、教育から仕事へのトランジションの環境を含むさまざまな社会的な文脈にわたって一貫してポジティブな成果をもたらす。広いアイデンティティホライズンのようなさまざまな要因もまた重要である。成人期へのトランジションの間の複雑な変容によっておびえ、その準備ができていない人にとってアイデンティティホライズンの広がりはアイデンティティ不安を減らすさまざまな手段となる。

　対照的に、自尊感情に関する研究の知見は発達に関して明確ではなく、青年期の若者の類型に分けて適用された場合にも明確さが欠けている。自尊感

情の研究領域はまだ論争状態であり、自尊感情は単なる副現象（行動への後続する因果的影響をほとんどもたない心的活動の副産物）であり、主張されるようなポジティブな発達への「ワクチン」などではないとする心理学者たちがいる[111]。そのかわり、実証研究が示すのは、学業達成を促進する上で高い自己効力が高い自尊感情よりも極めて重要な属性であるということである。そして、高い自尊感情は行動の原因（*cause*）というより、環境の帰結（*consequence*）であり、自己効力を増やすことなしに自尊感情だけを高めるような介入は限られた成功にしかならない。

　自尊感情の限定的な恩恵とは対照的に、自己効力は次のような状態と結びついていることが実証されている。高い学習成果、高い学業期待（アスピレーション）、高い学業達成、転校や貧弱な教師を管理する能力、広いキャリア選択肢を考え追求すること、選んだキャリアパスを粘り強く追求すること（この領域においては男性が有利というジェンダー差があるけれども）、リスクのある性的行動や他の高リスク活動をする程度が低い、市民活動や向社会的活動への関与が高いといった恩恵である。自己効力の目的と発達メカニズムと行使メカニズムは多様ではあるけれども、自己効力の価値は、個人主義の社会と集合主義の社会の両方で示されている[112]。

第9章　アイデンティティ形成と人間発達の可能性

> 自分自身を見つける最善の方法は、他者への奉仕に没頭することだ。
> マハトマ・ガンジー[1]

　結論となる本章では、はじめに、プロアクティブな自己発達、アイデンティティ形成、道徳的推論の間の関係について、研究知見を要約する。次に、研究知見を実践に適用する。最後に、将来の有望な方法論の方向性と理論の方向性について省察しよう。

発達に影響するさまざまな要因

　自己発達とアイデンティティ形成に関する実証研究には、ポジティブな発達に結びつく個人的な要因と文脈の要因に関する明確な研究知見がある。道徳的推論とポジティブな発達に関する文献からも明確な結論が導きだされる。

自己発達

　自尊感情は青年期を通じて成人期前期に入るまで増加し、重要な発達要因となる。しかし、その重要性は過大評価されてきた。一方で、エージェンシーの形態をとる自己効力の重要性が、これまでの研究で見過ごされてきたようである。自尊感情は不安定で、とくに青年期の間は状況からの影響により安定しないが、自己効力はより安定的で状況からの影響をあまり受けない。自

尊感情が安定している場合、確かな現実の基盤をもつ必要があり、もし間違った前提に立つ場合には、深刻な個人的な失望と成人期への間違った軌道に向けてしまう。

　たとえば、もし平均以下の学業能力しかない若者が自分が最高水準の学生であるという間違ったフィードバックを継続的に受けて自己概念として内化した場合、教育システムでその人にふさわしいところ以上に進み、最終的に真実を発見することになる。その途中で、この惑わされた学生は、幻想を維持するのが難しくなるにつれ、かなりの不安と抑うつを経験するかもしれない。最終的に、極度の個人的な危機の源泉となるような幻想からは解除されるだろう。教育と職業の方向で自分に適さない方向に先へ先へと進んでしまうと、この危機が現実になってしまう。

　対照的に、自己効力の感覚をもった上で学業の自尊感情をもつ学生の場合、つまり学業の1つ以上の領域で現実に有能な場合、その学生は、ストレスが少なくなり、後続する教育経験で報酬を手にすることになる。教育経験は、成人期へのトランジション（移行）と成人期アイデンティティの形成のための確かな基盤をもたらし、教育システムを通じて労働力へ入る過程で現実的な軌道をとるようになる[2]。

　高い自尊感情は、ポジティブな発達の「予防接種」ではない。実際は、自尊感情の基盤が非現実的である場合にはリスクがある。因果関係は十分に明らかにされてはいないものの、自尊感情が低いと、不十分な適応と反社会行動と結びついている。たとえば自尊感情を増大すれば、その人が適応できて逸脱が少なくなるかもしれない。また、低い自尊感情は適応が不十分なことの現実的な帰結かもしれない。

　欧米社会で自尊感情が非常に重視されてきたのは、主にアメリカに行き渡っているような個人主義の産物のようだ。若者は自尊感情の源泉として自己概念とアイデンティティを仲間からの承認と大衆文化からのモデルに結びつける。そのため、若者の自己概念とアイデンティティは状況要因の変動とウェルビーイングのための非現実的な目標に対して脆弱になる。若者が非現実的な理想を内化している場合、若者のメンタルヘルス（とくに不安、抑うつ、

自殺念慮の点で)とアイデンティティ形成にとって不安定な状況となる。たとえば過保護と間違った方向に導く教育経験の結果、そのような非現実主義的な理想が学業の目標とキャリアの目標に結びついてしまうかもしれない。自尊感情が脆く不安定なのに対して、自己効力は非常に頑健でポジティブな属性なのである。

アイデンティティ形成

　若者のアイデンティティ形成でどのくらい能動的かは変化する。若者のアイデンティティ形成は、児童期と青年期前期に発達した自己概念、自分の共同体の中で自分が利用できる社会的役割、さらに自分の文化の年齢や地位期待によってアイデンティティ形成への能動性の度合いは変化する。青年期は、これらが変化する時期であり、危機の時期であることは実証されている。後期近代社会においておこなわれた研究によって、プロアクティブになる人とそうでない人の間にはっきりとした違いが見られる。不活性は(とくに成人期前期まで持続する場合)さまざまな不適応と機能不全と結びつき、プロアクティビティはその反対の特徴と結びつく。プロアクティビティは若者のポジティブな発達(*positive youth development*)を研究し促進するのに用いられるモデルとなる。たとえ若者が教育から労働への主流な制度的環境の外側の目標を選ぼうとも、プロアクティビティは、ポジティブな若者の発達を促進する。外側の目標というのは、オルタナティブなライフスタイルを追求したり、音楽やアートや工芸といったオルタナティブなキャリアを追求することである。若者の発達プロセスは、たいていの場合、これまでよりも長く30代の間も続く。最終的には、選択の文脈で機能する成人期のアイデンティティを発達させ、社会の構成員となるようアイデンティティ形成に十分に能動的になる。**Box9.1**は、アイデンティティ資本の資源とメンタルヘルス・社会的機能の間の関係についての研究知見に光を当てている。

> **Box 9.1**　アイデンティティ資本の資源とメンタルヘルス・社会機能
>
> 　アイデンティティ形成のポジティブな形態がより良いメンタルヘルスと結びついていることは、エリクソンの理論では自明のこととされていた。この公理は、アイデンティティ段階を進む間に自我アイデンティティ（すなわち時間的－空間的連続性）の安定した感覚を獲得し、全体の心的機能が改善すると想定している。アイデンティティ資本の獲得に関して、この公理を確かめる研究がある。Box8.1 で示した実証的な尺度を用いて、アイデンティティ型エージェンシーは日常のメンタルヘルスと機能的になることとの間に統計的な関連が見いだされてきた[3]。このような研究知見はマタイ効果と両立する。すなわち、成人期へのトランジションに際して、十分な資源をもって成人期アイデンティティ形成を始める人は、そのような資源が十分でない人よりも苦労することが少ないだろう。あまり総合されていない自我アイデンティティを伴って 20 代となった者は、20 代の後半に成人期アイデンティティの感覚を発達させる際にさまざまな問題を経験し、潜在的な水準では慢性的なアイデンティティ混乱を経験している（調査対象者の 20% 程度がこの水準のアイデンティティ混乱であった）[4]。
>
> 　このような結果から、若者は、今日の延長する成人期へのトランジションのための十分な水準の無形の資源を必要としている。この場合、10 代後半から 20 代前半にかけての自我アイデンティティの高度な発達は、その後のさまざまな成人期アイデンティティを獲得することにつながっている。自我アイデンティティの発達が低水準では慢性的なアイデンティティ混乱によってトランジションが妨害され、成人期への問題のあるトランジションとなる。

　後期近代社会はさまざまな文化的系統と民族性の人に独自の困難を生み出しながら、自分の発達を導いていく責務を個人に課す。驚くべきことだが、平均して見れば、中等教育以降の学校教育はアイデンティティ形成の不活性－プロアクティビティの次元にほとんど貢献していないようである。教育環境は、主に能力のタイプと水準そして資格証明の授与によって学生を選別し、授ける教育によって獲得される職業アイデンティティが異なってくるところに影響が見られるだけである。他方で、家族は、権威ある民主的なタイプの育児スタイルが最善のサポートとプロアクティブな発達を刺激するように、アイデンティティ発達において大きな役割を担う。

道徳的推論の発達

　現代の欧米社会とこれまでに研究されてきた非欧米社会では、男女両方の多数派の青年期後期の若者と若年成人は、慣習的な形態の道徳的推論ができるところまで到達するようである。しかし、感情移入と視点取得のための十分な能力を発達させていない人は実質的な発達が顕著に阻まれている。自分の認知的能力を行使するよう奨励するような社会的な刺激をもっていない人でも実質的な発達が顕著に阻まれている。

　しかし、成人期前期までにポスト慣習的推論に進むのは全体の少数派だけであり、中等教育以降の教育を経験する人にそのような発達が生じるようである。また、大人になってもいまだに前慣習的推論をしてしまう人も少数ながらいる。初等中等教育システムは高次の道徳的推論のための一貫したモデルや刺激をもたらさず、そのかわり権威主義的な実践とともに低次の推論を奨励してしまっている。他方で、仲間たちや親たちは、とくに親が権威ある民主的な育児スタイルをとるような家庭では道徳的推論にもっとも影響を与えるようである。

介入とカウンセリングへの応用

　とくに選択の自由が実質的に不可侵であるような個人主義の社会では、自己／アイデンティティ／道徳的推論の研究を適用するには多くの障壁がある。後期近代社会においてアイデンティティ形成がますます選択に基づくようになるという性質を考えると、乗り越えるべき明確な障壁は選択に影響する活力ある適用を提示できるかどうかである。たとえば後期近代の文脈には学校での失敗や健康リスク行動、メンタルヘルスの問題や弱い心理的機能に関して、不活性な発達へのかなりの欠点がある。しかし、自分の個人的な発達にどのような姿勢を好んでとろうと、その姿勢についての権利を考えると、このような洞察は人びとの自己決定の感覚を妨害するのではないか。このことは近代の民主主義にとって手に負えない問題のように思われる。しかし、近

代の民主主義は人びとの選択に直接または慎重に影響するさまざまな制度を
これまで発展させてきたし、支えつづけていることを認識する必要がある。
そして、その顕著な例が教育システムなのである。

　それにもかかわらず、現在の教育システムは、本書で検討してきた自己／
アイデンティティ／道徳の発達形態をほとんど向上させていないことを実証
研究は示している。少なくとも、自己／アイデンティティ／道徳の３つの最
高度の機能的な心理的プロセスであるプロアクティビティに関する向上は見
られない。ほとんどの教育経験は、「変容的」ではなく、たいていは単にそ
の人の既存の発達能力の「現状維持的」であるだけである[5]。教育システムは
また、質において多様であり、多くの大衆教育は、高等教育レベルにおいて
さえ、うわべだけのものとなっている[6]。教育システムのカリキュラムには、
自己／アイデンティティ形成と道徳的推論の発達を含む人生の学業以外の面
において利潤を獲得するような革新につながる実験をする余地がかなりある。

　革新的カリキュラムの挑戦は、選択についての洗練された見方によって補
強される必要がある。これまでの研究によって手引きなしの自己決定がネガ
ティブな帰結につながる可能性が明らかにされたように[7]、最近の心理学研
究は、選択肢が無際限にあることからくる難しさに光を当てている[8]。最近
の研究では、個人主義の社会の人が、必ずしも備える必要のあるわけではな
い過剰な意思決定のために「選択の圧政」に直面すると論じられている。た
しかにあまりにも少ない情報とともにあまりにも多くの選択肢があり、表面
上拘束のない選択が逆説的にも拘束的となっている。選択の自由から得られ
る自由には潜在的な可能性があるものの、選択の貧弱な帰結を生き、日常生
活で数多くの選択に直面し続けながら、つねにさまざまのネガティブな心理
的帰結を経験している状況である[9]。**Box 9.2** は生じている問題の役に立つ事
例を示しながら、選択の圧政について説明し、アイデンティティ資本モデル
の原則を適用することでそれらがどのように修正されるかに光を当てる。

Box 9.2　選択の圧政と後期近代教育システムにおけるアイデンティティ資本への含意

　心理学者のバリー・シュワルツは、次のように論じている。欧米社会は、市場経済を通じて無制限の選択を供給してきたため、多くの人に対してクオリティ・オブ・ライフや幸福を減らし、そして人生の機会を消す「自由の圧政」と「選択のパラドクス」を生み出すこととなった[10]。利用可能な選択によって繁栄する人もいるかもしれないが、不決定や圧倒される感覚により苦しむ人もいる。苦しむ人は、ストレス、後悔、不安、抑うつ、自責といった感情に追い込まれる。たとえば消費者研究によれば、製品ラインの選択が多すぎると（たとえば、シャンプー、ワイン、コンピュータ）、現実には売り上げを減らし、消費者はストックされている棚から製品を選択できずに歩き去る。人は、さまざまな理由から選択を回避する。もっとも重要な理由は間違うことへの恐れであり、次に間違った選択をしたために機会を逸することへの不安が続く。選択がより制限されていれば、間違った決定のためにそれほど非難されないだろうと受けとめられるため、恐怖と不安は和らぐ。

　本書の読者になじみのある例を示すとすると、アメリカの大学生は大学を卒業することが難しいと気づいてしまうほど、カリキュラムを選ぶ際に「過剰負担の選択」を経験している。さらには、卒業するとしたら何をしなければならないかを考えることも難しく感じるほど、カリキュラムを選ぶ際に「過剰負担の選択」を経験している。逆説的なことだが、アメリカの学生の在学期間は長期化し、学生の多くは職業に向かう大きな計画などもち合わせず、なんとかして職業へ最終的に滑り込む。ストレス・レベル、抑うつ、不安、摂食障害などはすべて、学生の間で増加している。

　この問題にアイデンティティ資本モデルによってアプローチすると、個人化不履行と発達的な個人化の区別を日常生活で直面する決定の分岐点を定式化できる。それぞれの決定の分岐点は、難しくて労力を要する潜在的に変容的な成長経験か、それともそれまでの発達の水準を単に維持するだけのたやすく最小の抵抗と労力の道のりかという分かれ道として現れる。もちろん、両方を経験するが、個人化の発達的な道のりを経験するのに必要なことは、最小限の労力の道のり以上の成長・向上になる選択肢を選択していくことである。このような選択のトレーニングは、Box 9.2で強調したように、今日の教育システムの多くに欠けている。事実、いくつかの国（とくにアメリカ）の公教育の学校システムでは、学生の多くに最小限の労力の道のりを促してしまっている。その結果、学校システムが、学生たちを個人化不履行へと訓

練してしまっている。学校は、さまざまな理由から個人化不履行を奨励してしまっている。その理由には、貧弱な財政と過剰学級といったものから、失敗の感覚を作りだす困難を学生に提供することもなく、ドロップアウトしないように学生をおだてることもしようとせず、カリキュラムのレベルを下げたり状況をより悪化させるといったものまでさまざまである。

　このような方法は、アイデンティティ資本の獲得に関する間違ったアプローチである。なぜなら、そのような方法は、単純に、個人化不履行を育んでおり、若者が自分のアイデンティティを操作しようとする試みを脆弱なままにしているからである。学校がすべきことは、選択と人生プロジェクトの計画のためのトレーニングである。それらはともに個人化プロセスの中心的課題である。学校は、利用できる選択についての現実的な制約を示すことによって、手引きする構造が選択を促進するような場所であることが求められる。選択トレーニングと人生プロジェクトの計画の手法は、アイデンティティ資本の獲得にとって不可欠である。教育は若者が人生について自己省察して戦略的に考えるスキルと共同体で担う役割を受け渡すことができる。それができれば、教育は若者の経験の範囲を広げ、ローカルなことからグローバルなことへと道徳的－倫理的に考えを広げることを助け、同時にアイデンティティホライズンを広げることにも有用であろう。

　学校における発達支援システムの改善の方法を探していこう。そのためには、社会構造のレベルや共同体のレベルで[11]ポジティブな若者発達の支援システム[12]がどのように生み出されて質を高めてきたかについての長年の研究を活用することができる[13]。ポジティブな若者発達の支援システムは、学生交換、海外・家庭ボランティア・ウィーク、宗教共同体での経験[14]などの機会とともに発展してきた。また、権威ある民主的な育児スタイルの肯定的な恩恵は成熟行動を奨励する手引きされた育児とともに、学校や共同体センターや職場のような他の制度にまで広がっている[15]。さらに、アイデンティティ形成と道徳的推論を高めるためのさまざまな介入のためのモデルが開発されており、それらが学校と共同体のサポートのインフラをなしている[16]。若者にポジティブな発達の機会をもたらすことに関して、北欧諸国が世界の中で進んでいる。北欧諸国では、若者は社会のためにポジティブな資

源を構成し、意味ある仕方で参加する価値があるという（権威ある民主的な）見方が前提となっている[17]。

　残念なことだが、理論から具体的な応用に移ろうとすると、アイデンティティ問題への効果的な介入方法に関する知識が手薄である。アイデンティティ介入は揺籃期にある。問題の一端は、とくに成人期へのトランジションの間に若者によって経験されるアイデンティティ問題のように、数多くのアイデンティティ問題の「通常状態」にある。たいていの場合、アイデンティティ危機に結びついた逸脱はやがて過ぎ去り、アイデンティティ危機のときにはそうなるものだと想定されて、単に黙認されるか無視されている。アイデンティティ危機の段階固有の危機を通じて若者をどのように手助けするかについてほとんどわかっておらず、第2章で示したような深刻なアイデンティティ問題、障害、病理にどのように対処するかについてさえもほとんど分かっていない。自由に選択する権利に高い価値が置かれている個人主義の社会では、ネガティブな帰結があるかもしれないにもかかわらず、自分の人生を管理する方法について思慮深く考える必要があることを多くの人に納得させることは難しい。個人のレベルでは、介入は妨害とみなされるし、大人の懸念は世代間の違いによる偏見と間違えられる。社会のレベルでは、共同体は抑圧的で反動的とみなされ、プログラムや政策は権威主義的なパターナリズムと間違えられる。

　何がアイデンティティ問題を構成しているのか、そして介入がおこなわれる前はアイデンティティ問題がどれほど深刻なのかについて、合意を形成するという問題がある。アイデンティティ問題とともに生きている人もいれば、助けを求める人もいる。アイデンティティ病理に対処した数多くの臨床経験にも関わらず、エリクソン自身は介入について極めて慎重であった。ほとんどの人が、若々しいアイデンティティの危機を通じ、しばしば成長を生み出す自己治療的な方法で切り抜けることができるとエリクソンは見ていた。大人の共同体は一歩下がって、多くのアイデンティティ危機と結びついた逸脱を無視するべきだろうと彼は考えていた。一方で、そのようにしてしまうと、永続的に若者にラベリングする可能性があり、ネガティブな成果（アウトカム）

を生み出す自己成就的予言を用意してしまうことになる[18]。他方で、アイデンティティ危機のほとんどの場合に、どのように介入すればいいかはよくわからないと彼は考えていた。この点を直接尋ねられて、エリクソンは「工学のための数学を必要とすることなく、工学を実行することになるだろう」と答えている。エリクソンにとっては、その人または他者にとって明らかに痛ましいような深刻な場合、またはその人が求める場合に、介入するのが適切であった。

幸いなことに、アイデンティティ形成へのエリクソン派のアプローチと、第2章で触れた精神障害の診断と統計マニュアル（DSM-III）において具体化された診断基準をとる精神医学のアプローチを結びつける有益な研究プログラムが進められている。精神医学のアプローチでは、臨床環境から大規模オンライン調査までさまざまな環境で簡単に素早く実施できる10項目の調査項目が開発されている。DSM-III のアイデンティティ障害の把握とそれほど深刻ではないアイデンティティ問題の DSM-IV の徴候学にしたがって、アイデンティティ疾患調査（IDS）[19]は「アイデンティティ疾患」[20]の連続的な測定尺度を提供している。

これまでに IDS によって把握されたアイデンティティ障害の広がりは、アメリカの高校生と大学生で 8〜12%、リスクのある高校生の間で 16% と見積もられている[21]。（それほど深刻ではない）アイデンティティ問題は高校生で14%[22]、リスクのある高校生で 34%[23]、地域のメンタルヘルスセンターからサービスを受けている青年期の若者（11-20歳）で 23% と見積もられている[24]。

アイデンティティ疾患の一般的構築に関して、この研究では、アイデンティティ障害の割合が上昇傾向にあることが示唆されている[25]。高度のアイデンティティ疾患は、学業・社会・感情のさまざまな条件に上手く適応できず、低度の自我の強さ[26]、貧弱な身体イメージ[27]、徴候の内在化と外在化[28]、そして最近のトラウマ経験[29]といったことと相関している。アイデンティティ疾患はまた「通常の」アイデンティティ探求とも結びつき、介入に反応する[30]。世界中の数多くの国々の研究者が、現在の IDS を用いている[31]。

他のアイデンティティ研究者は、意思決定と結びつくコミットメントに関

して他の選択肢 (オルタナティブ) を探求する程度を増加するような介入を研究し実験している[32]。このような介入の対象は、主としてアイデンティティ拡散／混乱の若者であり、定義上、彼らは現在のライフコース軌道のオルタナティブを能動的に探し求めてはいない。このような介入の実証的評価の結果は、さまざまなコミットメントの探求を刺激することにおいて一定程度の成功をしているが、先述のように、人びとを用意していない行動指針に押し出すことには注意が必要だろう。

　実証研究から、「共同構築主義モデル」という有望な介入モデルが登場してきた[33]。「共同構築主義モデル」は、別の選択肢を探求することと結びついた批判的技能 (創造性、批判的な価値づけ、判断の保留のような問題解決の技能) を教えることで若者のエージェンシーに関わる能力 (自己調整や自己変容のような発達のポジティブな側面) を高めることを追求する。相互批判が奨励されるような仲間の小集団で用いると、現実の人生の問題に関する批判的議論が生じ、現在の状況の見方とその状況への別の選択肢の想像の仕方をお互いから学ぶことを助けることができる。このモデルは、周辺化された若者にとって効果的であり、数多くのリスク要因と結びついた現実の人生のさまざまな問題に対処するのを支援することができる。明らかに、介入を前進させることに関心のある人にとっては、このような手法は特筆すべき事項である[34]。

　臨床心理学者のメグ・ジェイは、別の観点から、アイデンティティ資本モデルに基づいて、困難を抱えた「20代の若者」の治療をしている。彼女は『決定的な10年：なぜ20代が重要なのか』という著書[35]において自分のアプローチと臨床事例研究を示し、それらをTEDトークでもプレゼンテーションし、執筆時点で700万ビューを超えている[36]。そのTEDトークでは、若者たちに次のように願いを伝えている。「アイデンティティ危機にあることを忘れ、アイデンティティ資本を手にすること。自分が何者かについて付加価値を生むような何かをすること。自分が次にどのようになりたいかに関する投資になるような何かをすること。」そうして彼女は、20代はアイデンティティを総合 (*consolidate*) する時期であることを伝えている。20代はアイデンティティのさまざまな要素を総合し、キャリアや家族生活に統合していく方法を見つ

けることが必要になる時期であり、プロアクティビティを遅らせることなく、アイデンティティを総合する時期であることを意味している。彼女のクライアントには、目標と大人の役割を遅らせ、成人期を遅らせるべきだと信じているような相対的に裕福な若者が多い。彼女は、この事態をアーネットの創発的成人期の理論によって提起されている成長の問題とみなしている。創発的成人期論（*emerging adulthood*）では、欧米型の社会のすべての若者が、約 18 歳から 25 歳へと少なくとも 6 年続く青年期と成人期前期の間の別の発達段階を通り抜けると主張されている[37]。アーネットの創発的成人期論のような理論は論理的かつ根拠に基づいた深刻な問題であり、その考察は本書の範囲を超えるが、それらは「ポップな」単純さのために多くの人びとに響いた[38]。ジェイは、社会構造の変化についてのポップな説明が受け取られることに警鐘をとなえた。若者が、失敗への自己非難や機会の浪費によって悪化する個人的な問題を生み出しながら、大人の役割の想定を遅らせるべきだと信じるよう唆されていることが懸念される。

　同様に、パーソナル・メンターで人生コーチであるドリュー・リヒテンバーガーもアイデンティティ資本モデルを活用している。「20 代の若者」のクライアントが成人期へのトランジションの際に自分がはめられたり見失われたりして、それがなぜかについて当惑する「20 代の挫折」を経験している。「20 代の挫折」に対処して乗り越えるのを助けるためにアイデンティティ資本モデルが活用されている。彼は「20 代の挫折」について、次のように書いている。

　　　共通する現象には、自分が自分の可能性にあっていないのではないかと迷うことや、自分が正しい道にいるかどうかを疑問に思うこと、自分の人生の目的や自分が何者かを理解しようとすることが含まれる。あるいはまた、それは将来について大きな人生の決断に直面する際に抱くような予感でもある[39]。

　リヒテンバーガーは、個人化プロセスを個人化不履行から発達的個人化へ変える方法を見出すのを助ける「将来の発達的個人化を備えるカリキュラム」

を開発した。そのカリキュラムでは、自己検討プロセスに取り組んで自分の独自の可能性を見つけ、自分の価値を明確にして自分がこれからとっていく具体的なステップに向けて、優先順位のつけられた目標と自分自身とを結びつけるといったことを支援する[40]。

アイデンティティ資本セラピー

　本書では、社会的アイデンティティ、個人的アイデンティティ、自我アイデンティティの3つのレベルの関係性を定式化してきた。3つのレベルの区別とアイデンティティ資本の素材とアイデンティティ資本モデルに基づく創発的介入を結びつけて、アイデンティティ介入を実行することが推奨される。そうすることで、アイデンティティ形成と維持のプロセスが3つのアイデンティティのそれぞれで異なるという事実に注意が向けられる。後期近代社会では社会的アイデンティティを形成・維持することは難しく、長期にわたる課題となっている。大人の共同体において適した居場所を見出し、承認された役割を守ることは、ますます長期間にわたる課題となってきている。このことは、多くの青年期の若者とますます多くの若年成人にとって、大人の社会的アイデンティティの意味ある源泉が制度的に否定されていることを意味する。残念なことだが、最近の世代の個人的アイデンティティは、若者を押し出したり引き上げたりしようとする大衆文化の影響によって餌食とされ侵食されている。

　後期近代の流動する性質と不安定な性質の影響が、若者の懸念と不安の源泉となる場合がある。よく発達した自我総合機能と自我実行機能によって支えられた相対的に強い自我アイデンティティの感覚をもって若者期に入った人は、個人的アイデンティティと社会的アイデンティティに対する攻撃と不安定さに耐えることができる。他方、自我アイデンティティ・プロセスの弱い若者は、社会的アイデンティティにおける不足と個人的アイデンティティにおける攻撃というより大きな困難に遭遇する。このことは、治療的介入をする際に認識しておくべきことである。セラピストはアイデンティティ形成における困難を経験している若者が自分の苦悩の中心にあるのは自分自身で

はなく、現代社会の性質なのだということに気づかせる必要がある。ただし、後期近代社会の移り変わりへの対処の仕方を若者が学ぶ責任がなくなるわけではない。セラピストには、他の社会と対比して自分の人生がどのように異なっているのか、自己非難や不安をどのように和らげるかについての知識を患者に与える責任がある。セラピストと患者はともにアイデンティティ問題は後期近代社会の強制的な個人化プロセスと結びついているが、社会的アイデンティティが帰属され、個人的アイデンティティが利益のために操作されないような伝統的社会では見られなかったことを認識すべきである。

　このような「リアリティ・セラピー」[41] では、主観的アイデンティティと客観的アイデンティティの間の分裂が困難の源泉であるかどうかを決めるために、若者の主観的アイデンティティと客観的アイデンティティの構成要素に注意する。主観的アイデンティティと客観的アイデンティティの間の分裂が大きくなればなるほど、人が他者と関係をもつのが難しくなり、アイデンティティ資本の獲得を含むアイデンティティ形成の進歩に影響を受ける。リアリティ・セラピーは、若者が仲間集団のプレッシャーと大人の共同体の期待の両方に適応することを助けることができる。これらの社会的指標への正確な支えを維持することで大人の共同体におけるメンバーシップへのトランジションが促進される。実際、社会の中でのその人の立場についての現実的な見方を保持することはあらゆる社会の適応の印であり、とくに高度の画一性を求める前近代社会の適応の印である。ここでは盲目の画一性を勧めるわけではない。そのかわり、人には現実的に状況を評価し、目標を達成するためのチャンスと手段を判断するための能力が必要となる。

　現実の連合した感覚とより大きな共同体における自分の「客観的な」位置づけの連合した感覚をあわせ、アイデンティティ獲得プロセスに取り組むより良い位置どりをするべきである。(アメリカの若者の半数がしているような[42])リスクの高い行動に手を染めたり、個人化不履行の軌道にはまって成長と発達の機会を浪費するべきではない。そのかわりに、自分と共同体にとって最終的に益を生む個人的な強さと社会的ネットワークの思慮深い構築に基づいて堅固な未来を築くように労力を向けることができる。多くの国々で、現在

ありふれたこととなっているような若者たちの可能性の浪費は恥ずべきことである。大人の共同体が傍観したり無視したりするならば——さらに悪いことには、浪費を採用しているならば、よりいっそう恥ずべきことである。今世紀の始まりに富と機会をもたらす技術上の驚くべき進展とともに、私たちは、今以上に社会を前に進めるべきである。最適なアイデンティティ形成と将来世代を育む世代的責任についてより多くを学ぶことで、技術的な洗練と社会的な視野狭窄の間のギャップを埋めることができるだろう。

さらに前へ Moving Forward

近年では、さらなる理論の発展、その検証と適用に導いてくれる数多くの研究の発展がある。この節では、まず方法論の枠組みを示し、発達の最適な成果となるよう人生を改善する理論的潮流の最新の動向を紹介する。

方法論のモデル：応用発達科学

リチャード・ラーナーは次のように論じている。欧米諸国に見られるような大学でおこなわれる学術研究は、地域共同体と市民社会のさまざまな現実と問題から撤退する傾向にある。学術研究は厳格な学問の境界によって定義される基礎研究の観点から自己正当化することをより好んでいるようである、と[43]。あまりにも多くの学術知識がばらばらに仕事をする学者によって生み出されており、その結果、多くの知識が文脈から遊離してしまい、政策とプログラムの実行のための基礎となる知識が不足してしまっている。はっきりいって、先進国と発展途上国の市民が直面しているさまざまな問題の広さと巨大さを考えれば、このような学術研究の現状は悲惨な状態である。

ラーナーは、応用発達科学（*Applied Developmental Science: ADS*）の先駆者である。応用発達科学のアプローチは、基礎知識と応用知識の間の中断を交流させようとしている。このアプローチが促進するのは、「発達科学の統合を意義あるよう進めようとする学識とこの世界の人間のさまざまな緊急の問題に取り組むアクションである。応用発達科学の研究の鍵となる目標（意図するインパ

クト）は、そのような学識によって貢献されるさまざまな個人・家族・共同
体の人生の機会を高めることである[44]」。具体的には、ラーナーは応用発達
科学を次のように定義する。

　　（応用発達科学は）生涯にわたるポジティブな発達を促進するための研
　究と応用の総合である。応用発達科学者は、予防的・向上的な介入のた
　めに人の発達を記述する知識と説明する知識を活用する。応用発達科学
　の概念的基盤は、個人と家族機能は、時間をかけて連続的に進化・変化
　してきた生物学と物理的・社会的な環境との相互作用の産物であるとい
　う見方にある。応用発達科学が強調するのは、人びとの間、さまざまな
　環境にある、人－環境の互酬的な相互作用の性質である。応用発達科学
　が強調するのは、生涯にわたる個人の発達の違い――個人差とその人の
　中の変化を含む――と、人間の発達の家族・社会・文化・物理・生態・
　歴史といった幅広い環境である[45]。

ヒューマニズムを志向する応用発達科学の研究課題は、本書のアイデン
ティティ形成論簡易版と両立可能であり、エリクソンからも認められるだろ
う。たとえばアイデンティティ形成論簡易版の道徳的・倫理的な新エリクソ
ン派のアプローチは、応用発達科学に内在するヒューマニズムと適合してい
る。それは、次のような応用発達科学者への呼びかけにも明らかに見られる。

　　科学的責任と社会的責任の両方を高める倫理的な感受能力を発達させ
　ること。また共同体のメンバーとの協働において、その発達を形づくる
　力の有益な理解を枠組みづけるような倫理的な感受能力を発達させるこ
　と。要するに、人間の発達の性質を十全に理解するため、そして共同構
　築的な知識に基づき、市民社会を前進させる倫理的な行為を発達させ持
　続させるために、学識という知は共同体にある知と統合されねばならな
　い[46]。

　さらに、応用発達科学はアイデンティティ形成論簡易版の発展を導いてきたパーソナリティと社会構造の視点（PSSP）をとっている。たとえばラーナーは次のように記している。

　　人－文脈の間の関係は生涯にわたる変化にとっての機会と制約の両方をもたらし、生涯にわたる発達にとっての相対的な可塑性の基礎を構成する。個人と文脈の間のダイナミックな関係の強調は、人間の発達に関わる多水準の統合（たとえば、人、家族、共同体）を理解するためには、多分野からの学際的な視点の総合が必要になることを認めることにつながる[47]。

　アイデンティティ形成論簡易版は文脈横断的で歴史横断的なアイデンティティ形成についての学際的な理論を要求し、後期近代社会におけるアイデンティティ形成への挑戦に結びついているさまざまな問題を把握している。応用発達科学のアプローチは本書のアプローチと両立可能であり、アイデンティティ研究への科学的アプローチの研究を方向づける帆先として応用発達科学のアプローチを心から勧めたい。

有望な理論的方向性
アイデンティティ経済

　2001年ノーベル経済学賞受賞者のジョージ・アカロフは、アイデンティティ研究にさまざまな道を開く新しいアプローチを生み出した[48]。アイデンティティ経済学（*identity economics*）と名づけられたこのアプローチは科学的な可能性を備えており、アイデンティティ研究の領域にさらなる正当性を加えるだろう。アイデンティティ経済のアプローチでは、経済学の基本原則に心理学的な考えと社会学的な考えが加えられた。人生において、経済的インセンティブに加え、自分の個人的アイデンティティと社会的アイデンティティが重要な優先事項にどのように影響しているかが示された。アカロフは、同じ経済環境下に直面している人が「自分が何者か」と「自分が何者でありたいか」に

ついての知覚の知識に基づいて正確に予測されるような意思決定を行っていることを証拠を挙げて示した。そして、人びとの自己知覚とアイデンティティに関連した期待（アスピレーション）はさまざまな経済的インセンティブよりも働く上での価値観やお金の使い方に影響を与えることを強く主張する。この新しい領域の貢献は次のように記される。

　　アイデンティティ経済は社会科学における決定的な分断に橋を架ける。それは、経済にアイデンティティと規範をもち込む。何が適しているか、何が禁止されているか、誰にとってかといったことについての考えは、どれだけ働くか、どのように学び消費し節約するかといったことに対して根本的な影響を与える。したがって、アイデンティティ──自分が何者であるか、そして自分がどのようにあるよう選ぶのかといったことについての自分の見方──は、経済生活に影響するもっとも重要な要因であるだろう。アイデンティティに関して、社会によって設けられる制約は、経済的ウェルビーイングの決定要因である[49]。

　経済学者の流儀にならって、重要な理論的な考えを等式によって表明するならば、基本的な定式は次のようになる。

　　社会的アイデンティティ＋アイデンティティ規範＋アイデンティティ効用＝選択／決定

　社会的アイデンティティには、広義のカテゴリーとしては民族性やジェンダーが含まれ、具体的には学生やパンクロッカーといったカテゴリーが含まれる。アイデンティティ規範は「良い学生」の学業への高度な関与（engagement）の場合のように、具体的な社会的アイデンティティに適用される文化的ルールの集まりからなる。アイデンティティ効用とは、選択がアイデンティティ規範に適合する際に、人びとが得たり失ったりするものを意味する。社会的アイデンティティ、アイデンティティ規範、アイデンティティ効用は、ある

商品を購入することから、具体的な集団に参加すること、さまざまな目標を
追求することまで、さまざまな領域においておこなわれる選択と決定を予測
する。

　この理論を経済学に紹介する研究論文において、アカロフはその橋渡しの
可能性について記している。

　　　多くの標準的な心理学の概念と社会学の概念は、経済の成果をより広
　　く分析することを可能にし、我々の枠組みに適合する——自己イメージ、
　　理想型、内集団と外集団、社会的カテゴリー、同一化、不安、自己破滅、
　　自己実現、状況といった概念がある。この枠組みはかなりの一般性と共
　　通テーマをもっており、数多くのさまざまな非金銭的報酬の行動の動機
　　づけを経済的な推論に統合する1つの方法だろう[50]。

　アカロフは、教育を含む選択に基づく行動について、良い事例を示してい
る。たとえば、高校生の間にある反学校規範や反学習規範が低い質の学習に
つながり、知的なマインドセットへの社会化をあまり進めないとしている。
（仲間文化から生じる）そのような規範へ同一化する学生たちは、卒業できず、
高等教育にも進まない。

　しかし、他の機会がなかったばかりに、学生が自分の目標についてのマイ
ンドを変えたり、強制されているとしたら、何が起きるだろうか。たとえば
現在の劣悪な若年労働市場では、若者はできるだけ長く学校に留まるよう通
達されているようなものである。高校で学業から撤退する学生のほとんどは
前に進むために必要な資源をもっておらず、前に進んだとしたら、成功する
ための資源をもっていない。学校は対立の文化と撤退の文化という集合的問
題に直面している。そのような文化は、対立し撤退するアイデンティティの
中でお互いから規範的支援を見つけるような学生たちに対立し、撤退してし
まっている[51]。マクロな改善策としては、対立と撤退を強化してしまう影響
からこの大衆教育システムを保護するよう、大衆教育システムを運営する方
法についての社会構造的な考え方の大転換を必要とする[52]。

　本書では、アイデンティティ資本モデルが示唆する方法で個人レベルのミクロな改善策があることを付け加えたい。対立と撤退の文化にさらされている人の中には、高等教育に進学する決定を下すための必要な手段やその文脈でどのようにすれば成功するのかを理解するための必要な手段を現実にもっていない人もいる。したがって、先の等式に4つ目の項としてアイデンティティ資本を付け加えよう。アイデンティティ資本は、自分の現在の資源や望む資源をもとに戦略を練る人びとの能力を意味する。

　　社会的アイデンティティ＋アイデンティティ規範＋アイデンティティ効
　　用＋アイデンティティ資本＝選択／決定

　高校生の場合、撤退する仲間と一緒に遊びつつ（あまり賢そうには見せず、あるいは高すぎない成績をとったりしつつ）、学業能力や勉強習慣を発達させる学生もいる。彼らは自分が興味をもって挑戦したいカリキュラムを見つけるまで、全力で学業に取り組むことを延期するかもしれない。このようなことは、アメリカの学校システムで多くの学生に生じているように見える。たとえば仲間・親そして将来の予期される仕事市場から競合する規範にさらされ、そのバランスをとる学生に生じているように見える[53]。もちろん良い学生もおり（a：社会的アイデンティティ）、彼らは学業における関与の規範と同一化している（b：アイデンティティ規範）。その理由は、彼らはそのような規範を報われるものと見ており、高等教育への進学をたやすく選択することができるからである（c：アイデンティティ効用）。しかし、等式にアイデンティティ資本を加えることで、蓄積したアイデンティティ資本の資源の真価によって、そのような学生たちが中等教育以降の段階でさらに良く準備し、良い成果を上げることを予測できる（d：アイデンティティ資本）。彼らは、マタイ効果にしたがい、教師に対してうわべを演じつつ仲間との撤退を装うことで学業への関与に二股をかける仲間よりも、早くかつ少ない労力で前へ進む。したがって、アイデンティティ資本モデルを加えることでアイデンティティ経済はさらに人間発達理論の領域へと拡張される。

アイデンティティ型動機づけ

　アイデンティティ経済の等式にアイデンティティ資本の資源を付け加える
ことの実証的な支持は、ダフナ・オイザーマンの研究に見られる。オイザー
マンはアイデンティティ型動機づけ(IBM: *Identity-based Motivation*)の有効性を研究
している。オイザーマンの研究は、個人的／社会的「アイデンティティが文
脈の中でダイナミックに構築される」[54] ことを理論化しており、アカロフの
理論の発達の側面の価値を高めてもいる。アカロフの理論のように、IBM
モデルは、人が自分の現在のアイデンティティにどのように適合しているか
または適合していないかに関して、自らの現在のアイデンティティを説明し、
将来の可能な行為を評価することを提起している。アイデンティティに適合
する行為の場合、人はさらなる労力を注ぎ込み、自分の行為を意味あるもの
とみなそうとする。逆に、アイデンティティに不適合な行為は「無意味で、『自
分のような人のためのものではない』」[55] と受けとられる。オイザーマンは、
さまざまな文脈(とくに教育の文脈)でこのモデルを検証して支持されること
を明らかにしている。

　そのような教育の文脈は、労力(学業的関与(*engagement*))と期待(アスピレー
ション)(マイノリティ集団のメンバーの間でさらなる教育を受けることに関わって
将来可能になるアイデンティティ)がさまざまな介入によって増大するような文
脈である。オイザーマンは、「なじみがなく」「縁遠い」将来のアイデンティ
ティをより現実のものと見えるようにする集団カウンセリングのセッション
によって「大きな効果を伴う小さい介入」を発展させるべきだと主張する[56]。
この介入はあるアイデンティティに感じている重要性を変え、またより適応
的なアイデンティティをとることに感じている難しさを変化させる。ある
実験では、将来の可能なアイデンティティについての見方を操作すること
で、学生は「可能な学業アイデンティティに焦点を当て、より多くの時間を
勉強に回し、飲酒やドラッグに誘惑されることが少なく」[57] なるようになっ
た。彼女のモデルは、アイデンティティホライズンを想定しており、アイデ
ンティティ資本モデルと同じ方向をとっている。アイデンティティホライズ

ンは、人が、自分の安全で快適な領域（コンフォート・ゾーン）から、不安を
感じながらも、それまでのアイデンティティに挑戦する状況へ動こうとする
ことに影響を与える（第8章参照）。とくにアイデンティティホライズンの狭
い人でアイデンティティ不安の感覚があまりにも大きい場合には、さまざま
な選択肢が忌避され、その人のコンフォート・ゾーンに留まるような選択が
なされる。

　アイデンティティ動機に対する関連するアプローチに、ヴィヴィアン・
ビグノールスのアプローチがある。ビグノールスは、「少なくとも、自尊感
情、連続性、個別性、意味、効力、帰属の6つのアイデンティティ動機があ
る」[58]と論じている。帰属と弁別性と連続性の3つのアイデンティティの原
則は、第1章で説明したアイデンティティ形成論簡易版の基礎と同じである。
自尊感情と意味と効力もまた、第6章で提示したアイデンティティ資本の形
態ととらえられる。ビグノールスは、6つの動機は、文化規範との関係で緊
密度は変わるものの、人間に普遍的なものであるとしている。さまざまな
文脈で6つの動機がどのように働くかがわかれば、さまざまなアイデンティ
ティと結びついた成果を理解・予測・改善するのに有用だろうと論じている。

結論：すべての人びとにとっての成果を改善する

　結びの言葉として、本書の柱となるメッセージをまとめたい。一般的な共
同体と同じく科学の共同体は、ラーナーによって発達心理学の分野で提起さ
れたように、アイデンティティ研究に発達科学を応用する必要がある。応用
発達科学は、人の条件の改善とすべての人の人生のチャンスの改善を目的と
する人文主義的な価値をもつ科学である。しばしば多数を犠牲にして少数を
利する政治経済という現在の問題を脱したいと願うならば、科学が中立的な
取り組みであるという誤った見方は捨て去られねばならない。重要なことだ
が、科学の中立性についての間違った意味は経済的中立性と政治的中立性の
間違った意味と緊密に結びついている。多くが科学的手法の基本原理の中で
訓練を受け、現代欧米社会の舵をとる教育を受けたエリートたちはリーダー

シップに求められている義務に十分に適合してはいない。そのかわり、彼らは大きな家と閉ざされた共同体で世界から富を奪い、自らを隠して保護しようとしている[59]。

　教育を受けたエリートのアイデンティティ形成は、主に、ヒューマニズムのエートスよりも技術主義的なエートスに導かれる軌道に乗っている可能性がある。そのことは、多くのエリートが倫理的アイデンティティ形成の舵取りを誤ってしまうことからも明白であり、エリートの多くが成人期を通じて移動していく中で抱え込む困難さが見られる[60]。安定した市民社会と世代間の公正を最上位に掲げる共同体へ道程の舵を戻そうとするならば、エリクソンが世代間の責任と連続性にとって決定的であると論じた親密性（intimacy）・世代継承性（generativity）・統合性（integrity）という大人の段階を再制度化する方途を見つけなければならない。「自由選択」の権利が激戦の結果であり、権利には責任を伴う[61]。この歴史的時代において、そのような責任はすべての人類を「内集団」とする。それは、偏狭で自己中心的に定義される内集団ではない。したがって、もっとも若い人から始め、とくに他者に恩恵をもたらすような方法をとって、自分の力で発達的な個人化の軌道を促進するよう、活動にプロアクティブに取り組む仕方を教える必要がある。この発達のための最適な形態の鍵となるのは、すべての人の社会的範囲を広げるようにすることである。自分の子を導き守るために、大人たちはこの世代継承的で世代生成的な（ジェネレイティヴな）挑戦に着手する必要がある。将来世代は、倫理的アイデンティティの形成から遠ざけるような流用・リスク・報償とともに後期近代社会において活力ある成人期アイデンティティを鍛えて形成しなければならないという難しい課題に直面することであろう。そのような将来世代をも導き守るためにも、大人たちはこの世代継承的で世代生成的な（ジェネレイティヴな）挑戦に着手する必要がある。

　このジェネレイティヴで倫理的な精神において、自然科学も社会科学もともに道徳的に中立的ではない。その効果が間接的ではあっても、科学はしばしば道徳的－倫理的帰結をもつ（たとえば、病気を根こそぎにする医療、しかし豊かな国の間だけである。豊かさを増大させる経済、しかしすでに豊かな人びとの間

においてだけである）。この相対主義のはびこる時代においては、「善悪」を「規範的」とみなすアプローチを追い出すことがますます流行となっている。いわゆる規範理論は、それらにおいて処方箋と判断の要素である。何らかの理由から他の行動よりも「より良い」とみなされる行動がある。そのようなアプローチには危険があるけれども、その行動がエリクソンが把握した倫理的自覚やコールバーグが徹底して研究した道徳的推論の論理によって表わされる時、そのような判断のための正当化は、単に「道徳主義的」や「イデオロギー的」であるのではない。その正当化は、全人類を同じ「内集団」の一部と考える人類としての集合的アイデンティティを発達させるのに有用な仕方で偏狭な限界を脱していくものである。エリクソンやコールバーグ——そしてブッダを含む幾千年を通じて——この挑戦が構想されてきた。このような普遍主義的なアイデンティティの発達の仕方を学ぶならば、人類は、「自分自身」についての傲慢から苦しむことがなくなるのと同じく、他の人間のせいで苦しむことがなくなるだろう。ここで、要点は本書の最初に提示した Box に立ち帰る (Box 1.1)。

アイデンティティ形成論簡易版の用語解説

　ここでは、アイデンティティ形成論簡易版 (Simplified Identity Formation Theory: SIFT) にとって中心的な概念を定義する。それらは、本文では、初出時に太字かつ大文字で示した。なお、一般的な概念は、初出時にイタリックとしており、読者がこれらの一般的な概念の詳細を知る必要があるなら、Google で調べると適切な入門的定義が見つかるだろう。

エージェンシー（または個人的エージェンシー）：とくに機会の欠如や差別のような障害に直面した際の意図的で自己主導的に行動するための能力。アイデンティティ型エージェンシーは、新しいアイデンティティを形成する際や確立されたアイデンティティを維持する際に、エージェンシーの能力を活用することであり、人生における目的、自尊感情、自己効力、内的統制の所在といった属性と結びついていることが実証的に示されている。

（アイデンティティの）連続性：人のアイデンティティの第3の基本原理。連続性は、自分のそれまでの人生（過去）について、意味のある感覚として主観的に経験され、それが現在の有意義さと将来の目的を与える。客観的には、連続性は、共同体のメンバーによって保持される役割とコミットメントの安定性にはっきりと表れる。

個人化不履行：最低限の抵抗と労力の道のりをたどる個人化されたライフコース。基本的には、熟慮を要する意思決定プロセスで自分自身が積極的に関与することなく、何もしないことで決まってしまう選択に任せてしまう。

発達的個人化：責務不履行の選択肢に流されるさまざまなプレッシャーに対抗しながら、能動的で成長・向上する意思決定と道のりをたどる個人化されたライフコース。

（アイデンティティの）分化：人のアイデンティティの第2原理。分化は、主

観的には、他者からの独自性や個性化の感覚として経験され、客観的には、共同体の具体的な居場所に見られる。最適な分化の感覚は、**統合の感覚**とバランスがとれている

前期近代社会：後期近代社会を参照

自我アイデンティティ：過去と将来において、自分が行為主体（エージェント）であるという経験を保持することを可能にする時間的－空間的な連続性の感覚。最適な自我アイデンティティの感覚は、有意味で目的のある感覚である。この心理的能力は、個人的な（アイデンティティの）機能と社会的な（アイデンティティの）機能の連続性を必要とする。すなわち、その時点で発達してきた長期的な目標とコミットメントが、将来の時点でも保持されることを必要とする。

自我実行機能／能力：対人関係の状況での自己呈示のような行動をしながら、思考を行動にすることと結びついた心的プロセス。この能力には、弱いものから強いものまで幅がある。

自我総合機能／能力：情報が人によって総合される心的プロセス。したがって、人がどのように考えるか、どのように現実を構築するかという機能／能力。この能力には、弱いものから強いものまで幅がある。

実行機能：自我実行機能／能力を参照。

アイデンティティ不安：将来の可能な個人的アイデンティティと社会的アイデンティティについて考えることに結びついた苦悩。現在の「安心で快適な領域（コンフォート・ゾーン）」、とくに友人や家族によって提供される領域を脱することで直面する。狭いアイデンティティホライズンおよびプロアクティブなアイデンティティ形成に取り組むことへのためらいと結びついている。

アイデンティティ資本の資産表（ポートフォリオ）：ある時点で人がもつ**無形の資源**と有形の資源の総計。職場における文脈や役割を含み、何らかの文脈や役割へ出入りするメンバーシップを獲得するために「交換可能な」資源の総計。

アイデンティティ資本：発達的に獲得された個人的な資源で、さまざまな

社会的文脈の間で動いたり、文脈に適合したり、文脈で受け入れられたりするのを助ける資源。そのような個人的な資源は、相互行為の文脈における対人関係的な「交換」にとって重要な資源である。その文脈で人は、アイデンティティの妥当性を認可するのに相互に恩恵を生むことに取り組む（たとえば、雇用と給与のようなその人に恩恵のある集団メンバーシップ）（**無形の資源**と**有形の資源**も参照）。

アイデンティティ混乱：自我アイデンティティの反対の状態で、より低次の時間的－空間的な連続性とその人の行動上の無秩序と結びついている。「そこにフィットする」感覚や「自分が何者か」という感覚が問題になるような共同体／社会において、アイデンティティの感覚は、人の社会的役割と居場所の分裂の原因または帰結である。アイデンティティ混乱の主観的経験は、軽いものから深刻なものまであり、生涯にわたる可能性があるが、成人期へのトランジション（移行）の発達局面で発生する可能性が高い。アイデンティティ混乱が持続すると、深刻で悪化する**アイデンティティ危機**となる。

アイデンティティ危機：アイデンティティ形成の潜在的局面で、アイデンティティ混乱の感覚と、その人の行動パターンと社会的に認可された役割へのコミットメントの分裂が特徴である。アイデンティティ危機は、通常は、若者が児童期の同一化と自己概念を自文化の成人期にふさわしいように改訂するという成人期へのトランジション（移行）の発達的特徴である。たいていの人は、アイデンティティ危機を深刻な分裂として経験することはないが、活力ある解決が確立されないために長引いて悪化する人もいる。

アイデンティティ拡散（拡散的アイデンティティ）：目標とコミットメントを形成することを避けることと関連した心的状態。目標とコミットメントによって、筋の通った成人期アイデンティティの総合が助けられる。

アイデンティティ形成：時間的－空間的な連続性の感覚（自我アイデンティティ）が発達し、安定した行動パターン、対人関係、共有された信念体系をもち、社会的役割、社会構造的コミットメント（個人的アイデンティティと社会的アイデンティティ）に埋め込まれていく多元的なプロセス。そ

のプロセスは、不活性（インアクティブ）からプロアクティブまでの連続体にそって個人によってさまざまである。不活性なアイデンティティ形成は、先のことを考えず、実験や探求をせず、将来の個人的アイデンティティと社会的アイデンティティにコミットもしないという特徴がある（アイデンティティ拡散と同義である）。プロアクティブなアイデンティティ形成は、計画したり、目的をもった方法で自分の人生の先を考えようとする自発性、そして将来の可能な自己とアイデンティティを探求し実験する自発性と関わっている。アイデンティティ形成には他に二つのタイプがある。能動的（アクティブ）なアプローチは、多くの人びとの個人的アイデンティティと社会的アイデンティティに基づく行動指針にコミットする自発性があるが、その人が自分の社会で最適となる可能性のあるアイデンティティを探求することには自発的ではないという特徴をもつ。反応的（リアクティブ）なアプローチでは、しばしばアイデンティティ混乱とアイデンティティ危機を伴いながら目標と信念体系を徹底的に探求する（**アイデンティティ方略**も参照）。

アイデンティティホライズン（地平）：未来で（たとえば、教育システムや職場で）可能になる個人的アイデンティティと社会的アイデンティティについての感覚で、狭い次元から広い次元まで、さまざまである。**アイデンティティ不安**の経験におけるさまざまな形態と結びついている。

アイデンティティ方略：**後期近代社会**において、**個人化プロセス**の一部としてのさまざまな成人期アイデンティティ形成に対応して、アイデンティティを形成・維持するために人びとがとるアプローチの作業類型のことである。拒絶者（Refusers）、漂流者（Drifters）、探索者（Searchers）、守護者（Guardians）、解決者（Resolvers）という5つのタイプがある。

個人化プロセス：後期近代社会において「個人」として自分の自己を発達させるライフコース・プロセスのことである。ライフコースの軌道に対する集合的な規範が脱構造化する中、成人期以降へトランジション（移行）する際、いっそう個人の思うままに放置され、個人化プロセスが必然的に生じる。自分の人生を変える決定をすることや幅広い選択肢の中

から行動指針を選択する際に省察的な自己意識をもつことができれば、もっともうまく個人化できる（なお、自分の親からの感情的距離を発達させることに関わる「個性化」とは区別される必要がある）。

無形の資源（アイデンティティ資本資源）：人がもっていたり獲得できたりする心的能力。さまざまなアイデンティティに関わる機会と障害を交渉していく対人関係上の「交換」を可能にする。

（アイデンティティの）統合：人のアイデンティティの第一原理。統合は、他者との協調的な関係の感覚として主観的に経験され、利用できる役割と地位へ適合していく共同体への適応と受容に客観的に観察される。最適な統合の感覚は、分化の感覚とバランスがとれている。

後期近代社会（後期近代）：欧米社会の現在の歴史的局面のことである。**前近代社会**における社会的連帯の基盤は、第一次集団関係（たいていは家族の義務や世代間義務によって）に置かれていたが、（前期）**近代社会**においては、第二次集団関係（社会的紐帯はより自発的な性格でより合理的な自己利害に基づく）に置かれる。後期近代社会では、とくに資本主義の最近の発達を通じて、社会的連帯の基盤が置かれる第二次関係が自己利害へとさらに進化する。また、集合的支援が低下するため、社会的文脈は、断片的で原始的となり、人びとは**個人化プロセス**に取り組むことなどで補償するようになった。

近代社会：前近代から近代への変化には、社会的連帯の基礎が第一次集団関係から第二次集団関係へと移るという変化が関わっている。第二次集団関係においては、社会的紐帯は、より脆弱で、家族的な義務や世代間の義務というより、合理的な自己利害に基づくようになる。

（アイデンティティの）モラトリアム期：社会が成人期へのトランジション（移行）にさらなる時間を要すると若者を容認し、成人期のコミットメントの許容される遅れとして認められた期間のことである。

個人的エージェンシー：エージェンシー参照

個人的アイデンティティ：他者との日常の相互行為のレベルでの自分自身についての（主観的な）感覚。またそのような相互行為によって、他者が

（客観的に）自分をどのように規定するかについての自分の（主観的な）感覚。個人的アイデンティティには、人が通常の相互行為で自分自身を他者に提示する仕方が含まれる。また、評判や推測されたパーソナリティや行動上の特徴に関して、そのような自己呈示の結果として他者が自分をどのように受け取るかが含まれる。

前近代社会：地方社会と都市社会、農業的と産業的、ゲマインシャフトとゲゼルシャフトによって、前期近代社会から区別される。たいていの欧米社会においては、この変化は大部分19世紀の間に終わっていたが、社会によってかなりの違いが見られる。

自己概念：さまざまな状況・活動・役割への参加に反映される、「自分が何者か」についての主観的感覚。

自己効力：学校の教科や言語やスポーツといった領域で、自分の行為が予測可能な成果（アウトカム）を生み出すことができる感覚。それは、現実的な成果と適合しているという信念に基づいている（たとえば、自分が数学が得意であると信じており、数学で現実にうまくやれるという適合がある）。重要なことは、得意になろうとしないならば練習もしないため、信念が成果に影響することである。そして、最初に試しさえしないならば、定義上、何かで成功することなど不可能である。

社会的アイデンティティ：民族性やジェンダーのような主要な特徴による、ある人の社会的な位置づけのこと。社会的アイデンティティという用語は、推論される主要な特徴を理由として他者がその人をどのように定義し扱うかや、社会におけるその人の具体的な位置づけをどのように経験するかといったことを説明するのに用いられる。したがって、社会的アイデンティティは主観的な側面と客観的な側面をもつ。

総合機能：自我総合機能／能力を参照

有形の資源（アイデンティティ資本資源）：人がもっているか獲得できる具体的な地位、所有物、観察可能な行動／属性。さまざまなアイデンティティに関わる機会と障害を交渉していく対人関係上の「交換」を可能にする。

注

第 1 章

1 www.brainyquote.com/quotes/quotes/a/aristotle148472.html#3QWyWf7BDVSb 20Ay.99 アリストテレス（田中美知太郎訳）『世界の名著 8 アリストテレス』p.70

2 Riesman, D. (1950). *The lonely crowd: A study of the changing American character.* New Haven, CT:Yale University Press. D. リースマン (1965).『孤独な群集』(加藤秀俊訳) みすず書房 .

3 Weigert, A.J., Teitge, J.S., & Teitge, D.W. (1986). *Society and identity:Toward a sociological psychology.* Cambridge, MA: Cambridge University Press.

4 アイデンティティ・ポリティクスは、人種／民族性、ジェンダー、性志向などの社会的アイデンティティに基づくさまざまな集団の政治的な権利と優位をめぐるさまざまな競合として定義される。アイデンティティ・ポリティクスという用語は、フェミニストやゲイの権利運動のような社会運動や、より一般的には被抑圧者の物資状況の改善において優位になるために用いられる戦略と位置を説明する際にしばしば用いられる。したがって、アイデンティティの政治的アプローチの焦点は、人間の発達ではなく、集団間の関係にある。そのため、本書でのアイデンティティへの発達アプローチと重なるところは小さい。

5 Simon, B. (2004). *Identity in modern society.* Oxford: Blackwell.

6 村がこの規模になると、村の外へ出ることを強化するためにこれらのタイプの文化がありふれたものとなった。Côté, J.E. (1994). *Adolescent storm and stress: An evaluation of the Mead-Freeman controversy.* Hillsdale, NJ: Lawrence Erlbaum Associates.

7 たとえば、MacDonald, K. (2006). *How to mediate: A practical guide.* Boston: Wisdom Publications.

8 Brewer, M.B. (1999). Multiple identities and identity transition: Implications for Hong Kong. *International Journal of Intercultural Relations*, 23, 187–97, p. 188.

9 Leonardelli, G.J., Pickett, C.L., & Brewer, M.B. (2010). Optimal distinctiveness theory: A framework for social identity, social cognition and intergroup relations. In M. Zanna & J. Olson (Eds.), *Advances in experimental social psychology* (Vol. 43, pp. 65–115). New York: Elsevier.

10 Vignoles,V.L. (2011). Identity motives. In S. Schwartz, K. Luyckx, & V.Vignoles (Eds.), *Handbook of identity theory and research* (pp. 403–32). New York: Springer.

11   James, W. (1948). *Psychology*. Cleveland, OH: World Publishing. (Original work published in 1892); Cooley, C.H. (1902). *Human nature and the social order*. New York: Scribner's. C.H. クーリー（1921）.『社会と我：人間性と社會秩序』（納武津訳）日本評論社 ; Mead, G.H. (1934). *Mind, self, and society*. Chicago: University of Chicago Press. G. H. ミード (1995).『精神・自我・社会』（河村望訳）人間の科学社 .

12   たとえば、Baumeister, R.F., Tice, D.M., & Hutton, D.G. (1989). Self-presentational motivations and personality differences in self-esteem. *Journal of Personality, 57*, 547–79; Brown, J.D. (1993). Motivational conflict and the self: The double-bind of low self-esteem. In R. Baumeister (Ed.), *Self-esteem:The puzzle of low self-regard*. (pp. 117–30). New York: Plenum. を参照。

13   Mead, 1934. G. H. ミード (1995).『精神・自我・社会』（河村望訳）人間の科学社 .

14   Dusek, J.B., & McIntrye, J.G. (2003). Self-concept and self-esteem development. In G.R. Adams & M.D. Berzonsky (Eds.), *Blackwell handbook of adolescence* (pp. 290–309). Malden, MA: Blackwell Publishing.

15   Baumeister, R.F. (1998). The self. In D.T. Gilbert, S.T. Fiske & G. Lindzey (Eds.), *The handbook of social psychology* (4th ed.) (pp. 680–740). New York: McGraw-Hill.

16   Bandura, A. (1997). *Self-efficacy:The exercise of control*. New York: Freeman.

17   Holden, G. (1991). The relationship of self-efficacy appraisals to subsequent health related outcomes: A meta-analysis. *Social Work in Health Care*, 16, 53–93; Holden, G., Moncher, M.S., Schinke, S.P., & Barker, K.M. (1990). Self-efficacy of children and adolescents: A meta-analysis. *Psychological Reports*, 66, 1044–6; Multon, K.D., Brown, S.D., & Lent, R.W. (1991). Relation of self-efficacy beliefs to academic outcomes: A meta-analytic investigation. *Journal of Counseling Psychology*, 38, 30–8; Stajkovic, A.D.,& Luthans, F. (1998). Self-efficacy and work-related performance:A meta-analysis. *Psychological Bulletin*, 124, 240–61.

18   Bandura, A. (2001). Social cognitive theory: An agentic perspective. *Annual Review of Psychology*, 52, 1–26.

19   Bandura, A. (2006).Toward a psychology of human agency. *Perspectives on Psychological Science*, 1, 164–80.

20   Leary, M. (2004).What is the self? A plea for clarity. *Self and Identity*, 3, 1–3, p. 1.

21   Hoyle, R. (n.d.).What is the Self? *International Society for Self and Identity*. www.psych. neu. edu/ISSI/daily.htm——この URL は、現在、閲覧できないが、この学会の現在のポータルは www.issiweb.org. である。

22   Freud, S. (1975). *The ego and the id*. London: Hogarth Press. (Original work published in 1923) S. フロイト（2007）.『自我とエス ; みずからを語る：1922-24 年（フロイト全集 18）』（本間直樹・家高洋・大寿堂真・三谷研爾・道籏泰三・吉田耕太郎訳）岩

波書店 .

23　Erikson, E.H. (1968). *Identity:Youth and crisis.* New York: Norton, pp. 216–21. E. H. エリクソン (2017) .『アイデンティティ：青年と危機』(中島由恵訳) 新曜社 .

24　これらの 5 つの段階は、成人の発達と結びついている。第 6 段階の間、若年成人は、親密性 (⇔孤立性) の感覚を発達させるという課題に直面し、第 7 段階の間、成熟した大人は、自己陶酔や停滞の感覚にはまりこむことなく、世代継承性 (ジェネラティヴィティ) の感覚を育むことや他者をケアすることの問題に直面する。最後の段階では、ふつう老年に達しており、自分の人生の全体の質を評価し、受け入れねばならない。ここでの分かれ道は、統合に至るか、絶望に向かうかである。要するに、エリクソンの 8 段階モデルは、累積する発達の能力を表している。先行する段階をよりよく解決することが、後続する段階のよりよい解決を促進する。さらに、エリクソンが「知恵」と呼ぶことからライフサイクルの発達の終着地を理解すると、老年になって絶望から離れて統合の感覚に向かうための助けとなるような人生の経由地を見出すことができる。こうした脈絡においてこそ、視点取得と道徳的推論のための高次の能力と同様、先行する段階の解決によって獲得される自我の強さの重要性を理解することができる。たとえば、Erikson (1968). E. H. エリクソン (2017) .『アイデンティティ：青年と危機』(中島由恵訳) 新曜社 . を参照。

25　Côté, J.E. (1996a). Identity: A multidimensional analysis. In G.R. Adams, R. Montemayor, & T. P Gullotta (Eds.), *Psychosocial development during adolescence: Progress in developmental contextualism* (pp. 130–80).Thousand Oaks, CA: Sage.

26　これらの二つの違いに関連しあった概念について、エリクソンが書き著したものに対するより詳細な議論は、Côté, J.E., & Levine, C. (1987). A formulation of Erikson's theory of ego identity formation. *Developmental Review*, 9, 273–325. を参照。

第 2 章

1　Wheelis, A. (1958). *The quest for identity*. New York: Norton, p. 18.

2　Giddens,A. (1991). *Modernity and self-identity: Self and society in the late modern age.* Stanford, CA: Stanford University Press. A. ギデンズ (2007) .『モダニティと自己アイデンティティ：後期近代における自己と社会』(秋吉美都・安藤太郎・筒井淳也訳) ハーベスト社 . ギデンズは、後期近代において、生涯にわたって、「自己は再帰的プロジェクトとなる」と論じている。こうした事態は、(習慣と慣習における) 制度的な脱構造化のせいでもあり、人びとによる継続的なモニタリングを必要とする制度的な再構築と分化のせいでもある。(pp. 32–3) .

3　American Psychiatric Association. (1980). *Diagnostic and statistical manual of mental disorders* (3rd ed.).Washington, DC: Author. 米国精神医学会 (1988).『DSM-III-R 精神障害の診断・統計マニュアル』(高橋三郎訳) 医学書院 .

4 American Psychiatric Association. (1994). *Diagnostic and statistical manual of mental disorders* (4th ed.).Washington, DC: Author. 米国精神医学会 (1996).『DSM-IV 精神疾患の診断・統計マニュアル』(高橋三郎・大野裕・染矢俊幸訳) 医学書院 .

5 American Psychiatric Association. (2013). *Diagnostic and statistical manual of mental disorders* (5th ed.).Washington, DC: Author. 米国精神医学会 (2014).『DSM-5 精神疾患の診断・統計マニュアル』(高橋三郎・大野裕監訳) 医学書院 .

6 Task Force on DSM-IV. (1991). *DSM-IV options book:Work in progress.*Washington, DC: American Psychiatric Association.

7 Berman, S.L., & Montgomery, M. (2014). Problematic identity processes: The role of identity distress. *Identity: An International Journal of Theory and Research*, 14, 1–5.

8 Buchmann, M. (1989). *The script of life in modern society: Entry into adulthood in a changing world.* Chicago: University of Chicago Press.

9 Côté, J.E. (2000). *Arrested adulthood: The changing nature of identity and maturity in the late-modern world.* New York: New York University Press; Côté, J.E. (2014a). Towards a new political economy of youth. *Journal ofYouth Studies*, 17(4), 527–43.

10 「企業資本主義」という用語は、現在のアイデンティティ形成への焦点から注意をそらす複雑な説明をしないならば、適しているだろう。成人期へのトランジション (移行) に対する資本主義のインパクトの分析は、Côté, 2014a などを参照。

11 枠組みのこの箇所は、一般的に、Giddens, 1991 に依拠している。

12 Bourdieu, P., & Passeron, J.C. (1977). *Reproduction in education, society and culture.* Beverly Hills, CA: Sage. P. ブルデュー・J. C. パスロン (1991).『再生産：教育・社会・文化』(宮島喬訳) 藤原書店 .

13 Côté, J.E., & Allahar, A. (2007). *Ivory tower blues: A university system in crisis.* Toronto: University of Toronto Press.

14 アイデンティティ呈示は、今日では、タトゥーや身体にピアスで穴を開けることから、スマートフォンのような最新の技術装置まで幅広く、人を装飾する身体的な物体とイメージを示している。たとえば、Quart, A. (2001). *Branded:The buying and selling of teenagers.* New York: Perseus を参照。

15 Goffman, E. (1956). *The presentation of self in everyday life.* New York: Doubleday. E. ゴフマン (1974).『行為と演技：日常生活における自己呈示』(石黒毅訳) 誠信書房 .; Goffman, E. (1963). *Stigma: Notes on the management of spoiled identity.* New York: Prentice-Hall. E. ゴフマン (2001).『スティグマの社会学：烙印を押されたアイデンティティ』(石黒毅訳) せりか書房 .

16　Koughan, F. (writer), Rushkoff, D. (writer), & Berman, J. (director of photography). (2014). Generation Like [Television series episode]. In D. Rushkoff & F. Koughan (producers), *PBS Frontline*. Boston, MA: WGBH. www.pbs.org/wgbh/pages/frontline/ generation-like/

17　Sennett, R. (1998). *The corrosion of character:The personal consequences of work in the new capitalism*. New York: Norton, p. 10. R. セネット（1999）.『それでも新資本主義についてい くか : アメリカ型経営と個人の衝突』(斎藤秀正訳) ダイヤモンド社 p.iii（訳者注：個性 (*character*) が訳文では「人間性」となっていたため、個性に置き換えている。)

18　Josselson, R. (1996). *Revising herself: The story of women's identity from college to midlife*. New York: Oxford University Press.

19　たとえば、Jones, R.M. (1992). Identity and problem behaviors. In G.R. Adams, T.P. Gullotta, & R. Montemayor (Eds.), *Adolescent identity formation: Advances in adolescent development* (pp. 216–33). Newbury Park, CA: Sage を参照。

20　Kroger, J. (2003). Identity development during adolescence. In G.R. Adams & M.D. Berzonsky (Eds.), *Blackwell handbook of adolescence* (pp. 205–26). Malden, MA: Blackwell Publishing.

21　Kroger, J., Martinussen, M., & Marcia, J.E. (2010). Identity status change during adolescence and young adulthood: A meta-analysis. *Journal of Adolescence*, 33, 683–98.

22　Steinberg, M., & Schnall, M. (2000). *The stranger in the mirror: Dissociation—The hidden epidemic*. New York: Cliff Street Books.

23　Erikson, E. (1963). *Childhood and society* (2nd ed.). New York: Norton; Steinberg and Schnall, 2000. E. H. エリクソン（1977）.『幼児期と社会』(仁科弥生訳) みすず書房 .

24　Steinberg and Schnall, 2000.

第 3 章

1　www.brainyquote.com/quotes/quotes/c/cwrightmi388772.html#xez2IWi5vfJt MGpz.99 Mills, C. W. (1959). The sociological imagination. Oxford University Press. p.3 C. ライト・ミルズ（2017）『社会学的想像力』(伊奈正人・中村好孝訳) ちくま学芸文庫 p.16

2　Wetherell, M. (Ed.). (2009). *Theorizing identities and social action*. Houndmills, UK: Palgrave MacMillan, p. 2.

3　Rattansi, A., & Phoenix, A. (2005). Rethinking youth identities: Modernist and post-modernist frameworks. *Identity: An International Journal ofTheory and Research*, 5, 97–123, pp. 104 and 101, respectively.

4　Turner, R.H. (1976).The real self: From institution to impulse. *American Journal of Sociology*, 81, 989–1016.

5　Babbitt, C.E., & Burbach, H.J. (1990).A comparison of self-orientation among college students across the 1960s, 1970s and 1980s. *Youth and Society*, 21, 472–82.

6 House, J.S. (1977).The three faces of social psychology. *Sociometry*, 40, 161–77.

7 たとえば、Secord, P.F., & Backman, C.W. (1974). *Social Psychology* (2nd ed.). New York: McGraw Hill を参照。

8 Côté, 2014a.

9 Talaga,T. (1999, Feb. 3). Uniforms would cramp their style. *The Toronto Star*, A20.

10 CBC News. (2014, May 22), Teen claims school's bodysuit ban is about gender identity. Retrieved from www.cbc.ca/news/canada/toronto/teen-claims-school-s- bodysuit-ban-is-about-gender-identity-1.2650746

11 Kuhn, M.H., & McPartland, T.S. (1954). An empirical investigation of self-attitudes. *American Sociological Review*, 19, 68–76.

12 Cf. Côté, 2014a.

13 たとえば、*IEEE Transactions on Intelligent Transportation Systems and Accident Analysis and Prevention* のような雑誌を参照。

14 ここでの説明を広げるために、運転手の交通行動と渋滞に関する主観の効果を検証する研究を広く検討した。たとえば、攻撃的な運転手は、ひどい渋滞のときに車間距離を詰めて運転し、それにより後ろの車を減速させ、安全な距離を保つ。ドライバーの暴行は、交通を止め、時には悲劇的な結末となる。「脇見運転」は、事故現場を眺めようとする運転手たちのため、交通を滞らせる。

第 4 章

1 www.brainyquote.com/quotes/quotes/m/mahatmagan109075.html#BVjtPjlr4Lt1q BFg.99

2 Mumford, L. (1944). *The condition of man*. New York: Harcourt, Brace, and World, pp. 162–3. L. マンフォード (1971) .『人間の条件：その歴史と世界像』(生田勉訳) 弘文堂 .

3 Kohlberg, L. (1984). *The psychology of moral development: Moral stages and the life cycle*. San Francisco: Harper and Row.

4 LaBouvie-Vief, G. (2006). Emerging structures of adult thought. In J.J. Arnett & J. L. Tanner (Eds.), *Emerging adults in America: Coming of age in the 21st century* (pp. 59–84). Washington, DC: American Psychological Association, p. 64.

5 Kohlberg, L., Boyd, D., & Levine, C. (1990).The return of stage 6. In T.E.Wren (Ed.), *The moral domain: Essays on the ongoing discussion between philosophy and the social sciences* (pp. 151–81). Cambridge, MA: MIT Press.

6 Lapsley, D.K. (1990). Continuity and discontinuity in adolescent cognitive development. In R. Montemayor, G.R. Adams, & T.P. Gullotta (Eds.), *From childhood to adolescence: A developmental period?* (pp. 183–204). Newbury Park, CA: Sage.

7　たとえば、Arendt, H. (1968). *Eichmann in Jerusalem: A report on the banality of evil.* New York:Viking. H. アレント（2017）.『エルサレムのアイヒマン：悪の陳腐さについての報告』(大久保和郎訳) みすず書房 . ; Milgram, S. (1974). *Obedience to authority: An experimental view.* New York: Harper Collins. S. ミルグラム（1970）.『服従の心理』(岸田秀訳) 河出書房新社 . を参照。

8　たとえば、Damon, W. (1988). *The moral child: Nurturing children's natural moral growth.* New York: Free Press. を参照。

9　Damon, 1988.

10　Selman, R.L. (1980). *The growth of interpersonal understanding.* New York: Academic Press.

11　Muuss, R. (1996). *Theories of adolescence* (6th ed.). New York: McGraw Hill. R. E. ムース（1976）.『青年期の理論：その系譜と展望』(岡路市郎監訳) 川島書店 .

12　Arnett, J.J. (2004). *Adolescence and emerging adulthood:A cultural approach* (2nd ed.). Upper Saddle River, NJ: Prentice Hall.

13　Damon, 1988.

14　Higgins-D'Alessandro, A., & Pafford, C. (2003). Moral development. In J.R. Miller, R.M. Lerner, & L.B. Schiamberg (Eds.), *Human ecology: An encyclopedia of children, families, communities, and environments* (pp. 502–7). Santa Barbara, CA: ABC-Clio.

15　Labouvie-Vief, 2006.

16　Dawson, T. L. (2002). New tools, new insights: Kohlberg's moral judgment stages revisited. *International Journal of Behavioral Development, 26,* 154–66.

17　Colby, A., Kohlberg, L., Gibbs, J., & Lieberman, M. (1983). A longitudinal study of moral judgment. *Monographs of the Society for Research in Child Development, 48* (1–2, Serial no. 200); Dawson, 2002; Eisenberg-Berg, N. (1979). The development of children's prosocial moral judgment. *Developmental Psychology, 15,* 128–37. ただし、これらは主流派の回答者のためのものであり、図は、法律に抵触する人びとや社会から排除されている若者には利用できない。

18　Hoffman, M.L. (1981). Perspectives on the difference between understanding people and understanding things:The role of affect. In J.H. Flavell & L. Ross (Eds.), *Social cognitive development: Frontiers and possible futures* (pp. 67–81). Cambridge, UK: Cambridge University Press; Hoffman, M.L. (2000). *Empathy and moral development.* Cambridge, UK: Cambridge University Press.

19　Eisenberg, N., Sheffield M.A., McDaniel, B., & Spinrad, T.L. (2009). Moral cognitions and prosocial responding in adolescence. In R.M. Lerner & L. Steinberg (Eds.), *Handbook of adolescent psychology* (3rd ed.), Hoboken, NJ: Wiley.

20　たとえば、Marcia, J.E. (1980). Identity in adolescence. In J. Adelson (Ed.), *Handbook of adolescent psychology* (pp. 159–87). New York: Wiley. を参照。

21   Weinreich, H.E. (1974). The structure of moral reasoning. *Journal of Youth and Adolescence*, 3, 135–40.

22   Eisenberg et al., 2009.

23   Lerner, R., Brown, J.D., & Kier, C. (2005). *Adolescence: Development, diversity, context, and application*. Toronto: Pearson Education Canada.

24   Higgins-D'Alessandro & Pafford, 2003.

25   Shweder, R.A., Goodnow, J., Hatano, G., Levine, R.A., Markus, H., & Miller, P. (1998). The cultural psychology of development: One mind, many mentalities. In W. Damon (Ed.), *Handbook of child development* (5th ed.,Vol. 1, pp. 865–937). New York: Wiley.

26   Arnett, 2004.

27   Gibbs, J.C., Basinger, K.S., Grime, R.L., & Snarey, J.R. (2007). Moral judgment development across cultures: Revisiting Kolhberg's universality claims. *Developmental Review*, 27, 443–500.

28   Snarey, J.R., Reimer, J., & Kohlberg, L. (1985). Development of social-moral reasoning among kibbutz adolescents: A longitudinal cross-cultural study. *Developmental Psychology*, 21, 3–17.

29   Arnett-Jensen, L. (2008). Through two lenses: A cultural-developmental approach to moral psychology: Theoretical and methodological considerations. *Developmental Review*, 28, 289–315.

30   Blatt, M., & Kohlberg, L. (1975). The effects of classroom moral discussion upon children's level of moral judgment. *Journal of Moral Education*, 4, 129–61.

31   Hickey, J.E. (1972). The effects of guided moral discussion upon youthful offenders' level of moral judgment. *Dissertation Abstract International*, 33 (4-A), 1551.

32   Speicher, B. (1994). Family patterns of moral judgment during adolescence and early adulthood. *Developmental Psychology*, 30, 624–32; Weinreich, 1974.

33   Pascarella, E.T., & Terenzini, P.T. (2005). *How college affects students: Volume 2; A third decade of research*. San Francisco: Jossey-Bass; Speicher, 1994.

34   Muuss, 1996. R. E. ムース (1976).『青年期の理論：その系譜と展望』(岡路市郎監訳) 川島書店 .

35   Pascarella & Terenzini, 2005. たいていの高等教育の効果に関する研究知見と同じく、これらの研究知見についても、以下の点に注意する必要がある。大学に進学する人びとは、教育経験とは独立に高次の発達の形態に向かう傾向をもっているという事前選択となるような要因がある。すなわち、たとえ大学に進学していなかったとしても、こうしたレベルに対して、前進していたかもしれない。

大学に進学するかどうかについてランダムに割り当てるような研究を実行することは不可能であり、教育経験にかかわらず違いを生み出すよう作用する知られていない要因が常に存在するかもしれない。

36　Pascarella & Terenzini, 2005, pp. 368–71.

37　Walker, L.J., & Taylor, J.H. (1991). Family interactions and the development of moral reasoning. *Child Development*, 62, 264–83.

38　たとえば、Walker, L.J., & Henning, K.H. (1999). Parenting style and the development of moral reasoning. *Journal of Moral Education*, 28, 359–74. 参照。

39　Speicher, 1994. 40;Damon,1988.

41　Eisenberg et al., 2009.

42　Côté, J.E., & Allahar, A. (2006). *Critical youth studies: A Canadian focus.*Toronto: Pearson Educational Publishing.

43　とくに、Erikson, E.H. (1975). *Life history and the historical moment*. New York: Norton; Côté & Levine, 1987; and Côté, J.E., & Levine, C. (1988). The relationship between ego identity status and Erikson's notions of institutionalized moratoria, value orientation state, and ego dominance. *Journal ofYouth and Adolescence*, 17, 81–99. 参照。

44　Côté & Levine, 1988.

45　Nunley, T., & Snarey, J. (1998). Erik Erikson's value orientation stages: A longitudinal study of ethical identity development among kibbutz adolescents. *International Journal of Educational Research*, 27(7), 629–41.

第5章

1　http://refspace.com/quotes/Albert_Einstein/Q697

2　House, 1977, citing Durkheim's work.

3　Burrell, G., & Morgan, G. (1979). *Sociological paradigms and organisational analysis*. London: Heinemann. G. バーレル・G. モーガン（1986）.『組織理論のパラダイム：機能主義の分析枠組み』(鎌田伸一・金井一賴・野中郁次郎訳) 千倉書房.

4　Arnett, J.J. (2006). Emerging adulthood in Europe: A response to Bynner. *Journal of Youth Studies*, 9, 111–23, p. 115.

5　Emirbayer, M., & Mische, A. (1998).What is agency? *American Journal of Sociology*, 103, 962–1023.

6　Emirbayer & Mische, 1998, p. 970.

7　Lerner, R.M., & Kauffman, M.B. (1985). The concept of development in contextualism. *Developmental Review*, 5, 309–33; Lerner, R.M., Lerner, J.V., & Tubman, J. (1990). Organismic and contextual bases of development in adolescence: A developmental contextual view.

In G.R. Adams, R. Montemayor, & T.P. Gullotta (Eds.), *Biology of adolescent behavior and development.* (pp. 11–37). Newbury Park, CA: Sage.

8 この問題の検討は、Côté, J.E. (2014b). *Youth studies: Fundamental issues and debates.* Houndmills, UK: Palgrave MacMillan. を参照。

9 この一般的なアプローチの批判に対しては、Sukarieh, M., & Tannock, S. (2011). The positivity imperative: A critical look at the 'new' youth development movement. *Journal of Youth Studies*, 14, 675–91. を参照。

10 Turcotte, M. (2011,Winter). Intergenerational education mobility: University completion in relation to parents' education level. *Canadian Social Trends*, 38–44.

11 Blanden, J., Gregg, P. & Machin, S. (2005). *Intergenerational mobility in Europe and North America:A report supported by the Sutton trust.* London: Centre for Economic Performance.

12 Frenette, M. (2007). *Why are youth from lower-income families less likely to attend university? Evidence from academic abilities, parental influences, and financial constraints.* Analytical Studies Branch Research Paper Series, Catalogue Number 11F0019MIE ▪ Number 295. Ottawa: Statistics Canada.

13 Finnie, R., Lascelles, E., & Sweetman,A. (2005). *Who goes? The direct and indirect effects of family background on access to post-secondary education.* Analytic Studies Branch Research Paper Series, Catalogue Number 2005237e. Ottawa: Statistics Canada.

14 たとえば、Bernstein, B.B. (1975). *Class, codes, and control: Towards a theory of educational transmissions.* New York: Routledge. B. B. バーンスティン（1981）.『言語社会化論』（萩原元昭訳）明治図書出版 . ; Bourdieu & Passeron, 1977. を参照。

15 Ryan, J., & Sackrey, C. (1985). *Strangers in paradise: Academics from the working class.* Boston: South End Press. を参照。

16 たとえば、Wright, E.O. (1982). Class boundaries and contradictory class locations. In A. Giddens & D. Held (Eds.), *Classes, power, and conflict: Classical and contemporary debates* (pp. 112–29). Berkeley: University of California Press. を参照。

17 たとえば、Hughey, M.W. (2008). Tripping the White fantastic: Navigating the politics of dislocation and bicultural authenticity in academe. In D.M. Rutledge (Ed.), *Biculturalism, self identity and societal transformation* (Research in Race and Ethnic Relations, Vol.15, pp.131–58). Bingley, UK: Emerald Group Publishing. を参照。

18 たとえば、Blanden, J., Gregg, P. & Machin, S. (2005). *Intergenerational mobility in Europe and North America: A report supported by the Sutton trust.* London: Centre for Economic Performance. を参照。

19 Côté & Allahar, 2007; Côté, J.E., & Allahar, A. (2011). *Lowering higher education:The rise of corporate universities and the fall of the liberal arts.*Toronto: University of Toronto Press.

20　南アフリカやインドや中国のような国々に、このことがどのように適用でき
るかについてのエビデンスと議論については、Helve, H., & Evans, K. (Eds.). *Youth, work transitions and wellbeing*. London:Tufnell Press, 2013. を参照。

21　Evans, K. (2002). Taking control of their lives? Agency in young adult transitions in England and the new Germany. *Journal of Youth Studies*, 5, 245–69.

22　このことのさらなる考察は、Côté, 2000. を参照。

23　Jordan, J.V. (1997). A relational perspective for understanding women's development. In J.V. Jordan (Ed.), *Women's growth in diversity: More writings from the Stone Center.* (pp. 9–24). New York: Guilford Press, p. 9.

24　Lytle, L.J., Bakken, L., & Romig, C. (1997). Adolescent female identity development. *Sex Roles*, 3/4, 175–85, p. 184.

25　たとえば Tavris, C. (1992). *The mismeasure of woman*. New York: Touchstone.

26　Josselson (1996) は、1970 年台前半から 1993 年の半ばまで、大学卒業時点から 22 年にわたって三十人の女性のアイデンティティ発達を追跡した。

27　Josselson, 1996, pp. 178, 241.

28　Markus, H.R., & Kitayama, S. (1991). Culture and the self: Implications for cognition, emotion, and motivation. *Psychological Review*, 98, 224–53.

29　Schwartz, S.J., Montgomery, M.J., & Briones, E. (2006).The role of identity in acculturation among immigrant people: Theoretical propositions, empirical questions, and applied recommendations. *Human Development*, 49, 1–30.

30　Mageo, J.M. (1997).The reconfiguring self. *American Anthropologist*, 97, 282–96.

31　Oyserman, D., Coon, H.M., & Kemmelmeier, M. (2002). Rethinking individualism and collectivism: Evaluation of theoretical assumptions and meta-analyses. *Psychological Bulletin*, 128, 3–72.

32　Taras, V., Sarala, R., Muchnisky, P., Kemmelmeier, M., Singelis, T. M., Avsec, A., ... Sinclair, H. C. (2014). Opposite ends of the same stick? Multi-method test of the dimensionality of individualism and collectivism. *Journal of Cross-Cultural Psychology*, 45, 213–45.

33　Takata,T. (2007). Independent and interdependent self-schema in Japanese adolescents and elders. *Japanese Journal of Psychology*, 78, 495–503.

34　Sugimura, K., & Mizokami, S. (2012). Personal identity in Japan. *New directions for child and adolescent development*, 138, 123–43.

35　Sugimura & Mizokami, 2012, p. 124.

36　Sugimura & Mizokami, 2012, p. 130.

37　Sugimura & Mizokami, 2012, p. 131.

38　Erikson, 1975.

39 溝上慎一氏とのEメールにて (2014年7月14日)。

40 Sugimura & Mizokami, 2012.

41 Furlong, A. (2008). The Japanese hikikomori phenomenon: Acute social withdrawal among young people. *The Sociological Review*, 56, 309–25.

42 Parker, S., Nichter, M.,Vuckovic, N., Sims, C., & Ritenbaugh, C. (1995). Body image and weight concerns among African American and White adolescent females: Differences which make a difference. *Human Organization*, 54, 103–14; Twenge, J.M. & Crocker, J. (2002). Race and self-esteem: Meta-analyses comparing Whites, Blacks, Hispanics, Asians, American Indians and comment on Gray-Little and Hafdahl. *Psychological Bulletin*, 128, 371–408.

43 Takata,T. (2007). Independent and interdependent self-schema in Japanese adolescents and elders. *Japanese Journal of Psychology*, 78, 495–503.

第6章

1 www.brainyquote.com/quotes/quotes/k/karlmarx402889.html#ELT1IXFzbLji2 A2O.99 K. マルクス (1958)『経済学批判要綱』(高木幸二郎監訳) 大月書店 p.6

2 Hewitt, J.P. (2000). *Self and society: A symbolic interactionist social psychology* (7th ed.). Boston: Allyn and Bacon.

3 Côté, J. E. (2013). A stranger in paradise: Fitting in, managing identities, and reaching out. In J. Brooks-Gunn, R. M. Lerner, A. C. Petersen, and R. K. Silbereisen (Eds.), *The developmental science of adolescence: History through autobiography* (pp. 97–103). New York: Psychology Press.

4 Lerner and Kauffman, 1985.

5 Côté, J.E., & Levine, C. (1997). Student motivations, learning environments, and human capital acquisition: Toward an integrated paradigm of student development. *Journal of College Student Development*, 38, 229–43.

6 Turcotte, M. (2011,Winter). Intergenerational education mobility: University completion in relation to parents' education level. *Canadian Social Trends*, 38–44.

7 Lehmann, W. (2007). "I just didn't feel like I fit in": The role of habitus in university drop-out decisions. *Canadian Journal of Higher Education*, 37, 89–110.

8 この社会学の概念は、自己と他者の境界に関わる「個性化」という心理学の概念とは異なる。Côté, J.E., & Schwartz, S.J. (2002). Comparing psychological and sociological approaches to identity: Identity status, identity capital, and the individualization process. *Journal of Adolescence*, 25, 571–86. を参照。

9 Merton, R.K. (1968, January 5).The Matthew effect in science. *Science*, 159, 56–63.

10 Côté, J.E. (2006). Emerging adulthood as an institutionalized moratorium: Risks and benefits to identity formation. In: J.J.Arnett & J.Tanner (Eds.), *Emerging adults in America: Coming of age in the 21st century*. Washington, DC: American Psychological Association; Roberts, S. & Côté, J.E. (2014).The identity issues inventory: Identity stage resolution in the prolonged transition to adulthood. *Journal of Adult Development*, 21(4), 225–38.

11　Jay, M. (2012). *The defining decade:Why your twenties matter—And how to make the most of them*. New York:Twelve.

12　Cf.Woodward, I. (2007). *Understanding material culture*. Los Angeles: Sage.

13　Woodward, 2007, p. 137.

14　インターネット上では、このブログは閉鎖されている。もしかすると、ブロガーが印象管理の他の形態のところへ移しているかもしれない http://charlenecroft. wordpress. com/2007/05/20/virtual-capital/

15　Côté, J.E.(1996b). Sociological perspectives on identity formation: The culture-identity link and identity capital. *Journal of Adolescence*, 19, 419–30; Côté, J.E. (1997a). An empirical test of the identity capital model. *Journal of Adolescence*, 20, 421–37.

16　ただし、親による子どもへの財政面での「投資」の測定は、完全に社会階級と相関するわけではない。裕福な親で子どもが自分なりに人生を生きることを望む親もいるし、子どもがそうすることを主張することもある。

17　Côté, 1997a; Côté, J.E. (2002). The role of identity capital in the transition to adulthood: The individualization thesis examined. *Journal ofYouth Studies*, 5, 117–34.

18　Schuller, T., Preston, J., Hammond, C., Brassett Grundy, A., & Bynner, J. (2004). *The benefits of learning: The impact of education on health, family and social capital*. London: Routledge Farmer Press. を参照。

19　これらの考えについての調査は、Luyckx, K., De Witte, H., & Goosens,L. (2011). Perceived instability in emerging adulthood: The protective role of identity capital. *Journal of Applied Developmental Psychology*, 32, 137–45; Luyckx, K., Schwartz, S.J., Goossens, L., & Pollock, S. (2008). Employment, sense of coherence, and identity formation: Contextual and psychological processes on the pathway to sense of adulthood. *Journal of Adolescent Research*, 23, 566–91; Schwartz, S.J. (2006). Predicting identity consolidation from self-construction, eudaimonistic self-discovery, and agentic personality. *Journal of Adolescence*, 29, 777–93; Schwartz, S.J. (2007). The structure of identity consolidation: Multiple correlated constructs or one superordinate construct? *Identity: An International Journal of Theory and Research*, 7, 27–49. を参照。

20　Hall, R.M., & Sandler, R. (1982). *The classroom climate: A chilly one for women?* Washington, DC: Association of American Colleges, Project on the Status and Education of Women.

21　たとえば、Lerner, Lerner, & Tubman, 1990.「雰囲気」の問題に関わらず、魅力的

242

な女性であることが、教育を含む多くの文脈で潜在的な資産であることを示す多くのエビデンスがある。

22　Côté & Levine, 1997. を参照。

23　このダイアグラムは、Schuller et al., 2004. に基づいている。

24　自尊感情を「技能」と考えない人もいるだろうが、自尊感情の現実的な意味（人工的に誇張された意味ではなく）を考慮すると、自尊感情は、成功と失敗の両方を経験することで学習されるものであり、これらの経験について省察するものである（単なるポジティブな強化やネガティブな強化を通じて頭を使うことなく獲得されるという考え方とは対照的に）。

25　マルコム・グラッドウェルは、IQ が 200 あるものの、低技能の仕事に人生を費やした人にインタビューした。その男は、低収入で苦しい家庭に生まれるという不運があり、ここで議論しているようなソフトスキルを開発する機会に恵まれなかった。グラッドウェルは、IQ だけが 120 以上あっても達成を予測することはできないというエビデンスを引用しながら、「十分に賢い」ことが満足いく成果となるのは、その賢さと他の技能を統合する機会を含むほかのさまざまな要因で補われる場合だけだと論じている。Gladwell, M. (2008). *Outliers: The story of success.* New York: Little, Brown and Company. M. グラッドウェル（2009）.『天才！ 成功する人々の法則』（勝間和代訳）講談社 .

26　Cf. Heckman, J.J., & Kautz, T. (2012). *Hard evidence on soft skills.* NBER Working Paper no. w18121. http://ssrn.com/abstract=2073161

27　こうした論理は、パットナムらによって提案された社会関係資本のもたらす恩恵に関する研究の基礎となっている。アイデンティティ資本と道徳－倫理的推論を等式に付け加えることは、かなり資源を備えている人びとの間の協働にさらに恩恵をもたらすことを明らかにすることになるかもしれない。たとえば、「興味深い問いは、リーダーが社会関係資本の蓄積に影響を及ぼすかどうかではなく、何がリーダーの社会関係資本の蓄積に影響を及ぼすかなのである」Putnam, R.D. (2002). *Democracies in flux: The evolution of social capital in contemporary society.* New York: Oxford University Press, p. 17.

第 7 章

1　www.brainyquote.com/quotes/authors/w/woody_allen.html

2　対照的に、よく知られるようになってきたライフコース・アプローチは、異なる世代の人びとの人生が織り混ざることではなく、その人一人の人生の具体的な出来事との関連で個人の発達を強調する。

3　Erikson, 1968, p. 17.

4　この手続きの簡潔な考察は、http://en.wikipedia.org/wiki/AVPU を参照。

5　核家族のように、かつての愛情があって調和的な社会的形態を崩壊させる出来事は、他者・他者関係が破綻すると何が起きるのかを説明する良い例である。離婚した家庭の子どもたちは、突然、潜在的に分裂的な自我・他者の関係を経験することになり、自我アイデンティティの感覚にとっての困難に見舞われる。たとえば、Amato, P.R., & Keith, B. (1991). Parental divorce and the well-being of children: A meta-analysis. *Psychological Bulletin*, 110(1), 26–46. を参照。

6　Côté, J.E. (1997). A social history of youth in Samoa: Religion, capitalism, and cultural disenfranchisement. *International Journal of Comparative Sociology*, 38, 217–34.

7　Chandler, M. (2001). The time of our lives: Self-continuity in Native and non-Native youth. In W. Reese (Ed.), *Advances in child development and behavior* (pp. 175–221). New York: Academic Press.

8　たとえば、Steinberg, L. (2001). We know some things: Parent-adolescent relationships in retrospect and prospect. *Journal of Research on Adolescence*, 11, 1–19. を参照。

9　Erikson's (1968) concept of the negative identity. を参照。

10　Goossens, L., & Phinney, J.S. (1996). Identity, context, and development. *Journal of Adolescence*, 19, 491–6; Marcia, J.E. (1989). Identity diffusion differentiated. In M.A. Luszcz & T. Nettlebeck (Eds.), *Psychological development: Perspectives across the life-span* (pp. 289–94). North-Holland: Elsevier Science Publishers B.V.

11　Klapp, O. (1969). *Collective search for identity*. New York: Holt, Rinehart and Winston.

12　アイデンティティについて長らく反芻している人びとについての研究として、Luyckx et al., 2008, 2011. を参照。

13　専制型の子育てについての文献は、Steinberg, 2001. を参照。

14　Josselson, 1996. を参照。

15　Côté, J.E., & Levine, C. (1992).The genesis of the humanistic academic: A second test of Erikson's theory of ego identity formation. *Youth and Society*, 23, 387–410. See also the literature on authoritative parenting; Steinberg, 2001.

16　たとえば、Standing, G. (2011). *The precariat: A dangerous new class*. London: Bloomsbury Academic. G. スタンディング（2016）.『プレカリアート：不平等社会が生み出す危険な階級』(岡野内正監訳) 法律文化社 . ; Sum,A., Khatiwada, I., McLaughlin, J., & Palma, S. (2011). No country for young men: Deteriorating labor market prospects for low-skilled men in the United States. *The ANNALS of the American Academy of Political and Social Science*, 635, 24–55.

17　後者については、アイデンティティの実証的測定が青年期前期の若者を対象とするとうまくいかないという事実によってもさらに支持される。彼らは、お

244

そらくは尺度項目間の許容できる相関をうみだすほど十分にはアイデンティティが固まっておらず、とくに内的な一貫性を見積もることに苦しんでいる。

18 Coopersmith, S. (1967). *The antecedents of self-esteem*. San Francisco: Freeman.

19 Fitts, W.H. (1965). *The Tennessee Self-Concept Scale*. Nashville: Counsellor Recordings and Tests.

20 Dusek & McIntrye, 2003.

21 この比較は、テネシー自己概念尺度を用いた 400 以上の研究のデータベースから導かれた標準状態に基づいている。Fitts, 1965. を参照。

22 Harter, S.(1986). Processes underlying the enhancement of the self-concept of children. In J. Suls & A. Greenald (Eds.), *Psychological perspectives on the self* (Vol. 3, pp. 137–81). Hillsdale, NJ: Erlbaum.

23 Harter, S. (1997). The personal self in context: barriers to authenticity. In R.D. Ashmore & L. Jussim (Eds.), *Self and identity: Fundamental issues* (pp. 81–105). New York: Oxford University Press; Harter, S.Waters, P.L., & Whitesell, N.R. (1997). Lack of voice as a manifestation of false-self behavior among adolescents: The school setting as a stage upon which the drama of authenticity is enacted. *Educational Psychologist*, 32, 153–73.

24 Palh, K., Greene, M., & Way, N. (2000, April). *Self-esteem trajectories among urban, low income, ethnic minority high school students*. Poster presented at the biennial meeting of the Society for Research on Adolescence, Chicago, IL.

25 Dusek & McIntyre, 2003.

26 Ramey, H.L., Busseri M.A., Khanna, N., & Rose-Krasnor, L. (2010).Youth engagement and suicide risk:Testing a mediated model in a Canadian community sample. *Journal of Youth and Adolescence*, 39, 243–58.

27 Rosenberg, M. (1986). Self-concept from middle childhood through adolescence. In J. Suls & A. Greenwald (Eds.), *Psychological perspectives on the self* (Vol. 3, pp. 107–36). Hillsdale, NJ: Erlbaum.

28 Baumeister, R. (Ed.) (1993). *Self-esteem: The puzzle of low self-regard*. New York: Plenum Press; Baumeister, R., Campbell, J., Krueger, J., & Vohs, K. (2005). Exploding the self-esteem myth. *Scientific American*, 292.1, 84–91; Zimmerman, B.J., & Cleary,T. (2006). Adolescents' development of personal agency: The role of self-efficacy beliefs and self-regulatory skill. In F. Pajares & T. Urdan (Eds.), *Self-efficacy beliefs of adolescents* (pp. 45–69). Greenwich, CT: Information Age Publishing.

29 Marcia, 1980.

30 Pajares, F. (2006). Self-efficacy during childhood and adolescence: Implications for teachers and researchers. In F. Pajares & T. Urdan (Eds.), *Self-efficacy beliefs of adolescents* (pp.

339–67). Greenwich, CT: Information Age Publishing.

31　青年期の若者のおよそ 20-30％だけが長引く感情的な混乱の時期を経験しているとみられている。Offer, D., & Offer, J. (1975). *From teenage to young manhood: A psychological study.* New York: Basic Books.

32　Côté, 1994; Côté, J.E. (2009). Identity and self development. In R.M. Lerner & L. Steinberg (Eds.), *Handbook of adolescent psychology* (3rd ed.) *Volume 1: Individual bases of adolescent development* (pp. 266–304). Hoboken, NJ:Wiley.

33　エリクソンが執筆していた 1950 年代には、中等後教育に進学することによって、自分たちのアイデンティティ形成を広げる人びとがきわめて少なかった。それ以前ではさらに少なかったが、エリクソンはマルティン・ルターに関する本でいくつかの例を記し、アイデンティティ形成を拡張している。Erikson, E.H. (1958). *Young man Luther.* Norton: New York. E. H. エリクソン（2002）.『青年ルター（1・2）』(西平直訳) みすず書房.

34　Côté, 2006.

35　Kroger, J., Martinussen, M., & Marcia, J.E. (2010). Identity status change during adolescence and young adulthood: A meta-analysis. *Journal of Adolescence*, 33, 683–98.

36　Kroger et al., 2010; Côté, 2009.

37　「アイデンティティ・ステイタス・パラダイム」は、アイデンティティ段階の解決に関する追加の次元を提起し、エリクソンの 2 つの項からなる連続チャートを修正した（たとえば、Marcia, 1980）。このアプローチは主としてアメリカ合衆国で数多くの研究を生み出してきたけれども、筋の通った成人期のアイデンティティ形成の発達の軌道を明確にマッピングすることに関して、事態を混乱させているようである。この論争の複雑さは、ここでの研究の総合の範囲を越えるが、この論争の全体に関わっては、Berzonsky, M.D., & Adams, G.R. (1999). Reevaluating the identity status paradigm: Still useful after thirty-five years. *Developmental Review*, 19, 557–90; van Hoof, A. (1999). The identity status field re-reviewed: an update of unresolved and neglected issues with a view on some alternative approaches. *Developmental Review*, 19, 497–556; Waterman, A.S. (1999). Identity, the identity statuses, and identity status development: a contemporary statement. *Developmental Review*, 19, 591–621. を参照。

38　アイデンティティ・ステイタス研究で用いられる専門的な用語とここでの 4 つのアイデンティティ形成のタイプとは対応している。それぞれ、アイデンティティ達成、アイデンティティ早期完了、アイデンティティ・モラトリアム、アイデンティティ拡散である。

39　たとえば、Fadjukoff, P., & Pulkkinen, L. (2005). Identity processes in adulthood: Diverging domains. *Identity: An International Journal of Theory and Research*, 5, 1–20. を参照。

40 Côté & Schwartz, 2002. 自尊感情、内的な統制の所在、自我の強さと人生における目的に関わって、エージェンシーは測定される（Box8.3 参照）。

41 Boyes, M.C., & Chandler, M.J. (1992). Cognitive development, epistemic doubt, and identity formation in adolescence. *Journal of Youth and Adolescence*, 21, 277–304.

42 たとえば、Côté & Schwartz, 2002; Dyk, P.H., & Adams, G.R. (1990). Identity and intimacy: an initial investigation of three theoretical models using cross-lag panel correlations. *Journal of Youth and Adolescence*, 19, 91–110; Kroger, J. (2003). Identity development during adolescence. In G.R.Adams & M.D. Berzonsky (Eds.), *Blackwell handbook of adolescence* (pp. 205–26). Malden, MA: Blackwell Publishing; Orlofsky, J.L., Marcia, J.E., & Lesser, I.M. (1973). Ego identity status and the intimacy versus isolation crisis of young adulthood. *Journal of Personality and Social Psychology*, 27, 211–19. を参照。

43 Marcia, J.E., Waterman, A.S., Matteson, D.R., Archer, S.L., & Orlofsky, J.L.E. (Eds.). (1993). *Ego identity: A handbook for psychosocial research*. New York: Springer-Verlag; Jakubowski,T.G., & Dembo, M.H. (2004).The influence of self-efficacy, identity style, and stage of change on academic self-regulation. *Journal of College Reading and Learning*, 35, 5–22.

44 Marcia, J.E. (1993).The ego identity status approach to ego identity. In J.E. Marcia, A.S. Waterman, D.R. Matteson, S.L. Archer, & J. L Orlofsky (Eds.), *Ego identity: A handbook for psychosocial research* (pp. 3–41). New York: Springer-Verlag.

45 Marcia, 1980; Berman, A.M., Schwartz, S.J., Kurtines, W.M., & Berman, S.L. (2001). The process of exploration in identity formation: The role of style and competence. *Journal of Adolescence*, 24, 513–28.

46 Adams, G.R., Bennion, L., & Huh, K. (1987). *Objective measure of ego identity status: A reference manual*. Unpublished manuscript: Guelph, Ontario, Canada; Côté, J.E., & Levine, C. (1983). Marcia and Erikson: The relationships among ego identity status, neuroticism, dogmatism, and purpose in life. *Journal of Youth and Adolescence*, 12, 43–53.

47 Kidwell, J.S., Dunham, R.M., Bacho, R.A., Pastorino, E., & Portes, P.R. (1995). Adolescent identity exploration: A test of Erikson's theory of transitional crisis. *Adolescence*, 30, 185–93.

48 Meeus, W. (1996). Studies on identity development in adolescence: An overview of research and some new data. *Journal of Youth and Adolescence*, 25, 569–98; Meeus, W., Iedema, J., Helsen, M., &Vollebergh, W. (1999). Patterns of adolescent identity development: Review of literature and longitudinal analysis. *Developmental Review*, 19, 419–61.

49 Berman et al., 2001.

50 たとえば、Jones, 1992. を参照。

51 Kroger, 2003.

52 たとえば、Côté & Schwartz, 2002. を参照。

第 8 章

1　www.brainyquote.com/quotes/quotes/k/kurtcobain574681.html#Q6hkiUv9MK0wtgKZ.99

2　Lerner, R. (2002) *Concepts and theories of human development* (3rd ed.). Mahwah, NJ: Lawrence Erlbaum.

3　Phinney, J.S. (1989). Stages of ethnic identity development in minority group adolescents. *Journal of Early Adolescence*, 9, 34–49.

4　Hallett, D., Want, S.C., Chandler, M.J., Koopman, L.L., Flores, J.P., & Gehrke, E.C. (2008). Identity in flux: Ethnic self-identification, and school attrition in Canadian Aboriginal youth. *Journal of Applied Developmental Psychology*, 29, 62–75.

5　たとえば、Cross, W.E. Jr. (1991). *Shades of Black: Diversity in African-American identity*. Philadelphia: Temple University Press; Helms. J. (1990). *Black and White racial identity: Theory, research, and practice*. New York: Greenwood Press. を参照。

6　Phinney, 1989.

7　Phinney, J.S. (2006). Ethnic identity exploration in emerging adulthood. In J.J. Arnett & J. L.Tanner (Eds.), *Emerging adults in America: Coming of age in the 21st century* (pp. 117–34). Washington, DC: American Psychological Association.

8　Phinney, J. S., & Rosenthal, D. A. (1992). Ethnic identity in adolescence: Process, context, and outcome. In G. R. Adams, T. P. Gullotta, & R. Montemayor (Eds.), *Adolescent identity formation: Advances in adolescent development* (pp. 145–72). Newbury Park, CA: Sage.

9　Phinney & Rosenthal, 1992, pp. 150–1.

10　Phinney, 1992.

11　Phinney, 2006. Phinney, J.S. (2005). Ethnic identity development in minority adolescents. In C.B. Fisher & R.M. Lerner (Eds.), *Encyclopedia of Applied Development Science* (Vol. 1, pp. 420–2).Thousand Oaks, CA: Sage.

12　Phinney, 2006.

13　Phinney. J.S., & Alipuria, L. (1990). Ethnic identity in college students from four ethnic groups. *Journal of Adolescence*, 13, 171–84.

14　Phillips-Smith, E., Walker, K., Fields, L., Brookins, C.C., & Seay, R.C. (1999). Ethnic identity and its relationship to self-esteem, perceived efficacy and prosocial attitudes in early adolescence. *Journal of Adolescence*, 22, 867–80.

15　Roberts, R.E., Phinney, J.S., Masse, L.C., Chen, Y., Roberts, C.R., & Romero, A. (1999). The structure of ethnic identity of young adolescents from diverse ethnocultural groups. *Journal of Early Adolescence*, 19, 301–22.

16 Phinney, J.S., Jacoby, B., & Silva, C. (2007). Positive intergroup attitudes: The role of ethnic identity. *International Journal of Behavioral Development*, 31, 478–90.

17 Kroger, 2003.

18 Phinney, 2005.

19 Côté, J.E. (1997b).A social history of youth in Samoa: Religion, capitalism, and cultural disenfranchisement. *International Journal of Comparative Sociology*, 38, 217–34.

20 Stockard, J., & O-Brien, R.M. (2002). Cohort effects on suicide rates: International variations. *American Sociological Review*, 67, 854–72.

21 Beneteau, R. (1988,Winter). Trends in suicide. *Canadian Social Trends*, 22–24.

22 Almey, M., & Normand, J. (2002). *Youth in Canada* (3rd ed.). Ottawa: Minister of Industry.

23 Nielsen, L. (1991). *Adolescence: A contemporary view* (2nd ed.). Fort Worth,TX: Harcourt Brace Jovanovich.

24 Sundar, P. (2008). "Brown it up " or to "bring down the brown" : Identity and strategy in second-generation, South Asian-Canadian youth. *Journal of Ethnic & Cultural Diversity in Social Work: Innovation in Theory, Research & Practice*, 17(3), 251–78.

25 Ho, M. & Bauder, H. (2010). "We are chameleons" : Identity capital in a multicultural workplace (Ryerson University, CERIS Working Paper No. 77). www.ceris.metropolis. net/wp-content/uploads/pdf/research_publication/working_papers/wp77.pdf

26 Brunsma, D.L., & Delgado, D.J. (2007). *Identity as resource: Identity capital and identity markets*. Presentation to the Southern Sociological Society, Atlanta, GA.

27 Kim T. (2010). Transnational academic mobility, knowledge, and identity capital. *Discourse: Studies in the Cultural Politics of Education*, 31(5), 577–91.

28 たとえば、Sorell, G.T., & Montgomery, M.J. (2001). Feminist perspectives on Erikson's theory: Its relevance for contemporary identity development research. *Identity: An International Journal of Theory and Research*, 1, 97–128; Waterman,A.S. (1993). Developmental perspectives on identity formation: From adolescence to adulthood. In J.E. Marcia, A.S. Waterman, D.R. Matteson, S.L. Archer, & J. L Orlofsky (Eds.), *Ego identity: A handbook for psychosocial research* (pp. 42–68). New York: Springer-Verlag; Kroger, 2003. を参照。

29 Waterman, C.K., & Nevid, J.S. (1977). Sex differences in the resolution of the identity crisis. *Journal of Youth and Adolescence*, 6, 337–42.

30 Archer, S.L. (1989). Gender differences in identity development: Issues of process, domain and timing. *Journal of Adolescence*, 12, 117–38.

31 Thorbecke,W., & Grotevant, H.D. (1982). Gender differences in interpersonal identity formation. *Journal of Youth and Adolescence*, 11, 479–92.

32 Waterman, A.S. (1992). Identity as an aspect of optimal psychological functioning. In

G.R. Adams, T.P. Gullota, & R. Montemayor (Eds.), *Adolescent identity formation* (pp. 50–72). Newbury Park, CA: Sage.

33 Côté, 2000; Kroger, J. (1983). A developmental study of identity formation among late adolescent and adult women. *Psychological Documents*, 13, (Ms. No. 2527).

34 E.g., Archer, 1989.

35 Côté & Allahar, 2007.

36 Côté & Allahar, 2011.

37 Dusek & McIntyre, 2003.

38 Zimmerman & Cleary, 2006.

39 Zimmerman & Cleary, 2006.

40 Pajares, 2006; Zimmerman & Cleary, 2006.

41 Schunk, D.H., & Meece, J.L. (2006). Self-efficacy development in adolescence. In F. Pajares & T. Urdan (Eds.), *Self-efficacy beliefs of adolescents* (pp. 45–69). Greenwich, CT: Information Age Publishing.

42 Schunk & Meece, 2006.

43 たとえば、Oettingen, G., & Zosuls, K.M. (2006). Culture and self-efficacy in adolescents. In F. Pajares & T. Urdan (Eds.), *Self-efficacy beliefs of adolescents* (pp. 245–65). Greenwich, CT: Information Age Publishing; Stajkovic,A.D., & Luthans, F. (1998). Self-efficacy and work-related performance: A meta-analysis. *Psychological Bulletin*, 124, 240–61. を参照。

44 Phillips,T.M., & Pittman, J.F. (2003). Identity processes in poor adolescents: Exploring the linkages between economic disadvantage and the primary task of adolescence. *Identity:An International Journal of Theory and Research*, 3, 115–29;Yoder,A.E. (2000). Barriers to ego identity status formation: A contextual qualification of Marcia's identity status. *Journal of Adolescence*, 23, 95–106.

45 Rotheram-Borus, M.J., & Wyche, K.F. (1994). Ethnic differences in identity formation in the United States. In S.L. Archer (Ed.), *Interventions for adolescent identity development* (pp. 62–83). Thousand Oaks, CA: Sage.

46 Aries, E., & Seider, M. (2007). The role of social class in the formation of identity: A study of public and elite private college students. *The Journal of Social Psychology*, 147, 137–57.

47 大学生の間の階級意識については、Thomas,V.,&Azmitia,M. (2014). Does class matter? The centrality and meaning of social class identity in emerging adulthood. *Identity:An International Journal of Theory and Research*, 14, 195–213. を参照。

48 Côté, 2002, 2006.

49 Hamilton, L.T. (2013). More is more or more is less? Parental financial investments during college. *American Sociological Review*, 78, 70–95.

50 Lareau, A. (2011). *Unequal childhoods: Class, race, and family life. Second edition with an update a decade later.* Berkeley, CA: University of California Press.

51 Rosenberg, M., & Pearlin, L. (1978). Social class and self-esteem among children and adults. *American Journal of Sociology*, 84, 53–77.

52 Wiltfang, G., & Scarbecz, M. (1990). Social class and adolescents' self-esteem: Another look. *Social Psychology Quarterly*, 53, 174–83.

53 McLoyd, V.C., Kaplan, R., Purtell, K.M., Bagley, E., Hardaway, C.R., & Smalls, C. (2009). Poverty and socioeconomic disadvantage in adolescence. In R.M. Lerner & L. Steinberg (Eds.), *Handbook of adolescent psychology* (3rd ed., pp. 444–91). Hoboken, NJ: Wiley.

54 Schunk & Meece, 2006.

55 McLoyd et al., 2009.

56 たとえば、Most,T.,Wiesel, A., Blitzer,T. (2007). Identity and attitudes towards cochlear implant among deaf and hard of hearing adolescents. *Deafness & Education International*, 9, 68–82. を参照。

57 Stein, L.M., & Hoopes, J.L. (1985). *Identity formation in the adopted adolescent:The Delaware family study.* New York: Child Welfare League of America.

58 Hauser-Cram, P., Wyngaarden Krauss, M., & Kersh, J. (2009). Adolescents with developmental disabilities and their families. In R.M. Lerner & L. Steinberg (Eds.), *Handbook of adolescent psychology* (3rd ed., pp. 589–617). Hoboken, NJ: Wiley.

59 Small,A., & Cripps, J. (2012). On becoming: Developing an empowering cultural identity framework for deaf youth and adults. In A. Small, J. Cripps, & J.E. Côté, *Cultural space and self/identity development among deaf youth* (pp. 29–41). Toronto: Canadian Cultural Society of the Deaf.

60 たとえば、Most et al., 2007. を参照。

61 Small,A., Cripps, J., & Côté, J.E. (2012). *Cultural space and self/identity development among deaf youth.*Toronto: Canadian Cultural Society of the Deaf, p. 45.

62 Hauser-Cram et al., 2009.

63 Hauser-Cram et al. (2009) define developmental disabilities as "biologically based delays or impairments in one or more areas of development" (p. 589).

64 Hauser-Cram et al., 2009.

65 Klassen, R.M. (2006). Too much confidence? The self-efficacy of adolescents with learning disabilities. In F. Pajares & T. Urdan (Eds.), *Self-efficacy beliefs of adolescents* (pp. 181–200). Greenwich, CT: Information Age Publishing.

66 Adams, G.R., Côté, J.E., & Marshall, S. (2002). *Parent/adolescent relationships and identity development: A literature review and policy statement.* Ottawa: Division of Childhood and

Adolescence, Health Canada; Steinberg, 2001; Steinberg, 2001.

67　この類型は、次の研究に基づく。Baumrind, D. (1968).Authoritarian vs. authoritative control. *Adolescence*, 3, 255–72. その後、次の研究に発展した。Maccoby, E.E., & Martin, J.A. (1983). Socialization in the context of the family: Parent-child interaction. In P.H. Mussen (Series Ed.) & E.M. Hetherington (Vol. Ed.), *Handbook of child psychology:Vol. 4 Socialization, personality, and social development* (4th ed. pp. 1–101). New York:Wiley.

68　言うまでもなく、二項対立ではなく連続体があり、概念を説明して検証するのに在／不在の規準が役に立つ。

69　たとえば、Adams, Côté, & Marshall, 2002. を参照。

70　Aunola, K., Stattin, H., & Nurmi, J. (2000). Parenting styles and adolescents' achievement strategies. *Journal of Adolescence*, 23, 205–22.

71　Lamborn, S., Mounts, N., Steinberg, L., & Dornbusch, S. (1991). Patterns of competence and adjustment among adolescents from authoritative, authoritarian, indulgent, and neglectful homes. *Child Development*, 62, 1049–65.

72　Kerpelman, J.L., & Smith, S.L. (1999). Adjudicated adolescent girls and their mothers: Examining identity perceptions and processes. *Youth and Society*, 30, 313–47.

73　たとえば、Grotevant, H.D. (1983).The contribution of the family to the facilitation of identity formation in early adolescence. *Journal of Early Adolescence, 3*, 225–37. を参照。

74　Dusek & McIntyre, 2003; Luster, T., & McAdoo, H.P. (1995). Factors related to self-esteem among African-American youths: A secondary analysis of the High/Scope Perry Preschool data. *Journal of Research on Adolescence*, 5, 451–67.

75　Cooper, C.R., Grotevant, H.D., & Condon, S.M. (1983). Individuality and connectedness in the family as a context for adolescent identity formation and role-taking skill. *New Directions in Child Development*, 22, 43–59; Grotevant, H.D., & Cooper, C.R. (1985). Patterns of interaction in family relationships and the development of identity exploration in adolescence. *Child Development*, 56, 415–28.

76　Dusek & McIntyre, 2003.

77　Schunk & Meece, 2006.

78　Kuczynski, L., Marshall, S., & Schell, K. (1997). Value socialization in a bi-directional context. In J.E. Grusec & L. Kuczynski (Eds.), *Parenting and the internalization of values: A handbook of contemporary theory* (pp. 23–50).Toronto: John Wiley & Sons.

79　たとえば、Adams, Côté, & Marshall, 2002. を参照。

80　たとえば、Marshall, S.K., Tilton-Weaver, L.C., & Bosdet, L. (2005). Information management: Considering adolescents' regulation of parental knowledge. *Journal of Adolescence*, 28, 633–47. を参照。

81 Harris, J.R. (2009). *The nurture assumption:Why children turn out the way they do* (Revised and updated). New York: Free Press. J. R. ハリス（2000）.『子育ての大誤解：子どもの性格を決定するものは何か』（石田理恵訳）早川書房 .

82 Marshall, S.K.,Young, R.A.,Tilton-Weaver, L.C. (2008). Balancing acts adolescents' and mothers' friendship projects. *Journal of Adolescent Research*, 23, 544–65. を参照。

83 Adams, G.R., Munro, B., Doherty-Poirer, M., Munro, G., Petersen, A., and Edwards, J. (2001). Diffuse-avoidance, normative, and informational identity styles: Using identity theory to predict maladjustment. *Identity:An International Journal of Theory and Research*, 1, 305–18.

84 たとえば、Jones, R.M., & Hartmann, B.R. (1988). Ego identity: Developmental differences and experimental substance us among adolescents. *Journal of Adolescence*, 11, 347–60. を参照。

85 たとえば、Côté, 2000. を参照。

86 Harter, S. (1993). Self and identity development. In Feldmann, S.S. and Elliott, G.R. (Eds.). *At the threshold:The developing adolescent*. Cambridge, MA: Harvard University Press.

87 Robinson, N.S. (1995). Evaluation of the nature of perceived support and its relation to perceived self-worth in adolescence. *Journal of Research on Adolescence*, 5, 253–80.

88 Turner, G. (1999). Peer support and young people's health. *Journal of Adolescence*, 22, 567–72.

89 Schunk & Meece, 2006.

90 Waterman,A.S., Geary, P.S., & Waterman, C.K. (1974). Longitudinal study of changes in ego identity status from the freshman to the senior year at college. *Developmental Psychology*, 10, 387–92.

91 Pascarella, E., & Terenzini, P.T. (1991). *How college affects students: Findings and insights from twenty years of research*. San Francisco: Jossey-Bass. 近年の研究をアップデートした Pascarella & Terenzini (2005) では、「発達が成熟の力や社会文化的な力ではなく大学での経験に帰属するかどうかを検証した研究」(p. 228) はまだ見出されていない。

92 Côté, J.E., & Levine, C. (2000). Attitude versus aptitude: Is intelligence or motivation more important for positive higher educational outcomes? *Journal of Adolescent Research*, 15, 58–80.

93 Côté, 2002.

94 Bynner, J. (1998). Education and family components in the transition to work. *International Journal of Behavioural Development*, 22, 29–53.

95 Bynner, J., & Parsons, S. (2002). Social exclusion and the transition from school to work:The case of young people not in education, employment, or training (NEET). *Journal of Vocational Behavior*, 60, 289–309.

96 Savickas, M.L., Briddick,W.C., & Watkins, C., Jr. (2002).The relation of career maturity to personality type and social adjustment. *Journal of Career Assessment*, 10, 24–41, p. 35.

97 「真の自己」またはダイモンを科学的に研究する方法について示唆する研究の要約は、Waterman, A.S. (2004). Finding someone to be: Studies on the role of intrinsic motivation in identity formation. *Identity: An International Journal of Theory and Research*, 4, 209–28. を参照。Waterman の研究は、アリストテレスの考えに沿って、自分の内的な潜在能力と才能にしたがう際にどのようにすれば選択とゴールが「より良い」かを調べている。

98 Mead, M. (1928). *Coming of age in Samoa: A psychological study of primitive youth for Western Civilization.* New York: Morrow Quill Paperbacks. M. ミード (1976).『サモアの思春期』(畑中幸子・山本真鳥訳) 蒼樹書房.

99 Mead, 1928, p. 246.

100 Schuller et al., 2004. を参照。

101 Côté and Allahar, 2007, 2011.

102 Côté, J.E. (2005). The identity capital model. In C. Fisher & R.M. Lerner (Eds.), *Applied developmental science: An encyclopedia of research, policies, and programs (ADSE).* Thousand Oaks, CA: Sage.

103 Côté & Levine, 1997; Côté, J.E., & Levine, C. (2000). Attitude versus aptitude: Is intelligence or motivation more important for positive higher educational outcomes? *Journal of Adolescent Research*, 15, 58–80.

104 Côté & Levine, 1997.

105 Côté, J.E., Skinkle, R., & Motte, A. (2008). Do perceptions of costs and benefits of postsecondary education influence participation? *Canadian Journal of Higher Education*, 38, 73–93.

106 Côté, J. E., Mizokami, S., Roberts, S. E., Nakama, R., Meca, A., & Schwartz, S. J. (2015). *The role of identity horizons in education-to-work transitions: A cross-cultural validation study in the United States and Japan.* Manuscript submitted for publication.

107 Côté, 1997a.

108 Stanovich, K.E. (1986). Matthew effects in reading: Some consequences of individual differences in the acquisition of literacy. *Reading Research Quarterly*, 21, 360–407.

109 Côté, 1997a.

110 Atak, H., Kapci, E.G., & Cok, F. (2013). Evaluation of the Turkish version of the Multi-Measure Agentic Personality Scale. *The Journal of Psychiatry and Neurological Sciences*, 26, 36–45.

111 DuBois, D.L., & Tevendale, H.D. (1999). Self-esteem in childhood and adolescence: Vaccine or epiphenomenon? *Applied and Preventative Psychology*, 8, 103–17.

254

Bandura, A. (2006). Adolescent development from an agentic perspective. In F. Pajares & T. Urdan (Eds.), *Self-efficacy beliefs of adolescents* (pp. 1–43). Greenwich, CT: Information Age Publishing.

第9章

1 www.brainyquote.com/quotes/quotes/m/mahatmagan150725.html#P30O2VbP5 BQo0X50.99

2 たとえば、Murray, C. (2008). *Real education: Four simple truths about bringing America's schools back to reality*. New York: Crown Forum; Twenge, J.M. (2006). *Generation me*. New York: Free Press. を参照。

3 たとえば、Burrow, A.L. & Hill, P.L. (2011). Purpose as a form of identity capital for positive youth adjustment. *Developmental Psychology*, 47, 1196–206; Schwartz, S.J., Forthun, L.F., Ravert, R.D., Zamboanga, B. L., Umaña-Taylor, A. J., Hudson, M. (2010). Identity consolidation and health risk behaviors in college students. *American Journal of Health Behavior*, 34, 214–24; Schwartz, S.J., Zamboanga, B.L., Weisskirch, R.S., & Rodriguez, L. (2009). The relationships of personal and ethnic identity exploration to indices of adaptive and maladaptive psychosocial functioning. *International Journal of Behavioral Development*, 33, 131–44; Weems, C.F., Costa, N.M., Dehon, C., & Berman, S.L. (2004). Paul Tillich's theory of existential anxiety: A preliminary conceptual and empirical examination. *Anxiety, Stress & Coping*, 17, 383–99. を参照。

4 Côté, 2006.

5 この分野での仕事は、イギリスですでに始まっており、政府が the Centre for the Wider Benefits of Learning に財政を投じている。Schuller et al., 2004. を参照。

6 Côté & Allahar, 2007.

7 Erikson, E.H. (1959). Late adolescence. In D.H. Funkenstein (Ed.), *The student and mental health: An international view* (pp. 66–106). Cambridge, MA: Riverside Press. を参照。

8 Schwartz, B. (2000). Self-determination: The tyranny of freedom. *American Psychologist*, 55, 79–88; Schwartz, B. (2004). *The paradox of choice: Why more is less*. New York: Harper Collins. B. シュワルツ (2004).『なぜ選ぶたびに後悔するのか：「選択の自由」の落とし穴』(瑞穂のりこ訳) ランダムハウス講談社 .

9 このような環境は、若者を心理的にも行動的にも「撤退」へと導き、不幸な帰結となることもある。たとえば、Ramey, H.L., Busseri M.A., Khanna, N., & Rose-Krasnor, L. (2010). Youth engagement and suicide risk: Testing a mediated model in a Canadian community sample. *Journal of Youth and Adolescence*, 39, 243–58. を参照。

10 Schwartz, B. (2004). B. シュワルツ (2004).『なぜ選ぶたびに後悔するのか：「選択

の自由」の落とし穴』(瑞穂のりこ訳)ランダムハウス講談社.

11　Benson, P. (1997). *All kids are our kids: What communities must do to raise caring and responsible children and adolescents.* San Francisco: Jossey-Bass.

12　たとえば、Lerner, R.M., Fisher, C.B., & Weinberg, R.A. (2000). Applying developmental science in the 21st century: International scholarship for our times. *International Journal of Behavioral Development*, 24, 24–9; Lerner, R.M., Lerner, J.V., von Eye, A., Bowers, E.P., & Lewin-Bizan, S. (2011). Individual and contextual bases of thriving in adolescence. *Journal of Adolescence*, 34, 1107–14. を参照。

13　このような経験の優れた例は、カナダにおける Katimavik 社のプログラムに見ることができる。Lerner et al., 2005, p. 10. を参照。

14　キリスト教大学間プログラムのアイデンティティ資本モデルによって伝えられる評価については、Lederleitner, M. (2014). *Transition journeys in emerging adulthood as Inter-Varsity students seek to connect with faith communities after graduation:A qualitative study with educational and sociological implication* (Unpublished doctoral dissertation).Trinity International University, Deerfield, IL. を参照。

15　Steinberg, 2001; Lamborn et al., 1991.

16　たとえば、Berman, S.L., Kennerley, R.J., & Kennerley, M.A. (2008). Promoting adult identity development: A feasibility study of a university-based identity intervention program. *Identity: An International Journal of Theory and Research*, 8, 139–50; Ferrer-Wreder, L., Montgomery, M.J., Lorente, C.C. (2003). Identity promotion, adolescence. In T.P. Gullotta & M. Bloom (Eds.), *Encyclopedia of primary prevention and health promotion* (pp. 600–6). New York: Kluwer Academic. を参照。

17　Côté & Allahar, 2006. 第 7 章を参照。

18　Erikson, E.H., & Erikson, K.T. (1957). On the confirmation of the delinquent. *Chicago Review*, 10, 15–23.

19　Berman, S., Montgomery, M., & Kurtines, W. (2004). The development and validation of a new measure of identity distress. *Identity: An International Journal of Theory and Research*, 4, 1–8.

20　回答者は、「あなたは、最近、次のことでどの程度、気分が沈んだり、苦悩したり、心配したりしていましたか」と尋ねられる。長期のゴール、キャリアの選択、友人関係、性的指向や行動、宗教、価値観や信念、集団への忠誠度という 7 つの内容で評価される。この尺度を用いて、少なくとも、7 項目のうち 3 つが「どちらかと言えば深刻」や「きわめて深刻」である場合や、回答者がこれらの釣行に関して全体にわたってかなりの不快さを示したり、生活に干渉したりする場合、アイデンティティ問題と診断される。アイデンティティ問題の規準に適合

する回答者が 3 ヶ月以上にわたって苦しさが続く場合、アイデンティティ障害
と診断される。

21 Berman et al., 2004; Berman, S.L., Weems, C.F., & Petkus, V. (2009). The prevalence and incremental validity of identity problem symptoms in a high school sample. *Child Psychiatry and Human Development*, 40, 183–95.

22 Berman, Weems, & Petkus, 2009.

23 Hernandez, L., Montgomery, M.J., & Kurtines, W.M. (2006). Identity distress and adjustment problems in at-risk adolescents. *Identity: An International Journal of Theory and Research*, 6, 27–33.

24 Wiley, R.E., & Berman, S.L. (2013). Adolescent identity development and distress in a clinical sample. *Journal of Clinical Psychology*, 69, 1299–304.

25 Berman, S.L., & Wilson, J. (2010, March). *Changing individuals in a changing world: Recent trends in identity development.* Paper presented at the meeting of the Society for Research on Identity Formation, Philadelphia, PA.

26 Gfellner, B.M., & Cordoba, A.I. (2011). Identity distress, psychosocial maturity, and adaptive functioning among university students. *Identity: An International Journal of Theory and Research*, 11, 136–54.

27 Kamps, C.L., & Berman, S.L. (2011). Body image and identity formation: The role of identity distress. *Revista Latinoamericana de Psicología*, 43, 63–73.

28 Hernandez, Montgomery, & Kurtines, 2006.

29 Wiley, R.E., Berman, S.L., Marsee, M.A., Taylor, L.K., Cannon, M.F., & Weems, C.F. (2011). Age differences and similarities in identity distress following the Katrina disaster: Theoretical and applied implications of Erikson's theory. *Journal of Adult Development*, 18, 184–91.

30 Berman, Weems, & Petkus, 2009.

31 Berman & Montgomery, 2014.

32 たとえば、Archer, S.L. (Ed.). (1994). *Interventions for adolescent identity development.* Newbury Park, CA: Sage.

33 Kurtines, W.M., Montgomery, M.J., Eichas, K, Ritchie, R., Garcia, A., Albrecht, R., Berman, S., Ferrer-Wreder, L., & Lorente, C.C. (2008). Promoting positive development in troubled youth: A Developmental Intervention Science outreach research approach. *Identity: An International Journal of Theory and Research*, 8, 125–38.

34 概観のためには、Eichas, K., Meca, A., Montgomery, M.J., and Kurtines, W.M. (2014). Identity and positive youth development: Advances in developmental intervention science. In K.C. McLean & M. Syed (Eds.), *The Oxford handbook of identity development* (pp. 337–54). New York: Oxford University Press. を参照。

35　Jay, 2012.

36　www.ted.com/speakers/meg_jay

37　Arnett, J.J., & Tanner, J.L. (2011). Themes and variations in emerging adulthood across social classes. In J.J. Arnett, M. Kloep, L.B. Hendry, & J.L. Tanner (Eds.), *Debating emerging adulthood: Stage or process?* (pp. 31–50). New York: Oxford University Press.

38　Côté, J.E. (2014c). The dangerous myth of emerging adulthood. *Applied Developmental Science*, 18(4), 177–88.

39　http://drewlichtenberger.com/twenties-beatdown/

40　http://prepareafuture.com

41　the technique of *veridical attribution therapy*参照。たとえば、Fiske, S., & Taylor, S.E. (1991). *Social cognition* (2nd ed.). New York: McGraw-Hill.

42　Lerner, R.M. (1995). *America's youth in crisis: Challenges and options for programs and policies.* Thousand Oaks, CA: Sage.

43　Lerner, Fisher, & Weinberg, 2000.

44　Lerner, Fisher, & Weinberg, 2000, p. 24.

45　Lerner, Fisher, & Weinberg, 2000, p. 25.

46　Lerner, Fisher, & Weinberg, 2000, p. 27.

47　Lerner, Fisher, & Weinberg, 2000, p. 26.

48　Akerlof, G.A., & Kranton, R.E. (2010). *Identity economics: How our identities shape our work, wages, and well-being.* Princeton, NJ: Princeton University Press. G. A. アカロフ・R. E. クラントン（2011）.『アイデンティティ経済学』(山形浩生・守岡桜訳) 東洋経済新報社.

49　Akerlof & Kranton, 2010. (From the blurb on the dust cover.)

50　Akerlof, G., & Kranton, R. (2000). Economics and identity. *Quarterly Journal of Economics*, CVX (3), 715–53, p. 749.

51　Côté & Allahar, 2011.

52　アカロフは、カマーの学校改革の例を示している。この学校改革では、親たちを子どもの教育に巻き込み、教師たちが敵ではなく協力相手であることを理解してもらい、それによって学校が彼らが所属する場所として見ることを促す。

53　20000 ほどの高校生を対象とした研究から、スタインバーグは、仲間文化が学業での成功を「脳」のための何かへと格下げし、もっともよく達成した生徒たち（全体の 10%）が仲間文化からしばしば周辺化されていることを見出した。別の 20% の生徒たちは、友だちが考えるであろうことを恐れて、あまり高い成績を取らないようにしていると報告している。スタインバーグは、アメリカの高校生の約 40% が、単に学校で「ふりをして」いながら、撤退していると見積もっている。Steinberg, L. (1996). *Beyond the classroom: Why school reform has failed and what parents need*

258

to do. New York: Simon & Schuster. を参照。

54 Oyserman, D., & Destin, M. (2010). Identity-based motivation: Implications for intervention. *The Counseling Psychologist*, 38, 1001–43, p. 1001.

55 Oyserman & Destin, 2010, p. 1001.

56 Oyserman & Destin, 2010, p. 1104.

57 Oyserman, D., & James, L. (2010). Possible identities. In S. Schwartz, K. Luyckx, &V. Vignoles (Eds.), *Handbook of identity theory and research* (pp. 117–45). New York: Springer, p. 139.

58 Vignoles, 2011.

59 たとえば、Lasch, C. (1995). *The revolt of the elites: The betrayal of democracy*. NewYork: Norton; Standing, 2011. C. ラッシュ（1997）.『エリートの反逆』(森下伸也訳) 新曜社 .

60 Côté, 2000.

61 Fromm, E. (1955). *The sane society*. Greenwich, CT: Fawcett Publications.E. フロム（1958）.『正気の社会』(加藤正明・佐瀬隆夫訳) 社会思想社 . を参照。

ジェームズ・コテ教授と出会って

溝上慎一

　本書は、Côté, J. E., & Levine, C. G.（2016）. *Identity Formation, Youth, and Development: A Simplified Approach.* New York: Psychology Press. を翻訳したものである。現在、アラビア語での翻訳書の刊行も予定されている。

　心理学者でもあり社会学者でもあるジェームズ・コテ（James E. Côté）教授が、青年期のアイデンティティ形成の問題について、学校から仕事・社会への若者の移行（トランジション）の視座のもと、心理学的・社会学的にアプローチして説いた書である。原書の副題に「簡易的アプローチ」と付けられているように、また、エリクソンの提唱以来、半世紀にわたって相当複雑に、高度に入り組んで発展してきたアイデンティティ形成論をかなり縮約して、「アイデンティティ形成論簡易版（Simplified Identity Formation Theory: SIFT）」として説かれるように、本書はアイデンティティ研究者、心理学者・社会学者を超えたより多くの人びとに、この問題を伝えようとしている。本書の特徴は、次の「訳者解説」で詳述されているので、詳しくはそちらをお読みいただきたい。

　なお、本書の基礎は 2002 年に出版された 著書 *"Identity Formation, Agency, and Culture"* である。専門家の読者は合わせてお読みいただいたほうがいいと思うので、紹介しておく。また 2019 年には、*"Youth Development in Identity Societies"* が出版され、アイデンティティ社会を想定した若者の発達論がよりいっそう展開して議論されている。併せて紹介しておく。

　コテ教授は、1953 年にカナダ・オンタリオ州のキングストンで生まれた。1977 年にトレント大学（Trent University）で社会学・心理学の学士を取得し、1981 年にウェスターンオンタリオ大学で修士号（社会学）、1984 年にヨーク大学（York University）で Ph. D.（社会学）を取得している。その後、母校のウェス

ターンオンタリオ大学に戻り、助教（1984-1990 年）、准教授（1990-2000 年）を経て、現在社会学講座の教授（2000-）を務めている。

コテ教授の論は、心理学者の間でも一目置かれるほどであり、心理学会で彼が話すときには相当の敬意が彼に払われるのを何度か見たことがある。しかし、学歴・職歴としては社会学ベースで歩んできた学者であると理解される。

学会の要職としては、これまでアイデンティティ形成学会（Society for Research on Identity Formation）で会長（2003-2005 年）、国際社会学会（社会心理学）（Social Psychology, International Sociological Association）の理事（2002-2006 年）、リスクと不確実性の社会学会（Sociology of Risk and Uncertainty）の理事（2006-2010 年）、若者社会学会（Sociology of Youth）の会長（2010-2014 年）を務めてきた。

私は心理学者として、コテ教授の論文を読んできた。日本の心理学者の間でも、よく引用されてきた学者である。しかし、日本の心理学者の中で、彼が実は社会学者であったと知る人はほとんどいなかったと思う。私がそれを知ったのは、彼を日本に招聘した 2011 年 2 月、まだ 10 年くらい前のことである。

私は 2000 年半ば頃から、エリクソンのアイデンティティ論が、社会学的に言うところの近代化の成熟期に向かう社会・歴史的状況の中で提出された文脈であったことに大きな関心を寄せて考え始め、その相対として現代（ポストモダニティあるいは後期近代）の青年期の自己・アイデンティティ形成の特徴や力学を研究してきた。2008 年に出版した『自己形成の心理学－他者の森をかけ抜けて自己になる－』（世界思想社）、2010 年に出版した『現代青年期の心理学－適応から自己形成の時代へ－』（有斐閣選書）は、自己・アイデンティティ形成の観点から、（現代）青年期の観点からまとめた最初の本である。

このような作業の中、社会や歴史のマクロ的推移をしっかり押さえ、にもかかわらずミクロ的なアイデンティティ形成や青年期の特徴や力学を深く論じるコテ教授の議論に出会った。持ってはいたものの、ほとんど読まなかった次の 2 つの論文をある時ふっと手にして読み始めたのである。

- Côté, J. E. (1996). A developmental social psychology of identity: Understanding the person-in-context. *Journal of Adolescence*, 19, 429-442.

• Côté, J. E. (1997).An empirical test of the identity capital model. *Journal of Adolescence*, 20, 577-597.

　これらの論文は、日本の心理学者の論文や本の中でもほとんど引用されてこなかったものである。これらの論文をおもしろいと感じるためには、心理学を超えて、社会学や文化人類学等などに開かれていかなければならない。単に読書の対象としておもしろいというのではなく、自身の研究の射程に社会学や文化人類学等の知見を組み込んでおもしろいとならなければ、論の意義を見出しにくい。そういう論文である。

　私がこれらのコテ教授の仕事に幸いにも接続できたのは、長年高等教育の研究や仕事をしながら、心理学の研究も二股かけておこなってきたからだろうと思う。偶然にもコテ教授の議論は2000年半ばほどから、社会へのトランジション（移行）を視座に青年期のアイデンティティ形成、若者論を高等教育へと接続して展開していた。2007年の"*Ivory Tower Blues*"が刊行されたときには、高等教育の分野であのコテ教授の仕事に出会うかと驚いたものだが、それも彼が後期近代と見る現代社会の中で、若者の社会へのトランジションを視座に、手前の変わる学校教育（高等教育）、そこでの若者（学生）の過ごし方を検討しはじめたと考えれば得心がいく。

　私の関心は、心理学・高等教育の世界から社会学へと拡がっていき、コテ教授は社会学・心理学の世界から高等教育へと拡がっていった。そうして私はコテ教授に出会ったのである。これほど関心がマッチする学者は、日本にはもちろんのこと、世界にも二人といない。コテ教授からはこの10年ほんとうに多くのことを教えてもらったと感謝している。

　実は2008年頃、彼と共同研究をしながら学術的な親交を深めたいと思い、メールを出したことがある。心理学・社会学・高等教育をまたいでこれほど学際的に、しかもそれぞれの分野の専門家集団が敬意を表するほどに研究ができている学者は他にはいないと思ったからである。2020年を迎えた今でもそう思う。彼から学びたいと強く願った。

　メールを出して 20 分後に返事が来た。世界は狭いと感じた瞬間であった。「忙しい、無理だ」という返事だった。それから 2 年間、先に紹介した『自己形成の心理学』『現代青年期の心理学』を執筆しながら、さてどうするかなと考えていた。

　2010 年になって、私の所属していた京都大学の高等教育研究開発推進センターで、外国人を誰か招聘しようという話が出た。そのホスト役が私に振られた。私は誰でもいいならコテ教授を招きたい。共同研究は無理でも、彼と実際に会っていろいろ話をしておきたいと思ったのである。ちょうど "Ivory Tower Blues" という高等教育の著書も出ていたので、話はすぐに通った。「2 年前にメールをして共同研究を断られた者ですが、今度は講演だけでいいので日本に来てくれませんか」とメールをした。「わかった」とすぐ返事が来た。彼はその年度の 2 月に来日して講演をしてくれた。

　訳者の一人である河井亨は、このとき私の研究室の大学院生で、コテ教授の来日中のお世話役を務めた。総合人間学部で社会学を学び、大学院は私のいる教育学研究科（高等教育開発論講座）に進学してきた。似たような経歴や関心の中で、彼もコテ教授から大いに学んだ。

　コテ教授の来日中、私はほとんど独り占めで彼と議論することができた。私は彼に議論すること以上のことをもはや求めていなかったが、彼は帰国前に私に「一緒に研究をしよう」「論文を書いたら送れ。コメントしてあげよう」と言ってくれた。彼の中では、講演を承諾したときに、「仕方ないな」と思ってくれていたらしい。

　あれから 10 年の歳月が過ぎ、彼と書いた論文がこうして刊行されている。アイデンティティホライズンやアイデンティティ資本モデルについての論文を、日本のデータも加えながら発展させている。

- Côté, J., Mizokami, S., Roberts, S., Nakama, R., Meca, A. L., & Schwartz, S. (2015). The role of identity horizons in education-to-work transitions: A cross-cultural validation study in Japan and the United States. *Identity*, 15, 263-286.
- Côté, J., Mizokami, S., Roberts, S. E., & Nakama, R. (2016). An examination of the cross-cultural validity of the identity capital model: American and Japanese

students compared. *Journal of Adolescence*, 46, 76-85.

- Helve, H., Côté, J., Svynarenko, A., Sinsalo-Juha, E., Mizokami, S., Roberts, S. E., & Nakama, R. (2017). Identity horizons among Finnish post-secondary students: A comparative analysis. *Identity*, 17, 191-206.
- Mizokami, S., Côté, J. E., Eichas, K., & Toyokawa, T. (2018). Do Japanese youth proactively form identities?: An investigation of independent self formation. *Identity*, 18, 109-123.

　2011 年のコテ教授の講演後の質疑の時間で、ある参加者が「やる気を失った大学生にどのような支援や介入をすれば、彼らは成長しますか」という質問をした。コテ教授は間髪入れずに、"Too late!（大学生ではもう遅い）"と回答された。会場は静まりかえってしまった。下記の本の「あとがき」にこの時のことを書いている。よく思い出すシーンである。なお、本書の第 6 章で論じられるアイデンティティ資本モデルは、下記の書の第 5 章で翻訳されているので（「アイデンティティ資本モデル－後期近代への機能的適応－」）、紹介しておく。

- 溝上慎一・松下佳代（編）(2014). 高校・大学から仕事へのトランジション―変容する能力・アイデンティティと教育―　ナカニシヤ出版

訳者解説

学校から仕事・社会へのトランジションにおける若者のアイデンティティ形成
理論・実証研究・実践的な議論を繋ぐことの意義

河井亨

　混迷をみせる日本の社会・経済状況の中、仕事を手にして社会でうまくやっていけるかどうかという問題は、若者にとって切実な問題である。この問題は、学校から仕事・社会へのトランジション（移行）と呼ばれ、日本のみならず西欧諸国でも深刻な問題となっている。不十分な教育やトレーニング、労働市場の機会不足、失業や能力開発の機会の不足、適切な支援の不足といった問題が山積している。人生を切り抜けていこうとする若者たちの前には、少なくない困難や小さくない障壁が待ち構えている。

　学校から仕事・社会への若者のトランジションの問題は、成人期へうまくトランジションできるかどうかという問題でもある。青年期の若者たちは、児童期から成人期に向けてトランジションするべく、アイデンティティ形成という課題に取り組む。若者たちの前には、学校から仕事・社会へのトランジションという問題と成人期へのトランジションという問題が表裏一体となって待ち構えている。若者たちは、この問題に対して、アイデンティティ形成を通じて切り抜けていくのである。

　本書『若者のアイデンティティ形成—学校から仕事・社会へのトランジションを切り抜ける』は、若者のアイデンティティ形成にまつわる幅広い問題を扱い、洞察をもたらすものである。学校から仕事・社会への若者のトランジションの問題は、家族関係、友人関係、学校教育、キャリアや仕事への就労、若者支援の実践と制度と政策、文化・経済・政治状況といった多岐にわたる要素が関わり合っている。この問題をめぐっては、アイデンティティ形成についての心理学理論に基づく洞察、社会の歴史的な変遷という巨視的な視点からの社会学理論に基づく洞察、そして実証研究に基づく若者の実態把握をもとにした洞察が持ち込まれ、学校教育や政府対応や若者支援サービスにつ

いての実践的な議論が展開されている。

　本書は、社会学から心理学にわたる学問分野、若者研究、高等教育研究といった知に立脚して学校から仕事・社会へのトランジションにおける若者のアイデンティティ形成を論じていく。社会学では、デュルケムのアノミー概念、ミードの社会学的自己論、ゴフマンの自己呈示論、ギデンズとベックとラッシュの後期近代論、構造－エージェンシー論争が扱われる。心理学では、自己論、エリクソン以降のアイデンティティ研究と青年心理学研究、ピアジェとコールバーグの道徳発達理論、パーソナリティと社会構造の社会心理学、臨床心理学といった分野の知見に依拠している。本書の読解を深めるために、それらの知識を参照していただきたい。

　本書は、これらの要素と洞察と議論に幅広く目配りしつつ簡潔に全体像を示すことをねらいとしており、学校から仕事・社会への若者のトランジションに関心を持つ人を広く読者として想定している。第1部ではアイデンティティに関する原理とも言える理論概念を整理して提示している。第2部ではどのようにアイデンティティ形成するかが中心テーマとなる。道徳的・倫理的な側面や他者と関係を築く社会的な側面、後期近代社会への適応という観点からアイデンティティ形成を分析している。第3部では、学校から仕事・社会へのトランジションと成人期へのトランジションに迫り、若者のアイデンティティ形成のあり方に関連する文脈を検討して実践的な議論を展開している。

　本書で扱う問題は広く、複雑である。そのため、本書をどう読めばいいか手に取ってくれた人を困惑させてしまう懸念がある。この解説では、まず、どのような方に本書を読んでもらいたいかを明確にする。本書はまた、理論と実証研究と実践的議論を横断するという特徴がある。しかし、抽象的な理論的概念、実証研究の分析と考察、若者が置かれている実際の文脈に根ざした実践的な議論を結びつけることは容易ではない。そこでこの解説の後半では、本書の特徴をまとめなおす作業を行う。

1 本書をどう読むか、どのような方に読んでもらいたいか

　本書は、学校から仕事・社会への若者のトランジションに関心のある方に手に取っていただきたい。学校から仕事・社会へのトランジションの問題を解きほぐしていくためには、若者たちを含む関係者の共通理解が不可欠である。たとえば、若者の就労支援に携わっている方、学校でキャリア教育に取り組む教職員、進路に悩む高校生や大学生を支援するカウンセラー、地方行政や国家行政で若者支援政策に関わる担当者に手に取っていただきたい。さらに言うまでもなく、トランジションの問題と奮闘する若者たちにも手に取っていただきたい。問題は複雑であり、本書には安易な答えが示されているわけではない。これまでの若者研究の先行知見に加えて本書を土台にすることで、若者のアイデンティティ形成を理解して議論するための共通レパートリーを手にすることができる。そして、それぞれの立場から見えている学校から仕事・社会への若者のトランジションを拡げて考え、共通の土台で議論することで、新たな可能性を実践に移していくことも期待できる。

　学校から仕事・社会へのトランジションの問題への共通理解を生み出すためには、調査研究による若者の実態把握が不可欠である。本書はまた、若者の実態調査に関心のある方やそれらに実際に携わっている方にとっても新たな発見や示唆を見いだすことができる。まず、本書ではアイデンティティ形成についての社会学理論と心理学理論を若者の実態把握を行う実証研究に接続している。理論研究と実証研究の接続のさらなる可能性を考える上で、本書は格好のケース・スタディーを提供している。

　また、学校から仕事・社会へのトランジションの問題は、心理学、社会学、教育学をはじめとするさまざまな研究者が取り組んでいる。日本の若者の実態についてもそれぞれの学問分野の中で実証研究が蓄積を見せている。本書の議論はそれらの分野の視点と議論を繋げようとするものである。若者のトランジションの問題に取り組むにあたっては、目の前の若者の置かれている心理状況や発達課題、そして社会・経済・文化状況を結びつけながら理解し

ていくことが求められる。本書への批判的な読解や本書を下敷きにした議論によって、学校から仕事・社会へのトランジションについての総合的な学識を生み出すことが研究の課題となる。

　最後に、本書は学校から仕事・社会への若者のトランジションの問題を深く理解したいと思う人に考える道具を提供してくれる。本書では、若者のトランジションの問題が「何であるか(what)」について、家族・友人・学校や仕事や社会状況などの関係する幅広い要素と実態データを結びつけて問題の複雑さを説明している。問題を「どうすればいいか(how)」については、カリキュラムや相談やモチベーションや学習関与などの実際的な議論を展開している。本書の特徴は、学校から仕事・社会へのトランジションについての「何であるか(what)」と「どうすればいいか(how)」の知識をもたらすことにとどまらない。もしもそれらにとどまるのであれば、翻訳を届ける意義はそれほど大きくない。本書は、「何であるか(what)」と「どうすればいいか(how)」の土台として「なぜか(why)」についての知識を提供している。

　アイデンティティ形成についての理論的知識によって「なぜか(why)」をめぐる議論に答えることができる。若者のトランジションが困難なのはなぜか、プロアクティブなアイデンティティ形成によって困難を切り抜けられるのはなぜかといった問いに回答を導き出すことができる。アイデンティティについての研究は膨大な数に及んでおり、全ての詳細を網羅して取り入れることは難しい。本書では、アイデンティティ形成論簡易版として簡潔にエッセンスを示すという戦略をとっている。「なぜか(why)」を考えるための道具である理論を背骨とすることで、本書の問題把握や実際的な議論が筋の通ったものとなる。いうまでもなく、本書の提示する簡易版は無謬の理論ではなく不断の再構築に開かれているものである。

　若者がトランジションを切り抜けるためにも、若者の現状を深く理解して支援するためにも、若者のトランジションが埋め込まれている社会状況を理解して変革するためにも、理論的な概念やアイデアに立ち帰り更新することが本質的に重要な戦略となる。本書の議論を汲み取るには、先に述べた社会学と心理学、若者研究と高等教育研究の知を修得することが必要となる。学

268

校から仕事・社会へのトランジションの中の若者のアイデンティティ形成の
問題について本書を超えて前進することは、それらの研究領域の最前線の知
をさらに総合することによって可能になるだろう。

2　本書の特徴

(1) 心理学アプローチと社会学アプローチの結合

　続けて本書の特徴をまとめなおす。第一に、学校から仕事・社会への若者
のトランジションという問題に関して、個人の発達という心理学アプローチ
と社会構造の影響という社会学アプローチを結びつけて問題の解明に取り組
んでいるという点が本書の特徴である。

　心理学アプローチと社会学アプローチのどちらか一方だけでは、問題を的
確に捉えられない。アイデンティティ形成に対する社会学アプローチは役割
や地位といった客観的側面に焦点を当て、社会構造とそこに埋め込まれたラ
イフコースとの相互作用を明らかにする。その結果、個人のアイデンティティ
形成の主観的側面はブラックボックスとなる。他方、心理学アプローチは相
互行為の中での行動やパーソナリティや心理といった主観的側面の解明を進
めている。その結果、その個人が置かれている文脈やそれを取り囲む社会構
造からの作用は分析の枠外に置かれてしまう。したがって、アイデンティティ
形成についての研究では、心理学アプローチと社会学アプローチを結びつけ
る必要がある。さらに、二つのアプローチはそれぞれ多岐にわたる発展を見
せていることから、その全ての詳細を網羅的に理論に取り込むことは現実的
ではない。そのような問題意識から、本書では、アイデンティティ形成論簡
易版の中のアイデンティティ形成の三対モデルを提示している（**図1**）。この
モデルは、社会構造・相互行為・パーソナリティの三水準とその間の相互作
用からなる「パーソナリティと社会構造の視点」をアイデンティティ形成に
即して適用したものである。

　図1のアイデンティティ形成の三対モデルは、アイデンティティ形成を
一元的で平板なものとみる見方を拒み、社会的アイデンティティ・個人的ア

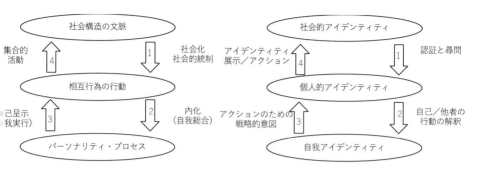

パーソナリティ（personality）：
人のエージェンシーの能力（自我、自己、認知
的構造）の基礎を形成する心理プロセス
相互行為（interaction）：
家族や学校などで人の間の日常の接触に見られ
る具体的な行動パターン
社会構造（social structure）：
社会の規範的構造を定義する下位システムを
伴った文化的・政治的・経済的システム

自我アイデンティティ（ego identity）：
人生の目的に根ざした連続性の感覚を形成する主
観的で心理的な構成要素
個人的アイデンティティ（personal identity）：
他者と差異化された行動様式を構築し取り組む個
人的な構成要素
社会的アイデンティティ（social identity）：
共同体の中で承認された役割と状態を見出し引き
受ける社会的な構成要素

図1（第3章より）

イデンティティ・自我アイデンティティの相互作用と見ることを求めている。また、三水準のアイデンティティのいずれかが他を決定するとする見方は誤りで、相互作用しあう関係にあるとする見方に立つことが求められている。

　この三対モデルは、アイデンティティの三つの原理的な働きと対応している（第1章）。一つ目は社会やコミュニティや集団への適合を意味する統合（integration）であり、社会的アイデンティティの形成と関わる。二つ目は相互行為において互いの関係を築くことに関わる分化（differentiation）であり、個人的アイデンティティの形成が問われる。三つ目は人生の時間の流れの中での連続性（continuity）であり、自我アイデンティティの形成と結びついている。統合と分化と連続性という三つの働きは時代の変遷を通じて変化してきた（第2章）。後期近代と呼ばれる現在、アイデンティティ形成を個人の責任とするかのような個人化プロセスが進んでいる。社会的アイデンティティは選択によって管理する必要があり、個人的アイデンティティは他者との関係を調節することが求められ、自我アイデンティティは経験を通じてたえず自分の進む道を発見するよう奨励される。アイデンティティ形成は、統合・分

化・連続性の働きのいずれかに困難が生じると全体として難しくなる。後期近代の不安定化・複雑化する学校から仕事へのトランジションのもとで、若者は統合・分化の均衡を連続的に保持してアイデンティティ形成を総合（consolidate）していくという困難な課題に直面しているのである。

(2) 理論的洞察を実証研究に接続する

　本書の第二の特徴は、第1部で展開された原理的で理論的な洞察を実証研究と接続するところにある。理論的洞察を実証研究に接続するために、実証研究に接続可能な形にまで理論的なアイデアや概念を彫琢する。それらのアイデアや概念は、原理・理論との通路を持ちつつ、実証研究での分析に関連づけできるよう変換される。理論と実践を架橋するには、変換作業という労力を要するのであり、自動的に接続されているわけではない。

　第2部・第3部では、第1部での若者のアイデンティティ形成の原理的な全体像を踏まえ、若者のアイデンティティ形成の実態へと議論を移している。主観的側面と客観的側面を結びつけて三対モデルの相互作用を捉えるという第1部の見方は第2部に継承される。第2部では、構造とエージェンシーの論争という二項対立に陥りがちな問題に対して、社会構造がエージェンシーを決定する決定論とエージェンシーが自由裁量の無制限であるかのような万能論の両方を排し、社会構造とエージェンシーの相互作用を捉える見方を強調している。このような脈絡から、プロアクティビティ（第5章）やアイデンティティ資本（第6章）は構造とエージェンシーの相互作用の中で機能している（または機能していない）と見る必要がある。その上で第1部の原理から、若者がどのようにアイデンティティ形成しているかを理解する研究やどのように支援できるかを模索する実践に橋渡しするために、プロアクティビティやアイデンティティ資本の概念が道具として提示されていると理解していくことが妥当であろう。

　本書の第2部以降では、アイデンティティ形成のアプローチを分けている。自分の人生を個人の責任にする個人化プロセスに対して、個人は発達的個人化から個人化不履行までの幅のある対応をしている。この社会学の捉え方に

		将来展望　計画・目的	
		−	＋
現在の行動 実験・探求 コミットメント	＋	反応的	プロアクティブ
	−	不活性	能動的

プロアクティブ（*proactive*）・アプローチ（解決者）
：計画や目的をもち、人生の先を見越して考える意志をもち、それによって将来の可能な自己とアイデンティティを探求・実験する
能動的（*active*）アプローチ（守護者）
：行動指針へのコミットメントの意志を含むが、探求と実験は伴わない
反応的（*reactive*）アプローチ（探索者）
：必ずしも人生の先を見越すことはないが、探求と実験を含む
不活性（*inactive*）アプローチ（漂流者・拒絶者）
：先のことを考えたり、実験や探求、コミットすることをためらうことが特徴

図2（第7章をもとに筆者作成）

　重ねて、個人の将来展望への意識と現在の行動の組み合わせを基にした心理学の捉え方によって、アイデンティティ形成へのアプローチをプロアクティブ・能動的・反応的・不活性に分けて精緻化している（**図2**）。

　これらのアプローチは個人の固定した実体や属性ではない。プロアクティブなアプローチを採る人がずっとプロアクティブにアプローチするわけでもなければ、不活性なアプローチを採っている人がそのまま不活性なアプローチを採り続けるわけでもない。アイデンティティ形成のアプローチは、それまでの来歴と現在の状況と個人の持つ資源の相互作用が織り重なった状態であり、変化可能なものである。アイデンティティ形成のために個人が持つ資源には、図6-3の後期近代の職場アイデンティティ資本ポートフォリオに示されるように、自己効力などの機能的資本、資格やスキルなどの人的資本、そしてネットワークやメンバーシップなどの社会関係資本がある。これらの資本があって利用可能性が大きければ、個人のアイデンティティ形成をプロアクティブにしていく可能性が開かれる（アイデンティティホライズンが拡げられる）。他方、資本が無く利用可能性が小さければ、そのような可能性は制約される（アイデンティティホライズンが狭められる）。本書では、実証研究を参

照しながら、社会階級・教育・ジェンダー・人種・民族・障害といった観点に分けて検討している。その結果示されるのは、若者の可能性の豊かさというよりは若者を覆う幾重にも重なる困難さである。本書には、若者の置かれている現状についての実証研究を重視し、現実主義に徹して実態把握するという姿勢がある。理論から現実を即断して論評することはしない。理論と実践を架橋する際に、理論を踏まえた実態把握に基づいて政策や実践について議論していくという姿勢は、これまでの著者の研究から一貫している。実証研究に基づく実態把握の重視は、本書の基調となる特徴である。

(3) 理論研究と実証研究から実践への拡張

　本書では、原理・理論の構築と実態把握に続けて、最後に実践的な議論を展開している。本書の第三の特徴は、理論研究と実証研究にとどまらず、どのように若者を支援するか、どのような制度が有効か、どのような政策が求められるかという極めて実践的な議論に射程を伸ばしていることである。これらの実践的な議論は、それまでの理論的洞察や実証研究を背景に読む必要がある。学校から仕事・社会への若者のトランジションは、関心の高い問題であり、多様な議論が交わされる。それゆえにこそ、理論的洞察や実証研究といった共有できる足場が重要になる。

　実践的な議論のテーマの１つとして学校教育が論じられている。著者は、アイデンティティ資本モデルの視点と実証研究の結果をもとに、学校教育によるアイデンティティ形成へのポジティブな影響はほとんど見られないという。とくに大衆化する高等教育では、学生が教育を消費するサービスと捉えることを許し、（最大限の労力ではなく）最低限の労力に撤退するよう奨励してしまっている。高等教育は変革的な文化を生み出さず、アイデンティティ形成をプロアクティブにすることを促進しない場となってしまっていると批判する。高等教育の改革を考える上で、教授法や制度設計が重要なのは言うまでもない。その上で、学生のアイデンティティ形成に目を向け、それに関わる後期近代の社会構造による作用をも視野に入れて考える必要性を本書は示している。

　本書のようなプロアクティビティやアイデンティティ資本といった道具立てをもとに議論していると、それは新自由主義に与しているのではないかという批判が向けられる。著者らも、その点に重ねて注意を促している。新自由主義は、「自律的で自己決定的な主体であれ、さもなくば排除する」というイデオロギーであり、現在の格差や断絶といった社会問題の源泉と考えられている。批判を向ける人びとは、著者らのプロアクティビティの考え方が新自由主義を称揚する発想とみなして批判を向ける。ところが、実証研究やさらには理論的洞察に立ち帰ってみれば、事態の異なる側面が見えてくる。そのような批判は、意図せずして、個人のエージェンシーが無制約であるかのような万能論に傾いてしまっている。現実には、エージェンシーは構造による制約を受けて拘束されている。たとえば大学進学への期待（アスピレーション）、大学進学への動機づけ、学業への関与（エンゲージメント）のいずれにおいても制約があり、学生によってばらつきがある。著者らは、この現実の実態把握に基づいた上で、学生や若者への支援や政策対応を議論しようとしている。批判を向ける側は、資源の不足や社会構造による制約を現実主義に立って捉えられていない。そのような批判は、構造とエージェンシーの相互作用する関係および個人の意識や行動と社会構造や相互行為の両面を堅持するという著者らの戦略的な位置どりを十分に理解できていない。それどころか、そのような狭い視野と理解の欠如による批判のための批判によって議論を後退させてしまうと、さらなる意図せざる結果として現状を追認することに加担してしまう。皮肉なことに、新自由主義だと批判する議論によって新自由主義的な現状が温存されてしまうのである。こうして悪循環が反復し、持続する。悪循環から脱する方途として、原理・理論の構築を踏まえた上で、若者の実態を実証的に把握し、実践や政策の議論につなげていく三対を鼎立させる戦略の重要性を本書からの示唆として受け取りたい。

3　本書を読んだ先へ

　本書は、ポピュラー文化へのやや一面的ともとれるスタンスや扱われる実

274

証研究も限定されていること、規範的な議論が手薄であることなど疑問の余地がないわけではない。しかし、原理・理論の構築から実証研究による実態把握、そして実践や政策についての実際的な議論まで縦走していることの意義は大きい。理論と実態把握と実践のそのいずれにおいても、個別に細分化する方向にだけ押し流されがちな今日の日本社会の情勢にあって、全体像を眺望することの意義をいくら強調しても強調しすぎということはないであろう。

　今日の学校から仕事・社会へのトランジションにおける若者のアイデンティティ形成を理解して支援するためには、理論と実態把握と実践を横断する知識を必要とする。アイデンティティ形成が分化・統合・連続性の三位一体で総合して若者が困難を乗り越えていくものであるのと同様、理論と実態把握と実践の三項が結びついて相互に形成し合うように互いに鍛えていくことが目指されるべきであろう。本書はまた、アイデンティティ形成論簡易版の名の通り、心理学や社会学の学識を簡易化しており、本書によって得られた関連性の理解を持って個別の学識にさらに分け入ることができる。アイデンティティ形成論簡易版の理解をさらに発展させることができるのと同様に、本書が素描した学校から仕事・社会へのトランジションの中の若者のアイデンティティ形成についての研究課題を発展させることができる。本書は、その研究の終着地ではなく、船旅の出発地に位置するものである。

　本書の訳出は、河井が訳出したものをもとに溝上と内容面の協議および訳文の検討を重ねて進めた。本書は、科学研究費補助金（課題番号 18K13198）の研究成果の一部である。アクティブラーニングをめぐる議論が重ねられ、さまざまな取り組みが進められる今日、より大きな視点から現在の日本の学校教育改革を理解して考察するための知識を本書はもたらしてくれる。すなわち、学校から仕事・社会へトランジションを若者たちはどのようにアイデンティティ形成して切り抜けることができるかについて理解するための知識、実態把握のための知識、実践的な手立てや政策対応するための知識をもたらしてくれる。問われているのは、子ども・若者だけではなく、先行する大人世代も同様である。大人たちが現状維持的でありながら子ども・若者に変革

や挑戦を迫るほど無責任なことはない。著者らが結論で述べるように、将来
世代を導き守るためにも、先行する大人世代は世代継承的で世代生成的な
(ジェネレイティヴな)挑戦に着手する必要がある。本書の知識がその足場と
して鍛えられることを訳者として願う。

　最後に、出版事情の厳しい中、学校から仕事・社会へのトランジションに
おける若者のアイデンティティ形成という本書のテーマの意義に共感くださ
り、世に出すことを後押ししてくださった東信堂の下田勝司社長はじめス
タッフの皆様に心よりお礼申し上げたい。

事項索引

278

人名索引

訳 者

河井 亨（かわい とおる）
　立命館大学スポーツ健康科学部准教授
　2013年京都大学大学院教育学研究科博士課程修了、博士（教育学）、2013年立命館大学教
　育開発推進機構講師を経て2018年より現職
　専門：大学生の学びと成長、大学教育学
　主な著書：『大学生の学習ダイナミクス—授業内外のラーニング・ブリッジング』（2014
　　東信堂、単著）、『活躍する組織人の探究—大学から企業へのトランジション』（2014東
　　京大学出版会、共著）、『体験の言語化』（2016成文堂、共著）。

溝上慎一（みぞかみ しんいち）
　学校法人桐蔭学園理事長　桐蔭横浜大学学長・教授
　1970年生まれ。大阪府立茨木高等学校卒業。神戸大学教育学部卒業。京都大学博士（教育
　学）。1996年京都大学高等教育教授システム開発センター助手、2000年同講師、教育学研
　究科兼任、2003年京都大学高等教育研究開発推進センター助教授（のち准教授）、2014年
　同教授。2019年学校法人桐蔭学園理事長、桐蔭横浜大学特任教授、2020年4月より現職。
　専門：心理学（現代青年期、自己・アイデンティティ形成、自己の分権化）と教育実践研
　　究（生徒学生の学びと成長、アクティブラーニング、学校から仕事・社会へのトランジ
　　ション、キャリア教育等）
　主な著書：『自己形成の心理学—他者の森をかけ抜けて自己になる』（2008世界思想社、単
　　著）、『現代青年期の心理学—適応から自己形成の時代へ』（2010有斐閣選書、単著）、『自
　　己の心理学を学ぶ人のために』（2012世界思想社、共編）、『アクティブラーニングと教
　　授学習パラダイムの転換』（2014東信堂、単著）、『高校・大学から仕事へのトランジショ
　　ン』（2014ナカニシヤ出版、共編）、『アクティブラーニング・シリーズ』全7巻監修（2016
　　〜2017東信堂）、『アクティブラーニング型授業の基本形と生徒の身体性』（2018東信堂、
　　単著）、『学習とパーソナリティ—「あの子はおとなしいけど成績はいいんですよね！」
　　をどう見るか』（2018東信堂、単著）、『高大接続の本質—どんな高校生が大学、社会で
　　成長するのか2』（2018学事出版、責任編集）、『社会に生きる個性—自己と他者・拡張的
　　パーソナリティ・エージェンシー』（2020東信堂、単著）等多数。

若者のアイデンティティ形成——学校から仕事へのトランジションを切り抜ける

2020年7月15日　　初　版第1刷発行　　　　　　　　　　〔検印省略〕
　　　　　　　　　　　　　　　　　　　　　　定価はカバーに表示してあります。

訳者Ⓒ河井亨・溝上慎一／発行者　下田勝司　　　　　印刷・製本／中央精版印刷

東京都文京区向丘1-20-6　　郵便振替 00110-6-37828
〒113-0023　TEL（03）3818-5521　FAX（03）3818-5514　　　　　発 行 所
　　　　　　　Published by TOSHINDO PUBLISHING CO., LTD.　　株式 東信堂
　　　　　1-20-6, Mukougaoka, Bunkyo-ku, Tokyo, 113-0023, Japan
　　　　　E-mail : tk203444@fsinet.or.jp http://www.toshindo-pub.com

ISBN978-4-7989-1642-2 C3037　Ⓒ KAWAI Toru, MIZOKAMI Shinichi

東信堂

学びと成長の講話シリーズ

① アクティブラーニング型授業の基本形と生徒の身体性 　溝上慎一 　一〇〇〇円
② 学習とパーソナリティ―「あの子はおとなしいけど成績はいいんですよね」をどう見るか 　溝上慎一 　一六〇〇円
③ 社会に生きる個性―自己と他者・拡張的パーソナリティ・エージェンシー 　溝上慎一 　一六〇〇円

アクティブラーニング・シリーズ

① アクティブラーニングの技法・授業デザイン 　安永悟編 　一五〇〇円
② アクティブラーニングとしてのPBLと探究的な学習 　溝上慎一・成田秀夫編 　一八〇〇円
③ アクティブラーニングの評価 　松下佳代・石井英真編 　一六〇〇円
④ 高等学校におけるアクティブラーニング：理論編【改訂版】 　溝上慎一編 　二〇〇〇円
⑤ 高等学校におけるアクティブラーニング：事例編 　溝上慎一編 　一六〇〇円
⑥ アクティブラーニングをどう始めるか 　成田秀夫 　一六〇〇円
⑦ 失敗事例から学ぶ大学でのアクティブラーニング 　亀倉正彦 　一六〇〇円

若者のアイデンティティ形成―学校から仕事へのトランジションを切り抜ける 　ジェームズ・E・コテ＆チャールズ・G・レヴィン著 　溝上慎一・河井亨訳 　三二〇〇円

大学生白書2018―今の大学教育では学生を変えられない 　溝上慎一 　二八〇〇円

アクティブラーニングと教授学習パラダイムの転換 　溝上慎一 　二四〇〇円

大学生の学習ダイナミクス―授業内外のラーニング・ブリッジング 　河井亨 　四五〇〇円

グローバル社会における日本の大学教育―全国大学調査からみえてきた現状と課題 　河合塾編著 　三八〇〇円

大学のアクティブラーニング―全国大学調査からみえてきた日本の大学教育 　河合塾編著 　三二〇〇円

「学び」の質を保証するアクティブラーニング―3年間の全国大学調査から 　河合塾編著 　二〇〇〇円

「深い学び」につながるアクティブラーニング―全国大学の学科調査報告とカリキュラム設計の課題 　河合塾編著 　二八〇〇円

アクティブラーニングでなぜ学生が成長するのか―経済系・工学系の全国大学調査からみえてきたこと 　河合塾編著 　二八〇〇円

〒113-0023 　東京都文京区向丘1-20-6
TEL 03-3818-5521 　FAX03-3818-5514 　振替 00110-6-37828
Email tk203444@fsinet.or.jp 　URL:http://www.toshindo-pub.com/

※定価：表示価格（本体）＋税